거품의 배신

Clean

거품의 배신

James Hamblin

제임스 햄블린 지음
이현숙 옮김

ⓒ
추수밭

샤워를 하지 않은 지 5년째다. 현대인이 생각하는 샤워의 정의에서 보면 그렇다. 가끔 머리를 감기는 하지만 샴푸나 컨디셔너는 쓰지 않고, 손 씻을 때를 빼고는 비누도 쓰지 않는다. 깔끔해 보이려고 사용하던 각질제거제와 보습제, 체취방지제 같은 것도 끊었다. 모두에게 나처럼 하라고 권할 마음은 없다. 이것저것 따지려니 힘들었을 뿐이다. 하지만 덕분에 내 삶은 완전히 바뀌었다.

　마음 같아서는 숭고하고 도덕적인 이유로 샤워를 그만뒀다고 말하고 싶다. 보통 미국인 한 명이 샤워할 때 아주 깨끗한 물을 약 75리터나 흘려보낸다고 한다. 그 물은 석유로 만든 세정제와 열대우림을 밀고 개간한 땅에서 제조한 팜유로 만든 비누를 잔뜩 머금고 있다. 이런 바디케어 제품은 연료를 태우는 배와 기차에 실려 전 세계로 운송되고, 제품에 들어 있는 방부제와 미세플라스틱은 호수와 개천으로 흘러 들어가고 식량과 지하수에 스며들어 다시 우리 몸으로 돌아온다. 매장마다 잔뜩 진열된 제품은 생분해되지 않는 플라스틱 통에 담겨 팔리고 버려진 통은 바다로 떠내려가 한데 모여 섬을 이룬다. 안타깝게도 고래들은 그 섬을 짝짓기 대상으로 착각하고 만다. 사실 고래 이야기는 그냥 해본 말이고 절대 사실이 아니길 바란다. 그렇지만 이 외 이야기는 내가 샤워를 그만두기 시작했을 때는 미처 생각하지 못했던, 몇십 억 인구가 매일 욕실에서 습관처럼 하는 일상이 초래한 결과다.

내가 샤워를 그만둔 계기는 사실 단순했다. 나는 뉴욕으로 막 이사를 왔는데, 이곳은 모든 게 더 작고 더 비싸고 더 난해했다. 얼마 전 기자가 되리라 마음먹고 의사 생활을 그만두고 로스앤젤레스를 떠나왔다. 주변 사람들이 대부분 만류했지만 나는 50만 달러의 연봉을 보장하는 직업을 뒤로하고 세계적으로 위축되고 있는 구직 시장으로 뛰어들었다. 국토를 가로질러 직업 사다리의 밑바닥으로 내려왔고 원룸에서 지내며, 앞으로 갈지 위로 갈지는커녕 나아갈 방향조차 제대로 정하지 못했다. 스승처럼 조언을 아끼지 않는 한 지인은 사다리가 제대로 된 탄탄한 벽에 놓여 있는지 잘 모르겠으면 올라가지 말라고 충고했다.

그는 '샤워를 그만두라'는 의미로 한 말이 아니었고, 나도 그렇게 생각하지 않는다. 하지만 그때가 삶의 모든 것을 찬찬히 살펴볼 순간이라고 느꼈다. 내 존재를 되돌아보면서 나는 없어도 될 만한 물건과 습관을 생각해봤다. 카페인과 술을 줄이고 유선방송과 인터넷을 끊고 차를 팔았다. 별생각 없이 반복해서 소비하던 간접비용을 제한했다. 누군가가 밴에서 생활하는 모습을 인스타그램에서 보고는 따라 해보려 했지만 여자 친구를 비롯해 나를 아는 사람들이 하나같이 말리는 바람에 의욕이 꺾였다.

나는 원래 비누와 샴푸에 큰돈을 들이지 않아서 그 대신 제품을 사용하는 데 쓰는 시간을 계산해봤다. 행동경제학자들과 생산성 전문가들은 습관을 고치기 위해 습관 대신 선택한 소소한 행동이 가져올 부가 효과를 계산해본다. 가령 뉴욕에서 하루에 담배 한 갑을 피우면 1년에 대략 5천 달러를 쓰게 된다. 향후 20년간 담배를 끊는다면 물가 상승률을 고려할 때 대략 20만 달러를 모을 수 있다. 내 생각에 스타벅스를 끊으면 버뮤다에 별장도 살 수 있다. 샤워하고 제품을 바르느라 날마다 30분을 보낸다면 (긍정적으로 생각하고 쉽게 계산하기 위해 인생을 100년으로 잡아보자) 긴 인생 동안, 씻는 데만 1만 8,250시간을 소비할 것이다. 이 계산에 따르면 샤워를 하지 않았을 때 인생에 2년 이상의 시간이 생긴다.

가족과 친구들은 내가 볼품없고 꾀죄죄해서 여가를 즐기기도 힘들겠다고 말했다. 어머니는 내가 잘 씻지 않아 세균에 감염돼 병이 날 수도 있다고 염려했다. 자기 관리에 시간을 들이고 세상에 당당하게 나설 만큼 외모에 신경 쓰지 않아 기본적인 인간다움을 잃을 수도 있다고 우려했다. 따뜻한 물로 샤워하고 새사람이 된 듯 하루를 맞이하는 소박한 즐거움을 놓칠 수도 있다고 했다.

그런데 이 모든 일이 일어나지 않는다면? 감기에 잘 안 걸리고 피부가 더 좋아 보이고 더 나은 일상과 즐거움을 찾는다면? 욕실에 있는 온갖 제품, 예를 들어 머리카락에서 기름기를 제거하는 샴푸와 다시 채우는 컨디셔너, 피부에서 기름기를 없애는 비누와 다시 채우는 보습제가 알고 보니 소비를 부추기기만 한다면? 제품을 쓰지 않고 사나흘을 넘겨본 적이 없다면 도대체 어떻게 확인할 수 있을까?

"샤워를 안 하는 게 어떤 느낌인지 아는데요. 별로 안 좋아요." 의심이 많은 사람들은 이렇게 말한다. 내가 말하려는 바 역시 그렇다. 나는 커피를 좋아하는 사람이 커피를 마시지 않고 견디는 것이 어떤 느낌인지 아는데, 별로 안 좋다. 모르는 사람들만 참석하는 파티에 가는 것이 어떤 느낌인지 아는데, 역시 안 좋다. 훈련하지 않고 마라톤을 뛰는 것이 어떤 느낌인지도 아는데, 그것 역시 별로 안 좋다. 그렇지만 나는 카페인을 서서히 줄이고, 여러 모임에 참가하면서 편안한 기분을 느껴보고, 죽는 게 낫겠다고 푸념하지 않고 마라톤 풀코스를 대비해 훈련하는 것이 어떤 기분인지도 안다.

사람 몸 또한 이런 과정에 익숙해질수록, 노력은 점점 수월해지고 즐길 수 있는 수준까지 나아간다. 매일 씻는 습관도 이처럼 바꿔나갈 수 있다. 몇 개월로 시작해 몇 년이 지나면서 나는 제품 사용을 서서히 줄였고 점점 덜 필요하게 됐다, 아니면 적어도 덜 필요하다고 믿기 시작했다. 피부는 서서히 기름기가 줄어들었고 습진도 덜 생겼다. 체취방지제를 덕지덕지 바르는 데 익숙했던 겨드랑이에 아무것도 바르지 않고 하루가 지났는데도 양파 냄새 같은 체취가 나지 않았다. 여자 친구는 나한테 '사람 같은' 냄새가 난다고 했다. 초기에 들었던 의심은 열정으로 바뀌어갔다.

나한테 나쁜 냄새가 절대로 나지 않는다고 단언하지는 않는다. 하지만 냄새나는 일이 점차 줄었다. 나는 패턴을 알아갔다. 피부에 뭐가 나거나 냄새가 날 때는 보통 스트레스를 받았거나 수면 시간이 부족했거나 일이 잘 안 풀릴 때와 겹쳤다. 위스콘신에 있는 가족의 나무 농장에 방문하거나 옐로스톤 국립공원으로 휴가를 가는 등 실내 배관시설이 없는 곳에서 며칠을 보낼 때는 냄새도 별로 나지 않았고 멀쩡하게 보였다. 한겨울에 출퇴근만 간신히 하면서 게으르게 보낼 때는 스스로 불결하다고 느껴질 정도로 냄새가 났다. 나는 몸이 '내게 전하려는 말'에 더 적절히 대응하게 됐다. 내 몸은 "날 씻어줘"보다 "밖에 나가, 돌아다녀, 사람들을 만나, 기타 등등"을 말하는 듯했다(내 몸은 지금도 가끔 말끝을 흐리며 "기타 등등"이라고 말한다).

샤워를 그만둘 수 있었던 가장 큰 요인은 내가 태어난 나라가 뿌리 깊은 통념상 특정 인종에게 추가 혜택을 주는 미국이기 때문이다. 나는 사지 멀쩡한 백인 남성이고 대체로 건강해 보인다. 나이가 많지는 않지만 몸에 잘 맞고 낡지 않은 (일부러 그렇게 만든 것 말고) 옷을 사서 자주 빨고 갈아입을 형편이 된다. 영어를 읽고 쓸 줄 알며 유창하게 구사한다. 지금 나열한 것만으로도 내가 이 나라에 속한 사람으로 보이기 위해 특별히 노력하지 않아도 된다는 것을 의미한다. 심지어 샤워를 안 하거나 차려입지 않아도 꽤 괜찮아 보이고 전문직에 종사하는 것 같으며 레스토랑에서도 홀대받지 않을 것이다. 바꿔 말하면 나는 깔끔해 보이려고 노력할 필요가 거의 없다.

예부터 샤워와 몸단장을 중시했던 사회 규범은 개인위생과 공중위생의 역사와 긴밀하게 얽혀 있다. 거의 모든 나라에서 통용되는 '청결'의 개념은 질병을 기피하고 자신을 보호하려는 진화론을 바탕으로 역겨움과 혐오의 감정이 발생한 데서 비롯한다. 하지만 어떤 개념은 전염병이나 독소에 노출되는 차원을 훨씬 넘어선다. 질병을 예방하려는 개인의 노력은, 자신의 사회적 위치를 규정하고 그에 따른 소속감과 고유성 사이에 균형을 잡아주는 복잡한 신념체계를 거치며 사회적으로 정해진 규범과 함께 뒤섞여왔다. 게다가 자신의 몸을 보살피려는 가장 개인적인 결정마저도 거대한 권력 구조에 영향을 받고 조종됐다.

나는 이 책을 쓰면서 공중위생학 학위를 받았고 예방의학과 레지던트 수련을 마쳤다. 상대적으로 역사가 짧은 예방의학은 이제껏 근본 원인과 문제점은 다루지 않은 채 증상에 따른 처방과 제한적 임시 치료에만 초점을 맞춰온 의료의 역사에 대항하는 의학이다. 기존 의료 방식과 달리 질병이 나타나기 전 예방에 집중하며 사람들에게 기본 수칙, 즉 식사를 적절히 하고 깨끗한 물을 마시며 안정적으로 공동체에 소속돼 목적을 이루는 삶을 살아가라고 권한다. 건강은 사람마다 의미가 다를 수 있지만 일정 수준의 자유와 불편 없이 살며 인간관계와 의미 있는 노동에 집중할 수 있도록 재정적, 시간적 자유와 함께할 때 비로소 온전해진다.

나는 이 기본 철학을 기준으로 사람들이 피부 관리에 총체적으로 투자하는 돈과 시간, 그리고 얼마만큼 허용할 수 있는지의 기준이 너무 궁금했다. 그 기준을 확인하려면 지난 200년간 건강과 행복, 아름다움, 말로만 그럴싸한 해결책을 사람들에게 약속했던 미용업계를 살펴봐야 한다. 그래서 나는 몇 년 동안 비누의 역사와 과학을 탐구하며 19세기 비누 호황부터 최근 피부 관리 산업에 이르기까지 업계의 운명과 제품, 비누를 계기로 탄생한 신념을 분석했다. 미생물학자, 알레르기 전문의, 유전학자, 생태학자, 피부 미용가, 비누 애호가, 벤처 투자가, 역사학자, 아미시 신도, 국제지원가, 그리고 몇몇 성실한 사기꾼들과 이야기를 나누면서 우리가 알고 있는 청결의 개념에 극적인 변화가 일어나고 있다고 확신하게 됐다.

비누, 세제, 체취방지제, 헤어케어, 스킨케어 제품을 취급하는 국제 시장은 현재 수조 달러 규모다. 오늘날 욕실 선반과 수납장에 늘어선 병과 튜브는 과거 왕실의 소장품을 능가할 정도다. 판매되는 제품 대부분은 사치품이 아닌 필수품으로 여겨진다. 관련 업계는 우리의 몸을 지킨다고 떠들어대며 가파르게 성장해가고 있다.

세계적으로 청결의 개념이 폭넓게 강화되고 있지만 우리 피부에 서식하는 수조의 미생물에 어떤 결과를 줄지 아직 깨닫지 못하고 살아왔다. 과학자들은 이제야 피부 미생물이 우리의 신체에 미치는 영향을 연구하고 있다. 피부 미생물은 그저 사람에게 무해하기만 한 것이 아니라 피부 기능, 나아가 면역체계에도 중요한 역할을 하리라 추측된다.

피부 미생물 생태계를 일컫는 피부 마이크로바이옴microbiome이 새롭게 화제로 떠오르며 지금까지 알려진 비누와 피부 관리 상식을 되돌아보고 건강과 웰빙을 위해 챙겼던 생활 습관을 다시 따져볼 계기를 마련했다. 피부와 피부 마이크로바이옴은 우리 몸과 자연 사이의 접점이다. 우리 미생물들은 우리 자신이기도 하지만 아니기도 하다. 이같이 복잡하고 다양한 생태계를 이해한다면 우리와 환경 사이에 놓인 장벽을 대하는 인식도 완전히 바뀔 수 있다.

이 책은 우리를 감싸고 있는 피부 위 복잡한 세상을 포용하려는 일종의 초대장이다. 그대가 샤워를 멈추지 않는다 해도 말이다.

◆ ◆ ◆

나는 코로나19가 유행하기 몇 년 전에 이 책을 쓰기 시작했고 출판 직전에 코로나19가 세계적으로 퍼지는 바람에 이 책에서는 코로나19를 언급하지 않았다. 유행병은 한번 극복한다 해도 다음을 대비해야 하기 때문에 내가 전하는 이야기와 원칙은 새로운 유행병 인식의 시대와도 무관하지 않다. 그 어느 때보다 일상 습관을 점검하고 우리가 무엇을 소비하고 어떻게 자연과 공생해야 할지 신중하게 살필 시간이다. 나는 미생물의 삶을 세심하게 이해하면 앞으로 다가올 미래에 우리에게 도움이 되리라 기대한다.

차례

1장

청결, 정말 우리 몸에
좋은 것일까?

◇◇◇◇◇

IMMACULATE

엘리베이터에서 내려 햇살을 가득 머금은 호화로운 회사에 들어섰다. 7층 높이의 회사에서는 맨해튼 브라이언트 공원이 훤히 내려다보인다. 2018년 가을, 마지막으로 세수한 지 약 3년 되는 날, 내 얼굴 상태를 확인하고 싶어 이곳에 왔다. 헤링본 무늬 나무 바닥에 사람 키만큼 커다란 꽃다발이 곳곳에 장식돼 있다. 흰 벽난로가 보이고 어디선가 잔잔한 플루트 음악이 흘러나온다. 샹들리에 밑에는 하얀 리넨을 두른 침대가 놓여 있다. 이곳은 가파르게 성장 중인 스킨케어 회사 피치 앤 릴리Peach and Lily의 본사다. 한국식 피부 관리법에 'K-뷰티'라고 부르는 서구화한 스타일을 접목한 회사로, K-뷰티는 세안제, 토너, 보습제, 마스크팩 등 최소 열 단계 이상의 절차에 따라 피부를 관리하는 데 초점을 맞춘다.

이 회사의 설립자인 알리시아 윤Alicia Yoon은 하버드 경영대학원에서 MBA 학위를 취득했다. 피부관리사이기도 한 윤은 피부에 바르는 달팽이 점액을 대중에게 알린 인물로 유명하다. 윤은 불과 2년 만에 피치 앤

릴리를 작은 온라인 매장에서 브랜드로 구성을 갖춰 글로벌 편집 매장 어반 아웃피터스Urban Outfitters와 CVS 파머시CVS Pharmacy 같은 판매점에 납품하는 화장품 회사로 성장시켰다. 회사는 그야말로 전성기를 맞이했다. 한국은 K-뷰티의 역사가 긴 만큼 화장품 업계 매출이 1년에 130억 달러를 상회할 정도로 시장이 거대하다. 게다가 미국에서 K-뷰티가 새롭게 인기를 얻으며 색조화장품보다 스킨케어 부문에서 매출이 급성장했다. 고가 스킨케어 제품은 2018년에만 판매량이 13% 증가했고 이는 미국 국내총생산GDP 성장률 증가 폭보다 훨씬 컸다.

엘리베이터 앞에서 활기차게 인사를 건넨 직원이 내게 옷을 벗어달라고 했다. 나는 얼굴 관리를 받으러 왔을 뿐이라고 설명했지만 직원은 웃으며 알고 있다고 말하고는 가운과 함께 평소 스킨케어 습관을 묻는 설문지를 두고 방을 나갔다. 설문지는 병원 대기실에서 작성하는 양식지와 비슷해 보인다. 알레르기와 식습관을 묻는 항목은 하나지만 피부에 관해 묻는 항목은 꽤 많다. 어떤 타입의 각질제거제를 사용하나? 보습제는 어떤 제품을 사용하나? 세럼은? 세안제는? 제품은 얼마나 자주 쓰고 조합은 어떻게 하나?

나는 아무것도 사용하지 않아서 설문지를 단숨에 끝냈다. 윤이 들어와서 다정하게 인사했지만 빈칸이 대부분인 설문지를 보고 단지 채우기를 잊은 게 아니라는 사실을 알고 나서는 목소리 톤이 바뀌었다. 윤이 말했다.

"세상에, 얼굴 마사지를 받아도 괜찮으시겠어요?"

"그럼요! 당연하죠. 잠깐만요. 안 괜찮을 수도 있나요?"

내가 위험에 처하리라고는 생각해본 적이 없어서 갑자기 걱정됐다.

"모르겠어요. 직접 보고 판단해주세요."

"아마 괜찮을 거예요. 그저 손님 같은 분을 관리해본 적이 없어서요. 이런 상황에 계신⋯."

윤이 말끝을 흐렸다. 어이가 없거나 기대가 어긋나서 그러려니 싶다. 내가 눕자 윤이 내 얼굴 위로 밝게 조명을 비췄다. 손끝으로 내 볼을 살짝 건드리더니 조금 더 힘을 줬다. 윤이 망설이면서 말했다.

"얼굴을 제대로 만져본 적 있으세요?"

이런 질문을 받으니 기분이 묘했다. 나는 피부가 좋지 않았던 10대 시절부터 얼굴을 만지지 않으려 애썼다. 여드름은 잘 안 씻거나 꼼꼼하게 씻지 않아서 생긴다는, 지금은 한물간 속설을 굳게 믿었다. 여드름이 눈꺼풀까지 번지며 다래끼처럼 부어올라 눈이 감길 뻔한 적도 한두 번이 아니었다. 그러다 보니 누구와 대화하든 여드름에 시선이 집중되는 것 같아 곤란했다. 여드름이 사라진 대학 시절에도 얼굴에 손(뿐만 아니라 손으로 옮기는 세균과 바이러스)을 대지 않는 습관을 이어갔다.

나는 구구절절 사연을 늘어놓고 싶지 않아서 '보통'만큼 만진다고 말했고 윤은 피부 관리를 시작했다. 윤은 '문제' 피부에 익숙하다. 본인도 인생 대부분을 심각한 습진과 싸우며 보냈고 염증성 피부 때문에 하도 긁어서 피부가 남아나지 않을 때도 있었다고 했다.

"저는 어릴 때부터 세상에 있는 방법이란 방법은 다 써봤어요. 심지어 표백제 목욕도요."

윤은 경험담을 말하다가 피부 미생물을 죄다 없앨 것 같은 의심스러운 요법까지 언급한다. 그러다 윤은 한국에서 미용 학교에 다니며 염증을 가라앉히기 위해 새로운 피부 관리법을 시도해봤다고 한다. 순한 보습제를 발견하면서 자신의 피부 문제에 돌파구를 찾았고 이제는 그 접근법을 자신의 고객에게 전하고 있다고 말했다.

윤은 펩타이드Peptides(아미노산이 연결된 단백질 성분 화합물로 탄력 강화 화장품에 많이 포함됨-옮긴이) 성분이 포함돼 '투명하고 빛나는' 피부를 약속한다는 자사의 글래스 스킨 리파이닝 세럼Glass Skin Refining Serum과 호호바 오일로 '채워지고 균형을 갖춘' 피부를 약속하는 퓨어 빔 럭스 오일Pure Beam Luxe Oil을 내 얼굴에 발랐다. 블루 아가베Blue Agave(용설란의 일종으로 테킬라의 원료가 됨-옮긴이)를 함유한 슈퍼 리부트 리서피싱 마스크Super Reboot Resurfacing Mask와 말차 푸딩 안티옥시던트 크림Matcha Pudding Antioxidant Cream도 발랐다. 집에서 사용할 수 있는 제품으로는 히알루론산Hyaluronic Acid(다당류의 일종으로 점성이 있어 세균 침입을 막음-옮긴이)을 담은 오리지널 글로우 시트 마스크Original Glow Sheet Mask를 추천했다.

히알루론산은 수분을 끌어당겨 피부 표피에 볼륨을 더한다. 아기 피부는 히알루론산이 가득해서 매끄럽고 탄탄하며 탱탱하다. 하지만 히알루론산을 피부에 바른다고 피부 속까지 채워질지는 의문이다. 휘발유를 자동차에 뿌리거나 기와를 집 안에 쌓아봤자 소용없다는 건 누구나 안다. 피부과 전문의들에게 물어보니 히알루론산이 특정 형태를 취하면 피부를 통과할 수 있지만 분자량이 아주 작은 형태여야만 가능하다고 한다. 피치 앤 릴리의 마스크는 히알루론산이 피부를 통과하는 타입인지 명시하지는 않지만 '노화 방지' 효과가 있다고 주장한다.

스킨케어가 호황을 누리기 시작한 시기와 사람들이 과학과 의학에 신뢰를 잃어가는 시기가 맞물린 것이 우연의 일치는 아닐 것 같다. 여느 의사와 다를 바 없이 피부과 전문의도 인원은 적고 진료비는 비싸다. 게다가 사람들은 피부과 진료에 불만이 많다. 피부가 '좋다'거나 '나쁘다'는 단순한 평가로만 나누기 때문이다. '나쁘다'라는 의미가 불편하고 건조하고 염증이 생기고 가렵고 정신적으로도 괴롭다는 것을 뜻한다면 우리 피부는 점차 나빠진다고 볼 수 있다. 아토피성 피부염이나 습진으로 알려진 염증성 피부질환은 빠르게 증가하는 추세다. 세계보건기구WHO에 따르면 건선 발병률은 1979년에서 2008년 사이에 두 배 이상 증가했다. 여드름은 사회성 발달이 중요한 청소년들을 여전히 괴롭히고, 연구 결과에 따르면 성인, 특히 여성에게 여드름이 증가하고 있다고 한다.

원인은 피부만의 문제를 넘어 복잡한 양상을 띤다. 임상미용피부과학 학술지Clinical, Cosmetic and Investigational Dermatology의 2018년 연구 검토서에서는 성인 여성에게 여드름이 증가하는 원인을 대사증후군과 연관된 호르몬의 불균형이라고 밝혔다. 대사증후군은 당뇨병, 심혈관질환, 비만을 종합해서 일컫는 용어로 몸에서 인슐린 수치가 높아지면 여성 호르몬인 에스트로겐이 남성 호르몬인 테스토스테론으로 전환된다. 이때 피부 속 성장 인자에 신호가 전해지며 평소보다 많은 피지를 분비하도록 유도하고 그에 따라 세균 개체군에 변화가 생기며 염증 주기를 자극해 여드름이 발생한다.

피부 속에서 이런 정교한 절차가 진행돼 겉으로 드러나기 때문에 여드름이나 다른 피부질환에 국소 치료만 해서는 제대로 된 결과를 얻지 못하는 것이 어찌 보면 당연하다. 그렇다고 전신 치료가 안정적으로 효과를 내지도 않는다. 경구피임약은 호르몬불균형을 치료할 때 주로 처방한다. 사람마다 호르몬 치료를 견디는 과정은 제각각이고 결과는 삶을 완전히 바꿀 만한 정도에서 효과가 없는 정도까지 다양하다. 심지어 피부를 다스리려고 하다가 몸 전체의 화학작용을 바꿔버리는 부작용이 딸

려오기도 한다. 항생제도 확실히 도움이 되지 않고, 아큐테인Accutane 같은 강력한 여드름 치료제도 선천성 기형을 유발할 수 있으며 적잖은 사용자에게 극심한 우울증을 일으키기도 한다. 건선과 습진 환자들은 확실한 치료법도 찾지 못하고 증상이 심해지는 시기나 원인도 파악하지 못한 채 대부분 스테로이드 치료만 반복한다. 이런 시행착오가 쌓이면 환자들은 스스로 일을 해결하는 편이 낫다고 믿게 된다.

사람들은 병을 다스리고 완전히 낫고 싶다는 열망에 지금껏 의료 체계가 진지하게 다루지 않았던 예방법까지 찾게 된다. 윤은 피부를 '강화'하거나 '보호'한다고 광고하는 제품들의 수요 증가를 눈으로 확인했다. 소비자들 사이에서 대기 오염을 우려하고, 온실가스로 오존층이 파괴돼 태양에서 내리쬐는 강렬한 자외선을 걱정하는 목소리가 점차 커지고 있기 때문이라고 했다. 지구가 보호막을 잃어가자 사람들은 스스로 보호막을 발라야 하는 상황에 내몰린 것이다.

윤은 내 얼굴에 바른 제품은 하나같이 외모 개선 효과에 더해 독소 같은 주변의 위험 요소를 막는 방어 효과까지 갖추고 있어 피부 매력을 증진시키고 피부를 보호하며 건강하게 유지해준다고 말했다. "피부가 비타민과 미네랄, 지방산을 충분히 머금어 탄탄해지도록 돕는 과정에서 얼굴에 영양을 공급하고 있어요." 이제 나는 정신이 아득해진다.

화장품은 법률상 식품이 아니다. 특정 질병을 치료하거나 예방한다고 주장할 수 없어서 규정상 약품과도 전혀 다르다. 하지만 판매자들은 자신의 화장품이 건강을 개선하고 유지한다고 광고하며 판매할 수 있고 약품처럼 신고하거나 허가를 받을 필요도 없다. 윤도 건강, 혹은 아름다움이 아니라 두 가치를 한데 묶어 업계를 이끌어가는 신세대 기업인이다. 이 새로운 피부 관리 제품이 피부를 '자연스럽게' 좋아 보이도록 만들어주기 때문에 화장이나 약물이 필요 없다고 주장한다. 이런 화장품은 우리의 겉모습을 일시적으로 바꿔주고 단순히 기분 전환을 느끼게 해주는 것을 넘어 피부 문제를 예방하고 해결해줄 것이라는 기대를 받으며 마치 약품처럼 여겨진다.

새로운 산업에서는 전통적인 문지기를 정면으로 맞닥뜨릴 필요가 없다. 제품을 바로 인스타그램 피드에 올려 공격적으로 광고할 수 있기 때문이다. 유튜브 인플루언서들은 기존의 치료 방식을 부정하는 피부 고민 해결법을 바탕으로 개인 브랜드를 만들고 의과대학에서 진정한 치료법을 몰아내려 한다고 설득력 있게 주장한다. 여기서는 모두 전문가다. 아무리 연구 자료가 산더미처럼 쌓인다 해도 내게 효과가 있는지 아닌지보다 더 중요하지는 않다.

피부에 불만을 느낀 적이 있다면 판매자들이 주장하는 제품의 효과나 인플루언서의 의견에 확신을 가질 것이다. 피부 문제로 고생하던 10대 시절, 피부과 전문의가 처방한 항생제가 여드름에 잘 듣지 않았다. 치과 의사였던 아버지는 경구 항생제를 더 복용해봤자 몸에 부작용만 생길 것 같으니 차라리 국소적으로 바르는 것이 낫겠다며 획기적인 제안을 했다. 그래서 나는 항생제인 테트라시클린Tetracycline 캡슐을 열어 그 가루를 물에 갠 뒤 얼굴 전체에 발랐다. 그 결과 여드름이 빨갛게 혹처럼 나는 대신 얼굴 전체가 누렇게 뜨고 말았다. 사람들은 나보고 얼굴에 태닝 스프레이를 뿌렸냐고 물었다. 당시 미 중서부 지역 10대들은 해변으로 여행을 다녀온 것처럼 보이려고 태닝 스프레이를 사용하곤 했다. 나는 말도 안 된다고 웃으면서 받아넘겼다. 사실 여드름 흉터로 얼룩덜룩해진 얼굴을 가리려고 이런저런 방법을 시도했고 태닝 스프레이도 써봤었다. 하지만 붉은색과 노란색에 주황색을 더하면 무슨 일이 벌어지는지 아는가? 더 기괴한 주황색이 된다. 훨씬 부자연스럽고 훨씬 당황스럽다.

빳빳한 리넨을 두른 침대에 누워 저 아래 인간미 없는 도시의 소음을 들으면서 나는 10대 시절 느낀 불안감을 떠올리지는 않았다. 거의 생각이 없다고 해야 할까. 얼굴 마사지를 한 번도 받아본 적이 없다면 장담하건대 정말 황홀한 경험이다. 마사지라는 물리적 자극을 받고 제품을 바르는 차원을 넘어 스트레스에서 해방돼 잠시나마 왕이 된 기분을 느끼게 해준다. 누군가가 내 기분과 외모를 좋게 하려고 시간과 노력을 들여 내 피부를 문지른다.

피부 수선이 끝나고 윤은 샘플이 가득 담긴 종이 가방을 건네며 집에서 써보라고 했다. 샘플 중에 글래스 스킨 리파이닝 세럼은 없었다. 어디에도 재고가 없었고 윤조차 보유 수량이 모자라다고 했다. 해당 제품은 판매 공지가 나자마자 즉시 완판됐다고 한다.

"얼굴 관리하셔야 돼요."

윤이 세안제만이라도 쓰라며 나를 설득했다. 나는 웃지만 윤은 진지하다. 민망해진다. 내가 엘리베이터에 오르자 윤이 다시 한번 단호하게 말했다.

"더 신경 쓰셔야 해요."

얼굴 마사지로 각질과 기름기라는 허물을 벗겨내고 거리에 서자 누가 알아보는 것도 아닌데 세상이 다르게 느껴진다. 햇살 속으로 발을 내딛자 (얼굴을 씻지 않고 몇 년간 지내다가 엄청나게 고급 마사지를 받아본 적이 없다면 이 기분을 믿기는 어려울 것 같다) 예전에는 꿈도 못 꿀 세상이 보이기 시작한다. 피부를 만져보니 분명히 더 부드러워졌다. 내 상상이겠지만 남들 눈에도 내가 다르게 보일 것 같다는 생각이 들었다. 발걸음에 용수철이라도 단 듯 자신감이 생겨서일 수도 있고 정말 내가 더 매력 있게 보이기 때문일지도 모르겠다. 혹은 그저 말차를 얼굴에 바를 만큼 돈이 남아도는 사람으로 보일지도 모를 일이다.

어찌 됐든 기분이 달랐다. 때로는 그 기분만으로 충분하다. 더 나아질 필요도 없이 그냥 다르기만 하면 된다. 사람들이 세상의 잣대에 길들여지면 자신의 위치를 그에 맞추기가 얼마나 쉬운지 떠올려본다. 그렇게 한번 위치를 맞춰놓으면 자기 생각보다 남이 더 친절하거나 혹은 더 불친절할 때 사회에서 동떨어진 기분이 든다. 이는 옷을 제대로 차려입거나 머리 모양을 완전히 바꿀 때처럼 외적인 변화를 맞이한 순간에도 나타난다. 우리가 상대를 대할 때 외모가 영향을 미친다는 불편한 진실이 그 순간마다 감지된다.

달라진 기분 외에 다른 변화도 느꼈는데 이는 오래 지속될 것 같다. 나는 지금까지 얼굴 마사지를 받지 않고도 잘 살아왔다. 만약 예전에 얼굴 마사지가 머릿속에서 떠올랐다면 자기만족을 위한 겉치레라고, 더 솔직히 말하면 인디애나주 출신 남자가 할 일이 아니라며 묵살했을 것이다. 최소한 얼굴 마사지에 시간과 돈을 낭비하고 싶지는 않았다. 하지만 누군가가 내 얼굴에 뭔가를 바르는 것만큼 단순한 행위로 하루가 달라지는 경험을 하자 경솔했던 마음이 사라졌다. 처음에는 사치라고 생각한 여러 제품처럼 피치 앤 릴리의 세럼과 오일과 마스크가 사치라는 첫인상을 벗고 일상용품, 나아가 필수품으로 받아들여진 과정이 이해됐다.

우리가 현재 당연하게 여기는 많은 청결 습관은 비교적 최근에 시작됐다. 그저 몇 세기밖에 지나지 않았지만 개인위생과 청결을 규정하는 사회적, 개인적 기준은 가끔 강에 뛰어드는 수준에서 매일 하는 샤워나 목욕으로 확대됐다. 이제는 샤워를 안 한다고 말하기가 '저녁 식사 때 가볍게 나눌 이야기'가 아닌 세상이 됐다.

미니멀리즘과 맥시멀리즘을 오가는 세상에서 이상적인 균형을 찾고 싶었다. 또 다른 비싼 습관을 시작하고 싶지는 않았다(달팽이도 자기 점액이 필요하지 않을까). 그렇다고 사람들에게 큰 기쁨을 주고, 일상을 의미 있게 바꿔줄 뭔가를 놓치고 싶지도 않았다. 피부를 가꾸려면 무엇을 해야 할까? 사람들이 피부에 들이는 노력 중에 자기만족을 위한 비율은 어느 정도일까? 최소한 다른 사람에게 혐오감을 주지 않고 게으르고 무관심해 보이지 않을 정도의 비율은? 그리고 어느 정도 노력해야 건강과 웰빙까지 개선될 수 있을까?

아무튼 아무것도 하지 않던 때로 돌아가기는 어려울 것 같았다.

◆ ◆ ◆

2016년 잡지 〈디 애틀랜틱The Atlantic〉에 내가 왜 샤워를 그만뒀는지 짧은 기사를 썼을 때처럼 애정과 혐오, 호기심과 독설을 골고루 받아본 적이 없다. 독자들은 다양한 감정을 토로하며 수백 통에 달하는 편지를 보내왔다. 자신도 오래전부터 나와 같은 생각을 했다고 말하는 독자도 있었고, 내가 제정신이 아니라는 독자도 있었으며, 개인위생 면에서 자신이 사용하는 방법이 의학적으로 괜찮은지 물어보는 독자도 있었다. 누군가는 지금도 콜레라가 발생하고 독감으로 매년 수십만 명이 사망한다는데 의사라는 사람이 무책임하게 개인위생이 중요하지 않다고 암시하는 발언을 했다며 싫은 내색을 드러냈다. 누군가는 내가 부유한 나라에 사는 백인 남성이라 샤워를 하지 않는 것도 특권으로 작용했다는 점을 명확하게 밝히지 않았다며 화를 냈다.

그중에는 샤워를 하지 않는 것이 너무나 당연하다는 의견도 있었다. 독일 여성 파트리치아는 "전적으로 동의한다"고 썼다. 파트리치아는 어쩔 수 없이 샤워를 그만두게 된 사례였다. 그녀는 2007년 부활절에 극심한 허리 통증을 느껴 병원을 찾았고 뇌졸중 진단을 받았다. 파트리치아는 "한 손을 제대로 못 쓰니 샤워도 일"이라고 했다. "'나한테 냄새가 나면 꼭 좀 알려달라'고 친구와 이웃에게 부탁했어요." 그 외에는 모든 게 괜찮았고 지금도 그렇다면서 가끔 '고양이 세수'를 하는 것을 빼고 샤워는 한 달에 한 번 정도로 줄였다고 했다. 발에서 냄새가 안 났고 시간이 갈수록 피부와 머리카락에 기름기가 덜 생기는 듯해서 씻는 주기가 점점 길어졌다고 말했다.

온타리오에서 사연을 보낸 89세 여성 클레어는 남편(96세의 나이로 세상을 떠남)과 자신은 목욕을 하지 않았다고 했다. 클레어는 샤워를 안 하는 것이 건강 비법 중 하나라고 생각한다면서 나이보다 어려 보이는 사진 하나를 동봉했다. 사진 속 클레어는 흰색 선캡에 반바지 차림으로 카메라를 향해 손을 흔들고 있었다. "남들보다 유별나게 건강을 챙겨서인지, 아니면 운동하고 깐깐하게 챙겨 먹어서인지 만나는 사람은 다들 놀라요"라고 밝히며 "어제 차고 앞 진입로에 쌓인 눈을 두 차례나 삽으로 치웠지만 전혀 피곤하지 않았어요"라고 했다. 나는 클레어에게 답장을 써서 샤워를 안 하게 된 계기를 물었다. "글쎄요. 우리는 왜 그렇게 자주 씻고 살았을까요?" 클레어가 반문했다. "우리에게는 쉴 새 없이 각질을 떨어트리고 자정 능력을 지닌 훌륭한 피부가 있잖아요? 비누는 그런 피부에서 기름기를 제거하지 않나요?" 클레어는 자신의 생활 습관이 최근 인기를 얻고 있는 인생의 철학과 비슷하다고 했다. 클레어는 자신이 "원시인처럼 먹는다"고 말했다.

그렇다. 클레어는 원시 인류의 식습관을 따르는 팔레오 다이어트를 실천하고 있었다. 내 질문에 클레어가 대답할 때마다 '원시인' 개념이 자주 등장했다. 현대의 생활습관은 만성질환의 원인이기 때문에 주로 소고기와 버터를 먹고 농업의 시작으로 탄생한 기술을 거부한다면 건강을 유지할 것이라고 했다. 하지만 구석기 시대에는 인간의 수명이 오늘날보다 훨씬 짧았다. 그리고 소도 없었다.

구석기 시대의 삶에도 혜택은 있다. 당시 인류는 인구밀도가 희박한 지역에서 소규모 인원이 모여 동굴 등에서 살았기에 별문제 없이 수로를 화장실로 사용할 수 있었다. 많은 사람이 자원을 고갈시키지 않고 사냥하고 채집할 수 있었다. 그 과정에서 그들은 햇빛과 더위와 추위, 흙과 동물, 그리고 현대적 '청결' 의식을 모르는 사람들에 노출됐다.

이런 생활양식은 인류 역사에서 볼 때 극히 최근까지 가능했다. 1600년까지만 해도 런던에 20만 명가량이 거주했다. 그러다가 제2차 세계대전 무렵에는 860만 명까지 증가했다. 오늘날 뉴욕에도 그 정도로 많은 인구가 살고 있다. 맨해튼의 실내 면적은 현재 맨해튼 섬의 거의 세 배에 달할 정도다.

과거 런던과 현재 뉴욕처럼 기하급수적으로 모여드는 인구 집단은 자원과 사람을 한곳에 응집하는 과격한 생활 실험에 참가한 셈이다. 전 세계의 평균 기대수명은 대략 72세다. 우리는 너나 할 것 없이 습관적으로

에너지를 쓰고 교통수단을 이용하며 산업형 농업으로 키운 농작물을 먹는다. 한편으로는 나무를 베고 화석 연료를 태우며 우리 하늘을 스모그와 미세먼지로 채운다. 그 미세먼지는 우리 폐의 가장 깊은 곳까지 침투해 암이나 심장병의 주원인이 된다. 세계보건기구의 2021년도 발표에 따르면 대기 오염으로 연간 700만 명이 사망한다고 추정한다.

구석기 시대에 만성질환이 없었다면 그 이유는 많은 사람이 감염이나 부상으로 이미 사망했기 때문일 것이다. 지난 2세기 동안 세계 대부분에서 감염병으로 사망하는 경우는 크게 줄었다. 하지만 만성질환으로 사망할 확률은 이전보다 급격히 늘었다. 전 세계 만성질환 사망자는 전체 사망자 네 명 중 세 명에 육박한다.

현대 의학과 기술로 사람들은 온갖 혜택을 누리게 됐지만, 전에 없던 생활 방식은 과거에는 흔하지 않던 건강 문제를 야기한다. 자가면역질환, 당뇨병, 심혈관계질환 모두 증가하는 추세로, 이는 현대인의 수명이 늘어난 것도 어느 정도 원인으로 작용한다. 그렇지만 만성질환은 젊은 사람에게도 높은 확률로 발생하며 생활 방식이나 환경과도 연관돼 있다.

최근 몇 년 동안 푸드 시스템(식품이 생산되어 최종 소비 또는 폐기되기까지의 과정-옮긴이 주)과 운동 부족이 만성질환에 미치는 영향에 많은 관심이 쏠리고 있다. 그에 비해 환경 요소는 그다지 중요하게 인정받지 못했다. 많은 나라에서 대부분의 사람들은 평생 냉난방이 조절되는 실내에서 지내며 흙을 멀리하고 식물과 동물도 거의 접하지 못한다. 창문은 날씨가 아주 좋을 때를 빼고는 늘 닫혀 있다. 사람들은 한때 흔했던 모든 것에서 점차 멀어진다.

때로는 거리 두기가 필요하다. 2019년 스모그가 인도 델리를 뒤덮자 수백만에 이르는 사람들은 실내에서 머무르며 육체 활동을 자제하라고 권고받았다. 거리 두기가 필요한 감염병도, 이런 공해도 앞으로 더 자주, 더 많은 곳에서 일어날 것이다.

자의든 타의든 고립된 실내 생활을 하면서 새롭게 터득한 청결 개념에 따라 면역체계와 주된 면역 기관인 피부의 기능도 바뀌었을 거라 추측된다. 인류는 역사 대부분에 걸쳐 미생물에 꾸준히 노출됐고 언제 어떻게 반응해야 할지 면역체계를 훈련해왔다. 오늘날, 새롭게 진화하며 달라진 환경 탓에 면역체계는 혼란에 빠졌고 무엇이 피부에 문제를 일으키는지 구별할 수 없게 됐다. 이는 우리가 매일 꼼꼼하게 몸을 씻는 것이 건강에 필수라고 배우는 것과 무관하지 않다. 심지어 감염병의 위험이 적은 곳에서도 예방에 과하게 신경 쓰라고 배운다. 우리는 눈에 보이는 때나 흙, 먼지를 남에게 옮기지 않는 것이 상식이라고 여기고 그렇게 행동하지 않으면 무책임하고 게으르고 투박하고 무례하고 미숙하다고 생각한다. 한마디로 불결하다는 것이다.

◆ ◆ ◆

캐나다에서는 공기가 건조해지는 10월이면 남자들이 샌디 스코트니키Sandy Skotnicki의 진료실로 모여든다. 이들은 몸이 가려웠다. 스코트니키는 피부를 종합적인 관점에서 관찰한다. 그녀는 토론토대학에서 피부과 및 직업환경 보건학부 교수가 되기 전에는 미생물학자로서 교육을 받았다. 스코트니키는 20년 동안 피부과 진료를 보면서 미생물을 포함해 환경이 피부 건강에 미치는 영향을 항상 주시해왔다.

"나는 환자들에게 어떻게 샤워하는지 묻습니다." 스코트니키에 따르면 남자들은 피부가 여름에만 제대로 작동하는 것처럼 환절기를 탓한다고 한다. 스코트니키는 환자들에게 평소 어떻게 씻고 있는지 알려달라고 한다. "그들은 스펀지에 '남성용 바디워시'를 묻혀 몸 구석구석 닦아요. 운동 때문에 하루에 두 번도 씻죠. 제가 환자들에게 기존 방식대로 씻지 말고 그저 몇 군데만 씻으라고 알려주면, 그들은 금방 괜찮아집니다."

나는 '몇 군데'가 어디인지 물었다.

"겨드랑이, 사타구니, 발 정도예요." 스코트니키는 질문했다. "샤워하거나 목욕할 때 여기를 씻어야 하나요?" 그녀는 팔뚝을 가리켰다. "아니에요." 스코트니키가 환자들을 진료하면서 바디워시로 몸에 비누 거품을 칠하지 말라고 얼마나 자주 만류하는지 털어놓자 그녀의 고충이 확연히 느껴졌다. 그녀는 보습제를 써야 하는 이유도 사람들이 과하게 씻는 습관에 너무 길들여졌기 때문이라고 충고한다.

물로만 씻어도 효과가 있다. 물, 특히 따뜻한 물은 분비샘에서 수분을 지키려고 분비하는 유분을 서서히 제거한다. 피부를 건조하게 하고 모공을 넓히는 행위는 자극제나 알레르기 항원에 민감하게 반응할 확률을 높인다. 스코트니키는 피부 건조와 모공 확장이 지나치게 씻어서 피부가 손상되는 과정이라고 확신하며 유전적으로 습진에 취약한 사람은 발적을 일으킬 가능성이 높아진다고 주장한다. 습진은 심신을 약화시키지만 단독으로 발병하지는 않는다. 이 질환은 면역체계의 불발이 원인인 여러 질환 중 하나다. 습진을 심하게 앓는 아이 가운데 절반가량은 '아토피 행진'으로 불리는, 면역체계의 과민 반응에 속하는 알레르기성비염이나 천식으로 발전하기도 한다.

아토피 행진이라는 용어는 2003년 펜실베이니아대학과 시카고대학의 알레르기 전문의들이 아이들에게서 일정한 유형을 발견하고 처음으로 사용했다. 그 일정한 유형은 계속 사실로 밝혀지고 있다. 최근 여러 연구에서 땅콩 알레르기를 앓고 있는 아이들이 늘고 있다고 말한다. 2010년 킹스칼리지런던의 알레르기 전문의들은 천식을 앓는 유아들이 또래보다 땅콩 알레르기를 일으킬 가능성이 많다는 것을 발견했다. 2019년 무렵 미국국립알레르기·감염병연구소National Institute of Allergy and Infectious Diseases 소장 앤서니 파우치Anthony Fauci는 "아기 피부를 보호하기 위해 어릴 때부터 신경 쓰면 식품 알레르기를 예방할 수 있다"고 부모들에게 충고했다.

식품 알레르기를 예방하기 위한 피부 관리 개념은 아직 완전하게 파악되지는 않지만 최근의 권고사항에 따르면 아이에게 무작정 땅콩을 숨겨두지 않고 오히려 노출시키면 심각한 땅콩 알레르기로 발전할 가능성을 줄일 수 있다고 한다. 감염병을 이겨내도록 면역체계를 조절하는 백신 접종처럼 소량의 땅콩에 노출되는 것으로 면역체계를 조절할 수 있다고 믿는다. 하지만 면역과 관련된 피부질환은 여전히 정반대 치료법으로 다루고 있는 실정이다. 아직도 일반적인 치료법은 면역 억제제와 항생제를 처방하고 꼼꼼히 씻고 보습제를 바르는 것이다.

습진이 너무 흔하다 보니 단순한 골칫거리 정도로 여겨 간단히 처치하는 일이 잦고 실제로도 가볍게 넘어가는 경우가 많다. 하지만 습진으로 심하게 고통을 겪는 사람들도 있다. 간지럽지만 않다면 바랄 게 없다고 할 정도로 고통스럽고 특히 밤에는 더 심해지면서 수면과 생계에도 영향을 끼친다. 습진은 피부장벽을 무너뜨리고 미생물 개체군에 불균형을 초래하며 면역세포가 증식해 피부가 망가지는 모든 문제의 원인이 된다. 몸을 씻거나 긁어서 피부장벽을 교란시키면 미생물 개체군에도 변화가 생길 수 있다. 그렇게 되면 면역체계가 활성화하면서 피부 세포에 신호를 보내 신속히 증식해서 염증 단백질을 가득 채우도록 한다. 이 모든 것이 염증에서 시작해 가려움, 장벽 붕괴, 미생물 불균형으로 이어지며 자체적으로 순환 반복된다. 스코트니키는 추측한다.

"사회 풍조에 따라 과하게 씻어서 습진을 일으키고 있다면 어떨까요?"

과하게 씻는 풍조와 습진은 나란히 증가해왔고 서로 무관하지 않다는 증거도 있다. 우리는 환경에 노출되는 시간을 늘리는 대신 알레르기와 과민증을 걱정하며 주변을 더 치우고 소독해왔다. 환자들은 몇 주 혹은 몇 개월 동안 발진이 지속돼 스코트니키를 찾아오면서 앞으로 더 비누칠을 하고 더 문질러 씻어야겠다고 지레짐작한다. 환자들은 현재 쓰는 제품의 효과를 되돌리거나 새로운 제품으로 균형을 잡아주길 바란다. 그들은 '천연 성분으로 만든 순한' 제품을 원한다. 굳이 따지자면 아무것도 안 바른 듯한 제품을 원하는 것이다.

의사가 아무것도 안 바른 듯한 제품을 처방하기는 어렵다. 환자들은 꼭 처방전이 아니라 엄격하게 통제돼도 괜찮으니 뭐가 됐든 치료를 받길 원한다. 그래서 스코트니키는 아무것도 안 바른 듯한 제품이 무엇일까 고민하다가 새로운 접근법을 고안해냈다. 그녀는 살을 빼는 다이어트와 독소를 제거하는 해독의 개념처럼 모든 제품(그게 힘들면 되도록 많은 제품)을 쓰지 않도록 권한다. 이는 특정 제품이 문제가 아니라고 해도 개념의 재설정이라는 측면에서 피부과 전문의들에게 점차 지지를 받고 있다. 우리가 실제로 써야 할 제품이 얼마나 적은지 직접 확인하고 꼭 필요한 제품만 조금씩 바르는 것은 심리적으로도 도움이 된다.

피부는 복원력이 뛰어나다. 우리는 피부를 다스리려고 애쓰지만, 피부는 피부 아래와 외부에서 오는 신호에 끊임없이 반응하며 수백만 년 동안 진화한 궁극의 자연력인 셈이다. 피부는 스스로 평정 상태를 유지하려 애쓰고 있다.

◆ ◆ ◆

피부는 사람 몸에서 가장 큰 기관이다. 넓게 펼치면 대략 1.9제곱미터(반 평 정도)를 덮을 수 있다. 사방으로 움직이고 늘어나며 기온, 압력, 습기에 작은 변화가 일어나도 감지할 수 있다. 피부에는 신경섬유 말단이 있어서 뇌에 신호를 보내 고통이나 황홀경을 느끼게 한다. 피부는 우리가 아프고 피곤하고 불안하고 흥분할 때 알려주는 역할을 한다. 상처를 입어 벌어져도 며칠 안에 아문다. 몸의 열을 공기 중으로 더 빨리 발산하려고 땀을 흠뻑 흘려 몸이 치명적으로 과열되는 상태를 막아준다. 피부는 심장이나 척추, 뇌 못지않게 중요하다. 피부가 없으면 몸을 구성하는 체액이 증발하고 외부 세계가 바로 우리를 오염시켜 사망하게 될 것이다. 그래서 피부 관리는 무척 중요하다. 하지만 효과적인 피부 관리는 제품을 바르는 차원을 넘어선다.

의대에서 배웠던 내용을 바탕으로 피부가 어떻게 작용하는지 판에 박힌 설명을 하자면 일단 피부는 해부학상 세 개의 층으로 이루어진다. 맨 아래층은 주로 지방과 결합조직으로 구성된다. 나머지 두 층을 주목해야 한다. 가장 바깥쪽이 표피다. 대략 1밀리미터 두께로 종이처럼 얇지만 안에서는 흥미로운 일이 잔뜩 벌어진다. 표피를 이루는 주된 세포는 케라티노사이트^{Keratinocytes}라고 불리며 피부의 거의 대부분과 손톱, 머리카락을 구성하는 케라틴^{Keratin} 단백질을 생성한다. 이 단백질은 면역세포와 작은 신경섬유, 피부에 고유한 색을 부여하는 멜라닌 생성 세포와 함께 섞인다. 이 세포들은 극도로 민감해서 주변 환경에 따라 쉽게 반응하고 변화한다.

표피는 다른 신체 부위와 달리 끊임없이 재생한다. 1밀리미터 두께의 층은 그 안에서도 나이대가 다른 세포끼리 층을 이룬다. 기저층에는 줄기세포가 계속 분열하면서 새로운 세포를 생성한다. 이 과정은 젊을 때 더 순조롭게 이뤄진다. 피부가 세포를 만들어내면 새로운 세포는 오래된 세포를 피부 바깥으로 밀어낸다. 밀려난 세포가 피부 표면에 도달할 때쯤이면 거의 생명력을 잃고 납작하게 말라가며 서로 뭉쳐져 육안으로도 볼 수 있다. 각질제거제는 죽은 세포, 즉 각질을 벗겨내고 어린 세포를 세상에 드러내는 것이 목표지만 사실 각질은 자연스럽게 떨어져나간다. 세포가 생성돼 각질로 떨어지는 주기는 대략 한 달이며 계속 피부 표면을 재건한다.

표피 아래는 진피로 주로 콜라겐^{Collagen}과 엘라스틴^{Elastin}이라는 단백질로 구성된다. 두 단백질은 서로 엮여 피부에 탄력을 준다. 동물 가죽은 순전히 진피를 사용한다. 비용이 엄청나게 들고 동물을 사냥한다는 윤리적 우려가 제기되는데도 사람들은 무엇으로도 흉내 낼 수 없는 가죽의 유연성과 내구성을 장점으로 들며 세상에 도구가 출현하기도 전부터 신체를 보호하고 기후변화에 살아남기 위해 고집스럽게 가죽을 사용해왔다.

표피와 진피 속에는 신경망이 흐른다. 신경망은 모기 한 마리가 피부에 앉아도, 사무실 온도가 2도 바뀌어도 알아차릴 만큼 사소한 변화를 감지한다. 이 신경망은 모세혈관과 얽혀 있는데, 모세혈관은 운동을 하거나 스트레스를 받으면 몸을 식히기 위해 팽창하거나 얼굴을 달아오르게 만들어 우리의 감정을 세상에 드러나게 한다.

상대적으로 구조가 큰 모낭도 있다. 모낭에서 머리카락을 만들어 인류 이전의 종은 추운 기후를 견딜 수 있었고, 현대인은 자신이 속해 있거나 원하는 신분에 맞춰 머리카락을 없애거나 자르고 길이를 다듬거나 염색할 수 있다.

피부에는 기름기와 여러 화합물을 분비하는 세 종류의 분비샘이 있다. 몸 전반에 분포한 에크린 땀샘Eccrine Sweat Glands은 몸을 식히기 위해 땀을 분비한다. 피지 분비샘은 피부를 윤기 있게 만드는 피지를 분비해 피부장벽이 위태로워 미생물이 들어오더라도 항균 작용을 하고 피부가 메마르지 않고 갈라지지 않도록 한다. 비교적 덜 알려진 아포크린 땀샘Apocrine Sweat Glands은 사춘기에 발달하며 특히 겨드랑이와 사타구니에 분포돼 있다. 이 땀샘은 특유의 기름진 분비물이 나오는데 과도하게 분비되면 많은 사람이 괴로움을 호소하기도 한다. 우리가 발한억제제를 사용해서라도 막으려는 것이 바로 아포크린 땀샘이며 이 땀샘 탓에 인생을 힘겹게 보내는 사람도 많다.

최근 아포크린 땀샘이 피부의 또 다른 부분을 유지하는 데 관련이 있다는 사실이 밝혀지고 있다. 바로 우리 몸 안팎에 서식하며 피부의 넷째 층을 이루는 수조의 미생물이다. 몸에서 나는 냄새의 원인인 공기 매개 화학물질은 피부, 특히 겨드랑이와 사타구니에 서식하며 피지를 먹이로 삼는 세균이 만들어낸다. 이러한 미생물 개체군은 우리가 분비하는 피지의 양과 종류, 땀을 흘릴 때 쏟아져 나오는 나트륨, 요소, 젖산 같은 여러 화합물에 영향을 받는다. 연구 결과, 땀에는 더미시딘Dermicidin, 카델리시

딘Cathelicidin, 락토페린Lactoferrin같이 항균성을 지닌 펩타이드가 포함돼 있다고 밝혀졌다. 이런 화합물은 미생물의 균형을 유지하고 복구하는 데 관련이 있다. 땀을 많이 흘려 남들의 시선이 의식된다면 주위 사람에게 내 몸은 그저 정교하고 불가사의한 생화학 춤을 추고 있을 뿐이라고 설명해도 괜찮을 듯하다.

우리가 미생물을 지니고 있다는 사실은 오래전부터 알려져 있었다. 세균을 배양할 수 있게 됐을 때부터 과학자들은 면봉으로 사람 피부를 문지르면 거대한 미생물 정원을 만들 수 있다는 것을 알았다. 하지만 최근 10년에서야 새로운 DNA 염기서열결정 기술이 도입되며 미생물의 규모와 다양성을 파악할 수 있게 됐다. 피부 위에 서식하는 미생물과 소화관에 있는 미생물을 합하면 1~2킬로그램 정도 된다. 우리 겉과 속에는 인체 세포보다 미생물 세포가 더 많다.

우리는 지금껏 피부가 외부 세계에서 우리를 막아주는 장벽이라고 생각해왔지만 피부 마이크로바이옴을 알아갈수록 피부가 주위 환경과 우리를 잇는 활발한 접점이라고 느끼게 된다. 미생물 생태계는 사실상 우리 자신의 연장선이다. 장을 채우고 있는 미생물처럼 피부의 미생물도 여간해서는 병을 일으키지 않는다. 오히려 병을 예방하는 데 도움을 준다. 그리고 우리가 피부에 하거나 하지 않는 행동이 모두 이 개체군에 영향을 미친다.

우리는 몸을 씻으면서 미생물을 없애거나 미생물이 이용하는 자원을 바꾸면서 잠시나마 미생물 개체군에 변화를 준다. '항균 성분 포함'이라고 구체적으로 표기된 세정제를 쓰지 않아도 화학적 성분은 미생물의 성장 환경에 영향을 준다. 피부에서 기름기 분비를 줄여 보송보송하게 해주는 비누나 수렴화장수도 미생물이 먹이로 삼는 피지를 제거한다.

　최근까지는 미생물의 수나 중요성을 제대로 파악할 만한 기술이 없었기 때문에 미생물이 피부에서 정확히 무슨 일을 하는지 알려진 바가 거의 없다. 하지만 다음에 등장하는 새로운 연구가 미생물과 피부의 상호작용을 설명하면서 오랜 믿음에 도전장을 던졌다.

◆　◆　◆

　피부 미생물 중에서 얼굴에 사는 진드기만큼 우리를 되돌아보게 만들 사례는 없을 듯하다. 2014년 노스캐롤라이나의 한 연구진은 자원자 400명의 얼굴을 면봉으로 문질러 샘플을 채취해 관찰했고, 그 결과 피부에 서식하는 모낭충이라는 미세한 진드기를 발견했다. 이 사악한 거미류는 몸통이 창백하고 몸의 3분의 1에 해당하는 앞쪽에 네 쌍의 다리가 달려 있으며 나머지 몸통은 다리 아래로 길게 늘어져 있고 사람 모공으로 파고든다. 한 스위스 피부과 학술지에서는 (아마도 진드기가 사람 얼굴에서 무슨 일을 하는지 알아보려고) 모낭충의 해부학적 구조를 자세히 알리며 "항문이 없다"고 발표했다. 항문의 유무에 상관없이 나를 비롯해 많은 사람이 보인 첫 반응은 이렇다. "신이시여, 이놈의 진드기들을 당장 떼어주세요." 침착한 과학 기자들은 NPR(미 공영 라디오 방송) 사이트에 등장한 헤드라인과 비슷하게 기사 제목을 달았다.

　"이봐요! 얼굴에 진드기가 살고 있다면서요. 내 얼굴도 마찬가지예요."

　우리와 함께하는 미생물 중 모낭충만이 일반 돋보기로도 볼 수 있을 만큼 크다. 그보다 크기가 작은 것이 균류인데 체온 때문에 살아 있는 사람에게서는 거의 볼 수 없다. 그다음으로 세균, 고세균, 원생동물, 그리고 훨씬 크기가 작은 바이러스가 있다. 왜 지금까지 모낭충이 제대로 알려지지 않았는지 정말 미스터리다. 사실 모낭충은 오래전에 발견됐다. 1841년 독일의 한 해부학자가 시체에서 처음 모낭충을 발견했고 그 후로 가끔 살아 있는 사람에게서도 모낭충을 찾아냈다. 그가 연구 결과를 기록으로 남기며 이 존재를 알리려고 했지만 작은 진드기는 그대로 잊히고 말았다.

그렇다면 노스캐롤라이나 진드기 사냥꾼들은 왜 이제야 모낭충이 우리 몸 곳곳에 있다고 알게 됐을까? 이 결실은 새로운 DNA 염기서열결정 기술로 마이크로바이옴의 나머지 부분을 밝혀냈기에 가능했다. 실제로 진드기는 주로 모공 안에 깊게 파묻혀 있어 찾기가 어렵다. 하지만 피부에서 진드기 DNA의 증거를 찾고 싶다면 지나가는 아무나 붙잡아도 확인할 수 있다. 이 기술로 많고 많은 미생물 중에 우리의 작은 동료들을 조금씩 알아가고 있다.

사람들은 자신에게 진드기가 있다는 사실을 알게 돼 혼란스러울 테지만 가설에 근거하면 진드기가 없는 것이 오히려 안 좋다. 사람에게 100% 존재한다는 것이 '정상'을 표현하는 가장 적절한 정의가 아닐까. 진드기는 존재하는 목적이 있다.

캘리포니아 과학 아카데미 파리학Dipterology 석좌교수이자 연구 공동집 필자인 미셸 트라우트와인Michelle Trautwein은 이 진드기에서 존재의 아름다움을 발견한다. "진드기는 인간에게 공통적으로 존재합니다." 왜 진드기가 사람 몸에 있는지 미스터리를 풀겠다며 곤충 생물학자인 트라우트와인은 여러 피부과 전문의, 생태학자와 함께 작업하면서 인류를 폭넓게 알아가고 있다. 한 가지 알아낸 진실은 우리 인간이 생물학상 자급자족하는 유기체는 아니지만 믿을 만한 다른 유기체에 둘러싸여 있다는 사실이다.

트라우트와인은 모낭충이 피부 각질을 먹고 사는 세상에서 가장 순한 각질제거제라고 주장한다. 모낭충 덕분에 외부로 떨어지는 각질이 줄어들며 집 먼지도 줄어든다. 그런데도 오프라인 매장이나 인스타그램에서 모낭충을 없애준다는 제품을 본다면 솔깃하긴 하다.

우리는 누구나 모낭충을 지니고 별 탈 없이 일상을 보내고 있지만, 갑자기 모낭충의 개체 수가 급증하거나 급증이 원인이 돼 이상 반응이 나타나면 피부질환이 생길 수 있다. 최근 48건의 연구 자료를 분석한 결과 진드기 개체 밀도와 주사Rosacea(주로 코와 뺨이 빨갛게 되는 만성 염증 질환) 사이에 연관성이 발견됐다. 미생물과 관련한 여러 질환처럼 진드기와 주사의 관계도 비율과 환경이 중요할 뿐, 단순히 '나쁜' 생물에게 침략당했기 때문에 염증이 발생한 것은 아니다. 모낭충은 보통 유순하고 이로울 때도 있지만 환경이 바뀌면 병원성을 띠며 질병의 원인이 되기도 한다. 사람이 타인을 해칠 성향을 지니고 태어날 확률이 거의 없지만 한창 교전 중인 지역에 뚝 떨어져 사격 명령을 받으면 다수가 망설이지 않고 적을 죽이는 것과 같은 원리다.

그런 면에서 피부 마이크로바이옴을 구성하는 진드기와 수조 규모의 여러 작은 생명체는 '세균 원인설Germ Theory', 즉 질병을 피하려면 미생물을 퇴치해야 한다는 단순한 개념을 뒤집는다. 대중에게 널리 알려졌던 세균 원인설은 보다 흥미로운 이론으로 대체되고 있다. 미생물 대부분은 그저 무해하지 않은 것을 넘어, 오히려 살아가는 데 필수다. 나와 미생물은 나뉘지 않고 서로 이어졌다.

아기는 자궁이라는 무균 환경에서 성장하지만 출산길을 통과하자마자 건강과 생존에 도움이 될 만한 미생물을 스펀지처럼 받아들인다. 그러면서 아기 피부에 엄마의 세균이 거주하게 되고 그중 일부는 평생 피부에 남아 아이가 커가면서 만날 여러 미생물과 상호작용을 이룬다. 그 시점부터 피부 건강은 환경이 좌우한다. 미생물은 위로는 바깥세상, 아래로는 피부에 영향을 받고, 피부는 위로는 미생물, 아래로는 신체기능에 영향을 받는다.

마이크로바이옴 연구가 진행되며 피부 관리법을 설명하는 기본 가설조차 뒤집힐 기미를 보이고 연구 결과도 힘을 보태고 있다. 캘리포니아대학 샌디에이고 캠퍼스의 피부학과 교수 리처드 갤로Richard Gallo는 얼마 전 한 연구를 마쳤다. 갤로의 연구팀은 한 무리의 쥐에게 사람 피부에 흔히 존재하는 표피포도상구균Staphylococcus Epidermidis을 발랐다. 다른 무리의 쥐는 몸을 깨끗이 닦아 같은 세균이 남아 있지 않도록 했다.

그리고 나서 두 무리를 모두 햇볕에 그을렸다. 세균을 바른 쥐는 피부암에 거의 걸리지 않았다. 갤로가 세웠던 가설에 따르면 표피포도상구균이 종양 세포의 DNA 복제를 막는다고 알려진 6-N-하이드록시아미노퓨린6-N-Hydroxyaminopurine 화합물을 생성하기 때문이다. 이것은 초기 연구일 뿐이며 쥐를 대상으로 한 실험이지 사람을 대상으로 하지는 않았다(사람을 자외선에 노출시키고 암에 걸리는지 확인하는 것은 윤리에 어긋난다). 하지만 새로운 연구 결과가 속속 나오고 있다. 이들은 하나같이 사람들이 필수라고 배운 대로 피부에서 세균을 마구 박박 닦아낼 필요가 있는지 의문을 제기한다.

이 질문에 답하려면 청결을 정의하는 현대적 개념이 어떻게 생겨났는지 살펴봐야 한다.

2장

정화라는 말에
숨겨진 비밀

PURIFY

발 커티스^{Val Curtis}는 사람들에게 썩은 음식이나 벌레, 체액, 그 외 비슷한 사진을 보여주고 어떻게 반응하는지 기록하는 일을 한다. 런던위생열대 의학 대학원 교수인 커티스는 세계 일류 '역겨움 학자^{Disgustologist}'를 목 표로 사람들이 왜 청결에 관심을 갖고 때로는 비이성적으로 보일 만큼 열과 성을 다하는지 알기 위해 연구를 시작했다. 그 결과, 커티스는 사진 을 본 사람들의 반응이 매우 유사하고 민족, 나이, 성별 등 온갖 변수를 감안해도 거의 보편적인 반응을 보인다는 사실을 알아낸다. 이를 바탕으 로 '더럽고 끈적이고 흘러내리고 바글바글 움직이는 물질'에 대해 사람 들이 공통적으로 '역겨움이라는 강한 감정'을 느낀다고 결론을 내린다.

역겨움이라는 감정 너머에는 무엇이 숨어 있을까? 커티스는 사람들 이 속내를 자세히 털어놓을 수 있도록 '래더링^{Laddering}'이라는 소비자 조사 기법을 활용했다. 이 기법은 호기심 왕성한 네 살 꼬마처럼 계속 묻 기만 하면 된다. 왜요? 왜요? 그래서 왜요? 음식점에서 누군가에게 앞에 놓인 샐러드를 왜 주문했냐고 물어보면 아마도 "괜찮을 것 같아서요"라고 할 것이다. 하지만 계속 "왜요?"라고 물으면 음식, 인간의 유한한 운명, 그 운명을 다스리려는 인간의 노력이 만든 여러 복잡한 관계까지 파고들게 된다. 래더링은 첫 데이트에서 사용해도 좋지만 연구에도 유용하다. 커티스의 연구에서 대답은 돌고 돌아 결국 처음 단어인 '역겨움'으로 되돌아온다. 커티스는 말했다.

"때는 그냥 역겨워요. 분노는 역겹죠. 썩은 음식도 역겹습니다. 알아낼 수 있는 것은 그게 전부였어요."

그래서 커티스는 단어들이 가진 공통점을 찾아보기로 했다. 교수실 전체를 연구 대상과 관련된 책과 기사들로 채워놓고 전 세계 사람이 역겹다고 느끼는 것들을 방대하고 잡다하게 한데 모아놓았다. 그리고 그 속에서 패턴을 찾았더니 모두 질병으로 귀결됐다. 떨어진 머리카락 한 올에도 백선이 옮을 수 있다. 그렇기에 주문한 음식에서 머리카락 한 올이 발견되면 누군가는 당장 식당에 따지고 두 번 다시 가지도 않을뿐더러 주방장은 물론 그 가족에게까지 저주를 퍼붓는 상황이 벌어질 수도 있다. 역시 역겨움의 대상인 토사물은 서른 가지 전염병을 옮길 수 있다.

사람에게 역겨움을 주는 대상은 고통을 유발하지는 않는다. 누군가가 암으로 죽어가거나 심근경색을 앓고 있으면 사람들은 혐오스럽다고 느끼지 않고 서둘러 병문안을 간다. 대신 피나 토사물, 배설물, 상처, 고름 등을 보면 병균 매개체라고 인식해 본능적으로 혐오를 느끼고 멀리하며 전염병에 걸리지 않도록 자신을 방어한다.

"우리가 매일 하는 행동 중에서 사람과 접촉하는 일이 제일 위험한 것 같아요. 다른 사람은 우리를 아프게 하는 병원균을 옮기니까요."

그런 면에서 역겨움은 유용한 기제로 작용한다. 타인의 행동이나 모습에 역겨움을 느끼면서 그들이 가진 질병에서 자신을 지킨다. 반대로 자신에게 역겨움을 감지하면 부끄럽거나 창피함을 느끼기도 한다. 사회에서 고립되고 공동체에서 배제될까 봐 두려워서 역겨워 보이지 않도록 조심한다. 우리는 외모에 신경 쓰도록 진화해온 것이다. 커티스는 설명했다.

"친해지려면 서로 눈을 보고 대화하고 악수도 하고 어느 정도 침도 주고받아야겠죠. 마주 보고 숨을 쉴 테니까요. 그런데 제가 옷은 꾀죄죄하고 머리는 부스스하고 피부는 온통 기생충으로 덮여 있고 몸 여기저기 피부 병변도 보이고 냄새까지 고약하다면, 상대는 역겹다고 느낄 겁니다. 결국 전 그 무리에 낄 수 없죠. 그럼 저는 위험해질 수도 있어요. 인간은 서로 협력하며 살아가는 종이고 생존을 위해 서로가 필요하니까요."

인생이란 타인과 가까워야 하면서도 타인에게서 자신을 보호해야 하는 끊임없는 긴장 상태인 셈이다. 진화생물학자들이 청결 추구라고 지칭하는 '위생 행위'는 동물 세계에서도 볼 수 있다. 캐리비언닭새우Caribbean Spiny Lobster는 바이러스성 전염병에 걸린 동족을 멀리한다. 개미는 질병을 일으키는 곰팡이를 제거하려고 몸을 손질하고 오염된 형제의 사체를 내다 버린다. 벌은 병을 앓는 동료를 벌집에서 쫓아내고 죽게 내버려 둔다. 잔인해 보일 수도 있지만 아픈 동족을 간호할 만큼 정교하고 현대적인 의료 제도가 동물 세계에는 없다.

척추동물도 위생에 신경 쓰는 것으로 알려져 있다. 커티스의 설명에 따르면 황소개구리 올챙이는 칸디다균 감염증Candida Fungal Infection에 걸린 동족을 기피하고, 연어과인 화이트피시는 기생충인 슈도모나스 플루오레센스Pseudomonas Fluorescens를 감지하면 달아나고, 박쥐를 비롯해 포유류와 조류는 기생충을 제거하려고 온몸을 손질한다. "제 둥지에 볼일 보지 마라"라는 서양 속담은 단순한 은유가 아니다. 새들은 그냥 둥지에 볼일을 보고 싶을 만큼 추운 날에도 속담을 따른다(대신 날아가다가 사람 머리 위로 배설물을 흘리기도 한다). 삶의 지혜를 아는 너구리, 오소리, 여우원숭이 같은 동물은 지정된 '화장실'이 따로 있다. 침팬지는 짝짓기가 끝나면 성기를 씻는 행동을 할 때가 있는데 성병 감염을 피하는 데 확실한 효과는 없지만 좋은 습관이기는 하다.

자연계에서 질병을 피하려는 행위는 짝짓기보다 더 보편적이다. 선충은 뇌가 없고 짝짓기도 안 하지만 질병을 유발하는 박테리아는 감지하고 피할 수 있다고 증명했다. 동물들은 냉혹한 진화 과정을 거치며 생존에 필요한 능력을 익혔고, 스스로를 질병에서 지키지 못한 유전자는 제거됐다. 위생 관념이 철저한 동물은 살아남아 번식했고 죽은 형제들을 배불리 먹었, 아니 그럴 리가, 그들을 묻었다.

학술 용어로 '위생'은 엄밀히 따지면 질병 예방 행위를 의미한다. 인간에게 위생은 손을 씻고, 기침이나 재채기할 때 입을 가리고, 벌어진 상처를 치료하고, 배설물을 절차에 따라 처리하는 모든 행위를 일컫는다. 하지만 질병을 피하려는 인간의 원시적 본능은 차별적 관습을 만들어내며 지금까지 이어졌다. 커티스의 설명에 따르면 사람들은 지금도 다리를 절름거리거나, 신체 부위가 대칭이 안 맞고 크기가 다른 것처럼 평균에서 살짝 벗어난 외형을 가진 사람을 보면 자신을 오염시키거나 자기방어에 악영향을 끼치리라 믿으며 진화론적 혐오를 드러내기도 한다.

과거에 부종이 있는 사람은 사상충증(모기로 전파되는 기생충 감염병으로 몸이 붓고 피부가 두꺼워지는 증상을 보임) 같은 질병을 옮길지도 모른다고 두려워 했다. 이렇게 본능은 정상이라는 범주를 끊임없이 규정하며 굳어지고 혐오라는 감정으로 나타난다. 남이 볼 때 누군가의 외모나 냄새, 소리가 정상이라고 생각하는 범위에서 크게 벗어나면 시간이 흘러 질병과 아무 상관이 없다고 밝혀진다 해도 사람들은 경계의 끈을 놓지 않는다.

감염병은 사망 원인의 주된 요인이라는 타이틀을 만성질환에 넘겼지만, 뇌는 여전히 과할 정도로 감염병을 두려워한다. 질병과 무관한 자극을 오해해 자신과 남을 향한 역겨움이 뒤섞이고 시야가 흐려져 무엇이 진짜 위협인지 알 수 없게 된 까닭이다. 역겨워 보이지 않으려는 충동이 오늘날 청결의 토대가 됐지만 그 방식은 우리 몸에 혈액이나 배설물이 묻지 않았다고 확인하는 수준을 훨씬 넘어섰다.

커티스는 부유한 나라 국민이 말하는 위생이 알고 보면 '청결'이라는 추상적 개념을 좇는 수준이라고 주장한다. 일반 위생 개념과 달리 '청결'은 질병 예방만을 의미하지 않는다. 커티스는 주장한다.

"사람들이 위생용품을 사는 이유는 합리적으로 건강상 이익을 얻기 위해서가 아니에요. 멋있어 보이려는 거죠. 여드름도 습진도 주름살도 없앨 수 있고 몸에서 향기까지 난다면 어떨까요. 사람들은 그런 모습을 추구하는 겁니다."

사람들이 멋있어 보이고 좋은 향기가 나는 데 관심을 가지는 이유는 단순하지 않다. 사람들은 문화에 따른 기준과 기대에 부응하기 위해 오랜 습관을 이어간다. 미적 규범에서 선택의 범위는 우리가 지닌 전문적, 사회적 지위에 따라 결정된다. 몸단장이 소득에 영향을 미친다는 사실은 이미 증명됐고 특히 여성에게는 전체적인 외모도 연관성이 있는 것으로 드러났다. 자기 관리 차원에서 하루 중 잠시 짬을 내 피부 관리를 받으며 얻는 기쁨도 무시할 수 없다.

　아름다움 그 자체가 목적이 되기도 한다. 친한 동료 작가들은 이 관점을 설명할 때 찰스 다윈Charles Darwin을 들먹이는 건 민망할 정도로 상투적이라고 말했다. 대신 아련했던 19세기에 핀치새Finch(다윈에게 진화론 연구의 기틀을 마련해준 새-옮긴이)를 사랑했던 인물이라고 표현할 거란다. 아무튼 이분은 성적 억압이 횡행하던 시대를 살던 소박하고 가정적인 인물이었지만, 자웅선택(짝을 선택하는 데 작용하는 형질이 자손에게 남아 진화한다는 학설-옮긴이)을 주장하는 미적 견해는 가히 혁신적이었다. 아름다움은 개체에게 쾌락을 주는 진화적 특성이며, 쾌락은 그 자체로 목적이 될 수 있다고 주장했다. 아름다움은 번식을 목적으로 짝을 유혹할 때만 발휘하는 것이 아니다. 인간을 비롯한 동물들은 장수에 해가 될지언정 보는 것만으로도 기분 좋아지는 대상을 찾기 때문에 좋은 부모가 되지도 못하고 심지어 단명한다 해도 아름다운 동물과 짝을 이루려고 한다.

　다윈 이론의 적대자이자 훨씬 보수적인 생물학자 알프레드 러셀 월러스Alfred Russel Wallace(진화론의 '공동발견자')는 아름다움이 종의 생존을 늘리기 위한 '적응'의 결과라고 주장했고, 그 이론은 여러 세대를 거치며 과학 교재를 점령했다. 적응주의자들이 주장하는 자연선택 이론은 남성이 짝짓기 상대로 여성을 찾는 법, 여성이 남성에게 호감 주는 법에 기반을 두었다. 이 이론은 여성이 성적 쾌락에 관심 있고, 역량 있는 자주적 독립체라는 가능성을 완전히 배제한다.

　예일대 진화조류학자 리처드 프럼Richard Prum은 초기에 잊힌 미적 이론을 온전한 고유 가치로 되살리는 데 매진했다. 프럼이 주장하는 '아름다움 발생 가설Beauty Happens Hypothesis'에서는 아름다움이 여러 진화 과정처럼 무작위로 발생했다고 가정한다. 쾌락을 주기만 하면 특정 색, 지저귀는 소리, 몸집, 체형, 감촉은 가치로 인정받았다. 선호를 내세운 이 가설은 사회적, 유전학적으로 널리 퍼졌다. 수컷이 짝짓기 기회를 얻으려면 다른 수컷보다 신체적으로 우월해야 했기 때문에 암컷보다 더 크고 공격적인 성향을 지니게 됐다는 설명 대신, 암컷이 크고 힘이 센 수컷을 선호한다면 어떨까? 단순히 이런 특성이 아름답기 때문이라면?

프럼은 쾌락을 주는 능력이 어떻게 생존에 이로운지 보여주기 위해 오르가슴을 예로 든다. 짝짓기를 즐기는 암컷들은 새끼를 낳을 확률이 매우 높다. 그래서 쾌락을 잘 느끼게 해주는 수컷은 짝짓기에 성공할 가능성이 크다. 프럼의 논문은 초기에는 동료 심사를 받는 학술지에서 수차례 거부됐지만, 과학계에서는 아름다움이 그 자체로도 가치 있는 본질(상대가 비교적 체형이 더 좋거나 건강하거나 혹은 번식 성공률이 높다는 것을 의미하지 않더라도)이라는 그의 의견에 동조하기 시작했다.

생물학자들이 이 개념을 받아들이는 데는 시간이 꽤 걸리긴 했지만, 미국 작가 토니 모리슨Toni Morrison은 이미 알고 있었다. 모리슨은 1993년 문학잡지 〈파리 리뷰Paris Review〉와의 인터뷰에서 이렇게 밝혔다.

"나는 아름다움을 절대적 필수 요소라고 생각합니다. 특권이나 사치라고 생각하지 않아요. 탐구의 대상도 아닙니다. 많은 사람이 일반적으로 알고 있는 지식이죠. 다시 말하면, 우리가 태어난 목적입니다."

◆ ◆ ◆

인류 역사 전반에 걸쳐 자신을 청결하게 하는 것은 건강과 아름다움을 의미하는 현대적 개념보다 영성Spirituality과 의식을 뜻하는 경우가 더 많았다. 15세기 아즈텍인은 정화 의식을 치르기 위해 산비탈을 깎아 거대한 물웅덩이를 만들었다. 산파들은 아기를 씻길 때 물의 여신 찰치우틀리쿠에Chalchiuhtlicue의 이름을 부르며 기도했다.

"그대의 진정한 어머니 찰치우틀리쿠에에게 다가가니. 신이 그대를 받아들이기를! 신이 그대를 씻어주기를! 신이 그대의 어머니와 아버지에게 물려받은 불결함을 없애고 날려버리기를! 신이 그대의 심장을 깨끗이 하기를! 신이 그대의 심장을 건실하게 하기를! 신이 그대에게 건실한 태도를 선사하기를!"

아즈텍인은 제물로 준비한 노예도 신성한 물로 씻겼다. 고대 이집트인은 신처럼 차려입고 망자가 사후 세계로 잘 건너가기를 기원하며 의식에 따라 죽은 자의 몸을 닦았다. 오늘날 의사들이 선서할 때 등장하는 그리스 의사 히포크라테스Hippocrates는 목욕을 소소한 건강 실천법으로 여기며 장려했다. 하지만 그는 세균 제거에는 관심이 없었다(세균이라는 개념을 알았더라면 그는 새로운 발견에 마음이 온통 흔들리면서도 세균을 불에 태워 날려 보내야 한다고 했을 테다). 히포크라테스에게 목욕이란 몸속 체액의 균형을 맞추기 위해 뜨거운 물과 차가운 물에 몸을 담그는 행위를 의미했다. 온기는 두통, 배뇨 불능 등 다양한 질병에 효과가 있다고 믿었고 찬물 목욕은 관절 통증에 좋았다. 목욕은 기본적으로 질병의 원인을 없애기보다 불, 물, 흙, 공기 같은 원소에 노출하는 방식이었다.

이 실천법은 고대 로마의 목욕과 잘 어우러졌다. 계급에 상관없이 모든 시민은 여가를 즐기는 목적으로 설계된 공공시설에서 목욕을 하며 어울리고 담소를 나눴다. 대중목욕탕은 손님이 운동할 수 있는 안뜰을 중심으로 온탕Caldarium, 미온탕Tepidaruim, 냉탕Frigidarium이 마련된 욕실이 배치됐다. 오락 공간, 도서관, 음식을 파는 노점상에 매춘부까지 있는 목욕탕도 있었다.

로마인은 욕조 안에서 몸에 기름을 바르거나 낫처럼 생긴 도구로 몸에 있는 때나 진흙을 벗겨냈다. 목욕으로 위생상 혜택을 봤다면 순전히 우연이었을 것이다. 당시를 묘사한 글을 보면 목욕탕을 공공 여물통에서 나오는 물로 채웠다고 표현했다. 탕에 담긴 물은 소독과 거리가 멀었고, 건강한 사람과 병약한 사람이 나란히 몸을 담갔다. 철학자 켈수스Celsus는 장염, 부스럼, 설사를 포함해 많은 질환에 목욕을 처방했다. 현대식 목욕탕처럼 염소 소독이나 순환 시스템이 없었으니 당시 목욕탕은 때와 땀과 기름이 막을 이루며 물 표면을 덮었을 가능성이 컸다.

나태와 나체가 하나로 합쳐진 목욕 장면은 당시 문화 전쟁을 일으키는 불씨가 됐다. 철학자 세네카Seneca는 고향에 퇴폐 시설이 하나둘 늘어나는 모습을 보고 도덕적으로 타락했다고 판단했다. 그래서 초기 기독교 교회에서는 목욕을 금하기 시작했다. 예수 시대에 유대인 법은 음식 섭취와 위생을 조례로 규정하며 신체의 정결함을 강조했다. 고대 히브리인은 식사 전후에 손을 씻고, 사원에 들어가기 전에 손과 발을 씻어야 한다는 법이 있었다. "청결한 신체가 순수한 정신으로 이어진다"로 해석되는 유대교 율법 학자의 말은 지금까지도 청결함과 경건함을 잇는 격언의 기원으로 인용된다.

초기 기독교인은 섭생과 규제를 엄수하던 종교 정신에서 벗어나기 시작했고 많은 사람이 음식을 제한하고 포경수술을 시행하고 안식일을 준수하는 엄격한 유대교 법률을 등한시했다. 그들의 구세주인 예수는 의식의 정화 측면에서 보면 비교적 미니멀리스트였다. 나중에 화가들이 예수를 그릴 때 피부에서 때를 지우고 머리카락을 단정하게 표현했지만, 독실한 추종자들처럼 예수 역시 자신의 외모에 전혀 개의치 않았다. 〈마태복음〉에서 예수는 내적 순수성보다 종교의식을 중시하는 사람들을 꾸짖었다.

"먼저 잔과 접시의 안을 깨끗이 씻어라. 겉도 깨끗해지리라."

《신약성서》 중 다른 구절에는 예수와 제자들이 손을 씻지 않고 빵을 먹어 바리새인**Pharisees**(유대교 분파 중 하나로 율법을 엄격히 따랐다-옮긴이)들에게 충격을 줬다고 한다. 4세기, 성자 제롬**Saint Jerome**은 "그리스도 안에서 한 번 씻은 사람은 다시 씻을 필요가 없다"고 말했다. 기독교는 세례라는 상징적 의식을 제외하면 신체 정화 면에서 일반적인 세계의 믿음에서 크게 벗어나 있었다. 목욕이나 위생 요건이 결핍된 상태를 옹호하며 타 종교와 거리를 두는 식이다.

이슬람교는 기독교와 달리 하루에 다섯 번, 기도하기 전에 손을 씻어야 한다. 이슬람 사원에서 물이 필요했기 때문에 아랍 도시들은 유럽에는 없던 상수도를 정교하게 구축할 수 있었다. 920년대에 볼가강 **Volga River**(러시아 남동부를 흐르는 강으로 유럽에서 가장 길다-옮긴이)을 따라 여행하던 한 이슬람교도 사절은 그곳에서 본 바이킹족을 "알라의 피조물 중에서 가장 추잡하다"라고 표현하며, 그들이 "대소변을 보고 나서 씻지 않고 정사를 나눈 뒤에도 마찬가지며 식사 후에도 씻지 않는다. 그들은 다루기 힘든 당나귀 같다"라고 묘사했다.

힌두교도 역시 선견지명 있게 조례를 만들어 위생 관행을 지켜가고 있다. 서양의 세균 원인설이 등장하기 수 세기 전부터 사람들은 배변 후에 손을 닦았다. 볼일 볼 때는 반드시 왼손만 썼고 먹을 때는 오른손만 썼다. 이탈리아 여행자 마르코 폴로^{Marco Polo}는 13세기 인도를 방문했을 때 인도인들이 하나같이 깐깐하게 물을 마시는 모습을 보고 깜짝 놀랐다. 그들이 각자 물병을 갖고 있다는 것에 놀랐으며 "아무도 다른 사람 물병으로 마시지 않았고 심지어 병에 입을 대지도 않았다"고 했다. 인도인이 자주 목욕한다는 사실에는 더욱 충격을 받았다. 폴로는 비슷한 이유로 중국에도 매료됐다. 그는 "여기서는 누구나 일주일에 적어도 세 번은 온욕을 하고 여력이 되면 겨울철에도 매일 목욕을 한다. 지위가 높거나 재산이 많은 사람은 모두 자택에 개인 욕탕을 두고 있다"고 했다. 그의 고향인 베네치아에서는 절대 볼 수 없는 모습이었다. 후에 야만족으로 불린 여러 무리가 로마를 정복하고 수로와 대중목욕탕 대부분을 파괴했다. 사회 기반 시설이 부족해지고 기독교인들이 위생을 끊임없이 불신하면서 중세 시대가 이어졌고, 이 시대는 '목욕 없는 천 년'이라고 불리게 됐다.

이는 14세기 중반, 짙게 곪은 종기가 유럽인의 사타구니와 겨드랑이, 목에 나타나기 시작하며 정점에 다다랐다. 조반니 보카치오^{Giovanni Boccaccio}의 저서 《데카메론^{Decameron}》에서는 종기가 달걀이나 사과만큼 커진다고 묘사했다. 종기가 커지고 사흘 정도 지나면 환자는 사망에 이르렀다. 이 '흑사병'이 보카치오의 고향인 피렌체를 휩쓸고 지나가는 동안 보카치오는 자식을 버리고 떠나는 엄마의 모습과 어디서도 피할 수 없었던 시체 냄새를 글로 표현했다. 기도 행렬이 이어졌지만 병은 걷잡을 수 없이 퍼졌다. 3년 후에는 유럽 인구의 대략 3분의 1이 사망했다.

종기는 림프샘이 부어올라 생긴 것으로 흑사병 세균에 노출되는 응급 상황을 처리하기 위해 면역계 세포가 림프샘으로 과도하게 몰려든 것이 원인이었다. 하지만 이런 과정은 흑사병이 발생하고도 500년이 지나서도 알려지지 않았다. 그래서 기독교인은 유대인이 도시 곳곳에 독을 퍼트렸다고 비난하며 죄를 뒤집어씌웠다. 산 채로 화형을 당하든지 예수의 이름으로 세례를 받든지 하나를 선택해야 했던 유대인 중에는 고해성사를 하고 이른바 자신의 죄를 씻은 사람도 있었지만 그러지 못한 사람도 있었다.

흑사병이 발생한 것은 행성 배열이 어그러졌기 때문이라고 주장하는 이론도 있었다. 파리 대학의 의사단은 1348년 보고서를 발표해 사람들이 죽는 이유를 설명했다. 그들은 토성과 목성이 불행히도 '분노와 전쟁을 야기하는 사악한 행성'인 화성과 나란히 놓여 있었다고 보고했다. 화성이 타락하고 있어 "공기와 섞이면서 행성의 물질을 오염시키는 우울한 기운을 땅과 바다에서 끌어 모았다"고 주장한 것이다.

질병을 유발하는 우울한 기분이라는 개념은 나쁜 공기란 뜻의 '독기Miasma'로 알려졌다. 공기로 운반되는 전염과 공해를 말하는 현대의 개념과 다르지 않아 보이지만 이때의 독기는 영적인 오염을 의미했다. 파리의 의사들은 "역병에 취약한 신체는 열과 습기가 많은 몸"이라 말하며 "소비되지 않은 노폐물이 제대로 배출되지 않아 유해한 체액으로 막혀 있는 상태로 운동, 성관계, 목욕을 과하게 하며 나쁜 생활 습관을 가진 사람들"이라며 경고했다. 그런 끔찍한 악행을 피한다고 안전이 보장되지는 않았지만 의사들은 겁에 질린 시민들에게 장담했다. "몸에서 습기와 노폐물을 없애고 분별 있고 적합한 양생법을 따르는 사람은 역병에 성급히 무릎 꿇지 않을 것이다."

역병이 아무리 두려워도 이미 열악해진 위생 실태를 바꾸지는 못했다. 당시 교황청 소재지였던 프랑스 아비뇽에서는 시체를 묻을 땅이 부족할 정도였고 교황은 강을 신성한 장소로 선포했다. 가정에서는 양심에 거리낌 없이 죽은 가족을 론강에 던져 넣었다. 수로에는 차마 던질 수 없었다. 사람들은 어디를 가든 흑사병 매개체인 벼룩을 날랐고, 그렇게 흑사병은 유럽 어디선가 거의 해마다 재발하며 18세기 초까지 이어졌다. 관료들은 질병을 퍼트릴 우려가 있다며 대중목욕탕을 폐쇄했다. 캐나다 작가 캐서린 애쉔버그Katherine Ashenburg는 사람들이 세균을 두려워하고 이해하지 못한 나머지 16~17세기는 유럽 역사상 가장 더러웠던 시기로 남게 됐다고 말한다.

당시는 시골이 더 안전했고, 일자리도 더 많았다. 그러다가 산업혁명을 시작으로 전세가 바뀌기 시작했다. 19세기 이전, 세계 주요 도시의 인구수는 몇십만 명 정도였다. 고층 건물도 없었고 오늘날 로스앤젤레스, 홍콩, 델리처럼 대도시에 거의 매일 떠 있는 고질적인 연무를 만들어내는 공장도 없었다.

1801년, 런던 인구는 100만 명을 넘어섰다. 1850년에는 200만 명이 넘는 지경에 이르렀다. 사람들이 도시로 밀려들면서 파리와 뉴욕의 인구수도 곧 런던을 뒤따랐다. 도시로 모여드는 인구가 워낙 빠르게 증가하다 보니 사회 기반 시설이 턱없이 부족했다. 난데없이 늘어난 인구밀도에 환경은 눈에 띄게 지저분해졌다. 비포장도로는 여름에는 먼지가 날렸고 다른 계절에는 진흙투성이였으며 발밑은 말똥으로 가득했고, 대기는 공기를 오염시키는 석탄 연기로 꽉 찼다. 골목마다 사람 분뇨가 오물 웅덩이를 이뤘고 상수도는 쓰레기로 거의 막히기 직전이었다. 이 환경 하나하나가 세상을 뒤흔들 전염병을 발생시키며 공중보건 분야의 탄생으로 이어졌다.

1840년대 장티푸스와 발진티푸스가 유럽 산업 지역의 빈민가를 휩쓸자 독일 의사 루돌프 피르호Rudolf Virchow는 생활환경과 질병 사이에서 연관성을 찾아냈다. 여전히 독기 이론Miasma Theory(물질이 부패해 생긴 나쁜 공기가 질병의 원인이라는 이론으로 현재는 통용되지 않는다-옮긴이)에 영향을 받은 그의 연구는 미국의학협회가 미국 내 질병을 연구하는 계기가 됐다. 1847년 협회에서는 질병을 유발하는 공기를 분산하도록 화장실에 환기 장치를 설치해야 한다고 주장했다. 1854년 영국 의사 존 스노John Snow가 런던의 콜레라 발생이 우물에서 비롯됐다고 밝혀내면서 나쁜 공기 이론에 의문이 제기됐다. 스노는 상세한 지도를 사용해 환자들에게 공통된 습관이나 접촉이 있었는지 질문하며 추론해나갔다. 이 방식은 스노가 셜록 홈즈보다 먼저 사용했고 현대 역학 분야를 탄생시키며 가치를 증명했다. 하지만 그때까지도 물이 어떻게 질병을 일으키는지는 알아내지 못했고 심각하게 받아들이지도 않았다.

우물 근처에 있는 배설물 웅덩이에서 눈으로 볼 수 없는 유기체가 흘러들어와 물을 오염시켰다는 의견은 당시에는 받아들이기가 너무 끔찍했고 정치적으로도 큰 파장을 일으킬 수 있었다. 도시 전체의 배설물과 식수를 분리하기 위해 정비에 나서야 할 판이었다. 런던 정부는 스노의 조사 결과가 연관성이 부족하며 비논리적이라고 묵살했다. 스노가 사망하고 20년이 넘은 1883년, 독일 의사 로베르트 코흐Robert Koch가 현미경으로 콜레라를 일으키는 미생물을 발견하며 마침내 스노가 옳았다는 사실이 확인됐다. 코흐는 런던 우물에서 얻은 역학조사 결과에 추가 관찰을 더해 오염된 물이 발병 원인이라는 주장을 굳혔다. 그리고 이 '병균들'이 상수도에 잠입해 사람을 사망에 이르게 할 수 있다면 다른 질병이나 기질도 병균이 원인일 수 있다는 것이 합리적이라고 판단했다.

'세균 원인설'이 새롭게 등장해 대중의 뇌리에 서서히 자리를 잡아가는 한편 도시화와 인구 성장이 빠르게 진행되며 감염병의 위협은 더욱 심각해졌다. 20세기로 접어들 무렵에는 감염병 퇴치와 예방이 도시 계획에 필수가 되면서 이 시기를 '위생 혁명'이라고 부르기도 했다. 위생 혁명은 산업혁명이 만든 결과였다. 유럽과 미국에서 기본적인 공중위생과 개인위생을 장려하며 공중보건이 새로운 필수 분야로 떠올랐다. 세균 원인설을 부정했던 과거의 정부 방침도 질병 예방을 위해 기반 시설에 긴급하게 투자하는 방향으로 선회했다. 무균 식수와 하수 처리 시설을 마련하고 대중에게 대변을 본 후 손을 씻도록 장려하는 운동을 실시했다 (다른 나라에서는 이미 천 년 전부터 실천해온 방법들이다). 변화가 있기 전까지는 이웃이나 도시에서 다수가 사망하는 비극이 발생해도 어쩔 수 없는 현실로 받아들였다. 예방할 수 있다는 사실을 알게 된 것만으로도 획기적이었기 때문이다.

사람들이 너나 할 것 없이 개인위생 개념에 관심을 가졌다. '청결'을 기본으로 상대가 위험한지 아닌지를 파악하기도 했다. 단정치 못해 보인다는 것은 씻을 형편이 안 되거나 공동 주택에 인접한 골목에 있는 배설물 웅덩이에 볼일을 본다는 것을 의미했다. 병균 보유자일 가능성도 있다. 반면에 옷을 빨아 입고 머리를 빗고 세수를 해서 단정하게 보이면 안전하다는 신호다. 몸 단장을 했다고 그 사람이 손을 씻었거나 혹은 질병을 일으킬 벼룩이 없다고 보장하지 않았지만 외모와 위생은 의미가 겹쳐지기 시작했다.

이렇게 청결과 불결의 개념이 각각 건강과 죽음으로 이어지면서 분열을 초래할 의미가 단어에 내포되기 시작했다. 깔끔하게 보이려면 돈과 시간처럼 자원이 필요했다. 개인위생을 나타내는 여러 표시는 지위를 알리는 또 다른 방식이 됐고 많을수록 좋다고 여겨졌다. 단순히 역겨워 보이거나 냄새가 나는 것을 피하는 것으로는 충분하지 않았다. 사람은 모름지기 좋은 냄새를 풍겨야 했다. 특정 직업이나 모임에서는 청결을 드러내는 것으로 누구를 받아들이고 누구를 배척할지 결정했다. 노동자 계급은 '안 씻는 다수 Great Unwashed(경멸을 담은 단어로 하층민을 일컫는다-옮긴이)'로 알려졌다. 신분 상승은 배설물 웅덩이 근처에서 일하는 하층민이 자기 직업에 맞는 옷이 아니라 자신이 꿈꾸던 직업에 맞는 옷을 입을 수 있느냐에 달려 있었다.

1900년대 초 맨해튼에 사는 중산층과 상류층은 침실에서 씻기 시작했다. 심지어 빈민가 다세대 주택에서도 일주일에 한 번 부엌 바닥에 대야를 놓고 물을 채워 아이들을 목욕시켰다. 빈민가에서 목욕을 하려면 집 밖에 나가 계단을 여러 번 오르내리며 물을 길어와야 했고 장작을 때 난로에서 물을 데워야 했다. 그저 '청결'해 보이려고 당시 사람들은 (누군가는 지금도 여전히) 그 고생을 참고 버텼다.

개인위생의 개념은 사회공학의 도구로 확실히 자리를 잡아갔다. 성매개 감염을 방지하려는 노력이 '사회 위생' 운동의 토대가 됐고, 제1차 세계대전 중에는 매독 발생을 통제하려고 대중 교육도 시작됐다. 이 운동이 훗날 학교에서 시행하는 성교육으로 이어진다. 과거라면 은밀한 사생활이라며 금기처럼 여겼던 성병이 개인위생을 구실로 과학적 명분을 얻게 됐다.

유전학과 감염병이 널리 알려지면서 오랫동안 쓰인 근절과 정화라는 용어는 새롭게 정통성을 인정받으며 재앙의 씨앗이 되기도 했다. 1895년 독일 의사 알프레트 플뢰츠Alfred Ploetz는《인종 위생학Rassenhygiene》이라는 책을 출판하며 수십 년이 지나 등장하는 우생학 운동의 기초를 마련하고 결국에는 홀로코스트Holocaust(제2차 세계대전 중에 독일이 저지른 유대인 대학살-옮긴이)를 지지하는 결과를 낳았다. 순수성과 정결함을 추구하는 이념은 고립주의자들의 주장에 토대가 됐고, 동질성은 우수하고 다양성은 부자연스럽고 위험하다는 기본 가설을 내세웠다.

미생물 세상을 향한 두려움과 멸시는 명백한 인종차별부터 억압적인 성생활까지 분열을 조장하는 데 기여했다. 비누 판매에도 효과적으로 사용됐다. 오늘날 마트 선반을 채운 무수히 많은 제품은 100년 전 노동자 계급이 수돗물과 욕조를 사용할 수 있게 되면서 일용품이 됐고 생활에 조금씩 스며들었다. 새롭게 목욕 습관이 자리를 잡으면서 비누 시장은 거대해졌고 여러 세정 제품은 무한 경쟁을 시작했다. 가난한 사람이 더는 '안 씻는 다수'라는 표현으로 구별되지 않자 부유한 사람들은 자신을 가장 깨끗한 사람으로 보이게 할 새로운 방법을 찾아야 했다. 자본주의가 지위만큼 효과적으로 판매하는 상품은 없다. 조금 써봐서 좋았다면 많이 쓰면 더 좋을 것이 분명했다.

3장

비누거품이
만들어낸 거짓말

◇◇◇◇◇

L A T H E R

닥터 브로너스 매직솝Dr.Bronner's Magic Soaps은 교회에서 시작했다. 비영리 종교 단체에서 페퍼민트 향 비누 제조 회사로 전환되는 과정이 너무도 서서히 진행된 탓에 엠마뉴엘 '닥터' 브로너Emanuel 'Dr.' Bronner는 자기 이름을 딴 회사가 종교 단체의 세금감면 혜택을 받지 않도록 신고할 시기를 놓쳐버렸다. 결국 브로너는 파산 상태에서도 백만 달러가 넘는 체납세를 두고 미 국세청과 몇 년간 실랑이를 벌였다. 그런 와중에도 회사로 걸려오는 전화를 한 통도 피하지 않고 모두 응대했다.

닥터 브로너스의 주력 상품은 투명한 플라스틱병에 든 호박색 액체비누로 천연 식료품점 월마트Walmart부터 유명인의 인스타그램 계정에 이르기까지 누구나 한 번쯤은 봤을 것이다. 닥터 브로너스의 상징인 파란색 라벨에는 깨알 같은 글씨로 감탄사를 연발한 글이 쓰여 있다. "신앙으로 모두 하나가 된다는 도덕의 기초를 전 인류에게 가르칠 준비가 됐다! 모두 하나 되지 않으면 의미가 없나니! 모두가 하나! 모두가 하나! 모두가 하나!" 이런 글이다.

이것은 엠마뉴엘 브로너의 복음서였다. 그는 홀로코스트가 벌어지기 전에 독일에서 벗어났고 1950년대에는 평화와 화합의 메시지를 널리 알리기 위해 미국 각지를 돌아다녔다. 로스앤젤레스 길모퉁이마다 비누 상자를 밟고 올라가 자신의 메시지를 전했다. 필요한 자금을 모으려고 비누를 팔기도 했다. 사람들은 그가 하는 말에는 딱히 신경 쓰지 않았지만 비누는 맘에 들어했다. 그래서 브로너는 자신의 설교 내용을 비누 라벨에 인쇄했고, 마침내 사람들은 이 이상한 남자가 페퍼민트 비누에 담은 메시지를 읽었다. 비누를 사려는 수요는 늘어났지만 애초에 브로너는 사랑과 화합을 주장하는 자신의 뜻을 전달하려 비누를 활용했을 뿐이다. 그래서 그의 손자들은 브랜드에 활력을 불어 넣고 어디서든 제품을 찾을 수 있을 정도로 인지도를 높여가는 한편 할아버지가 라벨에 썼던 메시지를 가능한 한 그대로 유지하려고 애썼다.

닥터 브로너스는 최근 몇 년간 소규모 틈새시장부터 대규모 주류 유통에 이르기까지 모든 부분을 휩쓸었다. 향을 피우는 히피 상점으로 밀려난 지 반세기 만에 닥터 브로너스 제품은 유행을 아는 멋쟁이들이 모이는 동네의 약국, 식료품 가게, 편집숍 등에서 고가 화장품과 어깨를 나란히 하며 눈에 잘 띄도록 진열돼 있다. 데이비드 브로너David Bronner와 그의 동생 마이클 브로너Michael Bronner가 회사를 경영한 지난 20년 동안 매출액은 30배 이상 증가했다.

데이비드 브로너는 나를 만나자마자 먼저 이동식 목욕 차량에서 거품 목욕을 해보라고 권했다. 야릇한 상상은 사절한다. 데이비드와 나는 캘리포니아 비스타에 있는 닥터 브로너스 본사 주차장에 서 있었다. 회사는 규모가 성장하며 몇 년 전 이곳으로 이전했다. 그와 직원들은 갯벌 달리기나 버닝맨**Burning Man**(미국 네바다주 블랙록 사막에서 개최되는 축제로 사람 모양을 한 거대한 나무 인형을 태운다-옮긴이) 같은 행사에서 샤워 체험을 할 수 있도록 이동식 샤워 차량을 가져간다고 한다. 버닝맨에서는 제품 광고를 할 수 없고 어떤 기업도 축제를 후원할 수 없어 닥터 브로너스는 회사를 홍보하는 전시회와 체험 공간을 운영한다. 심하게 환각 체험(버닝맨 축제 참가자들은 마약이나 환각제를 사용하기도 한다-옮긴이)을 하는 사람을 위해 '안전지대'를 제공하고 사내 예술공연단이 공연을 펼치기도 한다. 나 또한 운 좋게도 그들을 만날 수 있었다.

"춤 좋아하세요?" 턱수염을 기른 남자 중 한 명이 내게 물었다 [지금 생각해보니 당시 공연단원들이 전부 턱수염을 길게 길렀는데 다들 깔끔한 성격은 아니었나 보다. 시간이 일렀고 전날 잠을 거의 못 잔 데다 그들이 주는 콤부차**Kombucha**(설탕을 넣은 홍차를 발효시킨 음료-옮긴이)를 500밀리리터나 마셨기 때문에 기억이 가물가물하다].

"아니요."

그들은 내가 "네"라고 대답하리라 기대하고 있었다. 누군가가 커다란 휴대용 오디오를 틀자 그들은 두 줄로 나란히 섰다.

"좋아요. 당장 시작할게요. 당신을 위해 춤을 선보이죠."

성인 남자 여덟 명이 물류창고 한가운데에서 나를 위해 춤을 췄다. 그들은 내 반응을 살피려 얼굴을 쳐다보고, 나는 바로 코앞에서 춤을 보고 있자니 정신이 어수선했지만 그 노력은 진심으로 고마웠다. 그들은 웃는 얼굴로 춤을 추고 서로 하이파이브를 하고 나와도 손을 마주쳤다. 그런 다음 나를 둘러싸고 피부 마이크로바이옴에 관해 물었다. 단원 중에도 거의 샤워를 하지 않는다고 털어놓는 사람이 몇몇 있었는데, 내가 책

내용을 뒷받침하는 이론을 설명하자 그 개념이 너무 놀라운지 정신이 빠진 듯 한동안 멍해 있었다. 마치 닌자거북이에게 처음으로 피자를 소개한 인간이 된 듯했다.

비누 회사에서 샤워를 안 하는 X세대 예술가를 채용하는 일은 모순같아 보인다. 하지만 회사는 확고하게 브랜드를 발전시키며 성장을 지속했고 예술가의 존재도 브랜드와 조화를 이룬다. 닥터 브로너스는 평등주의 실천 정신을 토대로 한 브랜드라는 이미지로 기업을 불신하는 밀레니얼세대에게도 인기를 끌며 시장에서 우위를 점해왔다. 제품을 수십 년간 꾸준히 사용한 충성 고객들이 있지만 회사는 최근에야 이익을 내기 시작했다.

나는 회사에서 제공한 목욕 체험을 정중히 사양했다. 터프 머더^{Tough} ^{Mudder}(미국에서 인기 있는 익스트림 스포츠로 진흙탕에서 온갖 장애물을 통과하는 경기-옮긴이)를 마치고 여럿이서 함께한다면 재미있을 수도 있겠다. 지금은 나 혼자고 회사 주차장에서 홍보 직원들에게 둘러싸여 있다 보니 아무리 좋다고 권해도 마음이 동하지 않았다. 나는 데이비드 브로너의 소형 승합차에 탔고, 그는 회사를 돌며 안내했다. 그는 대체 연료인 폐식용유로 주행하는 벤츠를 한 대 소유하고 있지만 업무용으로는 승합차를 주로 사용하고 특히 카풀을 할 때는 차량이 클수록 좋다고 설명했다.

데이비드는 뒷머리가 길고 앞머리는 많이 빠져 있으며 키가 크고 몸을 살짝 뒤로 젖히고 있다. 흥청망청 놀기만 할 것 같은 분위기를 풍기지만 우리가 지구라고 부르는 모선을 존경한다. 영화 〈캐리비안의 해적〉에 등장하는 잭 스패로우 선장과도 비교되지만 그가 중독된 것은 술이 아니다. 바로 환각제다. 그는 약물 합법화에 찬성하고 마약 전쟁을 반대한다.

히피 같은 외모를 보면 놀랄 일은 아니지만 그가 지구상에서 가장 빠르게 성장하는 비누 회사의 후계자이자 CEO라는 사실을 알게 되면 이야기는 달라진다.

정문에 가까워지자 문 앞 푸드 트럭에서 고기가 재료로 들어간 타코를 제공했다. 데이비드의 눈빛이 흔들렸다. 인근 지역에서 생산한 유기농 채소를 농장 직거래로 구매해서 채식주의 식단을 마련해 전 직원에게 점심 식사로 제공한다며 자랑스레 말할 수 없게 됐기 때문이다. 조금 전에 회사 식당을 둘러봤을 때 점심 식사를 준비하던 솜씨 좋은 요리사는 으깬 통보리 샐러드를 맛보라며 한 숟가락 건네줬었다.

"전 직원이 채식을 좋아할 수는 없으니까요." 데이비드 브로너는 타코 트럭에 시선을 고정한 채 공감 능력을 발휘해보려는 것 같았다. 차를 주차하고 그의 할아버지인 원조 '닥터' 엠마뉴엘(그는 의사가 아니고 그렇다고 과학계와 연관이 있는 것도 아니다)의 거대한 벽화를 지나 구내식당으로 들어갔다. 데이비드가 자신의 비누 이야기를 들려주겠다고 해서 그와 함께 콤부차가 든 통에서 음료를 준비했다. 그는 샤워를 거의 안 하더라도 겨드랑이와 사타구니, 발만 씻는다고 솔직하게 말했다. 그에게 안 씻는다는 것은 비누와 전혀 관련이 없었고 오로지 환경보호를 위한 수단이었다.

엠마뉴엘 브로너도 독실한 미니멀리스트였다. 그는 자신이 만든 비누 하나만 있으면 누구나 목욕부터 세탁, 청소, 양치질에 이르기까지 개인 청결과 집안일에 해당하는 열여덟 가지 용도가 해결된다며 에잇틴 인 원(18 in 1)이라는 표현을 비누 라벨에 넣었다. 이런 행보는 한 사람에게 여러 가지 제품을 팔려고 애쓰는 비누 회사의 모습과는 정반대다. 닥터 브로너스는 최근 치약을 비롯해 몇 가지 제품을 새롭게 판매하기 시작했는데, 데이비드가 회사 성장을 위해 사람들에게 필요 이상의 물건을 팔지 않겠다고 다짐했던 비전과 살짝 대치되는 경향이 있다. "고객들이 치약을 원했어요." 그가 말했다. 하긴 나 역시 페퍼민트 액체비누 한 방울을 치약으로 쓰기에 좋다고 장담할 수는 없다.

닥터 브로너스 제품에 적힌 메시지를 보고 누군가는 신세대적 허튼소리라고 무시하기도 하지만 이런 종교적 분위기는 특별한 것이 아니다. 굳이 따지자면 경건함을 추구하던 청결의 뿌리를 찾아 거슬러가는 것이다. 회사는 별난 행보를 걷고 있기는 하지만 브로너의 기풍은 과학이나 건강 분야에서 엄격하게 요구하는 청결보다 역사적인 청결의 이상향에 맞춰가려는 듯 보인다.

◆ ◆ ◆

기록된 역사만 봐도 인간은 전 세계적으로 비누를 사용해왔다. 하지만 비누가 언제부터 수십억 인구가 하루에도 몇 번씩 (원할 뿐만 아니라 필요하다고 믿어서) 사용하는 제품이 됐을까?

나는 '비누의 대부'라고 알려진 비누 역사학자를 찾아갔다. 몇 번 전화를 주고받은 뒤 그와 그의 아내가 사는 시카고 근교 집에 초대받았다. 집 앞에 차를 세우고 초인종을 누르자 3미터가 훨씬 넘는 나무 문이 열리며 몸집이 작은 백발 여인, 포르투나 스피츠Fortuna Spitz가 모습을 드러냈다. 그녀가 웃으면서 "루이스!" 하고 소리치자 남편인 비누 대부가 서재에서 천천히 걸어 나오며 거실로 오라고 손짓했다.

"당신 앞에 앉아 있는 이 두 사람은 세상 누구보다 비누를 위해 많은 일을 해왔습니다."

루이스 스피츠Luis Spitz가 근엄하게 말했다. 누가 이런 식으로 자랑을 하는 모습이 낯설었지만, 그들이 네 시간에 걸쳐 어마어마한 규모의 개인 비누 박물관을 보여주며 비누의 역사를 알려주는 동안 은근히 품고 있던 의구심까지 사라졌다.

루이스는 내가 만날 당시 여든세 살이었고, 화학 공학 기술자로서 교육을 받았고 다이얼 기업Dial Corporation에서 비누 가공을 맡으며 비누 업계에 발을 디뎠다. 그는 비누 가공 기계와 포장 기계를 생산하는 이탈리아 제조업자 협회에서 대표를 맡았고 1977년 세계비누세제협회에서 초대 의장을 맡았다. 비누 업계에서 출간한 비누 관련 책 일곱 권에 글을 기고하고 편집을 맡았으며 현재는 비누 생산과 유통을 담당하는 회사의 독립 자문관으로 활동하고 있고 비누에 관해서라면 모르는 것이 없다.

벽과 선반을 온통 채운 비누 광고 소장품과 수집품을 훑어보자니 그가 말했다. "이렇게 많이 모아놓았을 거라고는 상상도 못 했을 겁니다." 스피츠 부부는 자신들이 모은 비누 수집품을 중심으로 집을 설계했다. 포르투나는 비누를 주제로 한 식탁 깔개 위에 애플파이가 담긴 접시를 내려놓았다.

집을 둘러보는 내내 나는 비누 판매가 비누 제조보다 훨씬 기술적이라고 깨닫게 됐다. 비누는 실제로 예술을 활용해서 홍보했다. 1893년 시카고 만국박람회에서 피어스 비누 회사Pears Soap Company는 광고지 아래 간결하게 '피어스Pears'라고 인쇄해서 보여주는 방식으로 자사를 알리려고 했다. 스피츠 부부의 집 2층은 19세기 다색 석판 인쇄술로 찍어낸 컬러 인쇄물이 전시된 화랑으로 비누 광고라고 생각지도 못할 작품들이 걸려 있었다. 가장 유명하고 많이 만들어진 비누 인쇄물은 〈비누방울Bubbles)로 알려진 그림으로 곱슬머리의 작은 꼬마가 비눗방울을 부는 모습이 그려져 있다.

이런 고상하고 순결한 광고 방식은 비누 업계가 호황을 맞이하면서 사라졌다. 여러 제품이 시장에 쏟아져 나오자 회사들은 차별성을 주기 위해 더 공격적인 방식으로 광고에 나서며 타사 제품을 비방하고 소비자에게 불안을 조성했고 실제 비누 효과를 넘어선 과장 광고를 하기도 했다. 비누는 화학 성분이 거의 같아서 이런 상황을 피할 수 없었다. 애초에 제품에 변화를 줄 여지가 많지 않았다. 그러면 정의상 비누가 아니기 때문이다. 비누 제조의 기본 과정은 고등학교 화학 수준 정도로 이미 수 세기 전부터 알려져 있었다.

비누는 물에 녹는 염기성 화합물인 알칼리와 지방이 결합해 생긴 계면활성제 분자, 즉 '표면활성물질'로 이뤄져 있다. 지방은 동물성이든 올리브오일이나 코코넛오일처럼 식물성이든 모두 트라이글리세라이드Triglycerides로 이루어진다. 트라이글리세라이드는 지방산 세 분자와 글리세린 한 분자로 구성된다. 트라이글리세라이드가 수산화칼륨(가성칼리로도 불림)이나 수산화나트륨(가성소다로도 불림) 같은 알칼리와 만나 열과 압력이 가해지면 글리세린 분자에서 지방산이 떨어져 나온다. 이때 칼륨이나 나트륨이 지방산과 결합하면 비누가 만들어진다.

계면활성제 분자는 단순하다. 분자의 한쪽 끝은 물과 만나고 반대쪽 끝은 지방, 즉 우리 피부에 달라붙어 물만으로는 씻기지 않는 기름기와 만나는 원리다. 진흙으로 옷이 더러워졌다고 치자. 물로만 빨면 얼룩은 지워지지 않는다. 하지만 계면활성제 비누를 사용하면 계면활성제에서 기름을 좋아하는 친유성 부분이 진흙의 기름기에 끌리고 물을 좋아하는 친수성 부분이 물에 끌린다. 이렇게 반대되는 힘을 이용해 천에서 진흙을 풀어내 물에 띄운 뒤 헹궈내면 된다.

비누가 언제, 어떻게 처음 발견됐는지 정확하게 아는 사람은 없지만 출처가 불분명한 이야기는 아주 많다고 스피츠는 말했다. 로마 전설에 따르면 비누는 사포산Mount Sapo이라는 곳에서 발견됐는데 이 산은 로마인들이 신에게 제물을 바치던 곳이었다. 의식을 치르고 나면 제물로 쓴 동물에서 나온 기름과 잿더미가 남는데 비가 내리며 재와 기름이 섞여 산 아래 강으로 흘러 들어갔고, 빨래하는 사람들은 평소보다 옷이 훨씬 잘 빨린다는 것을 깨달았다. "이게 도대체 무슨 일이지? 저주받은 물인가?" 그들은 모두 소리치며 달아났다. 그럴 리가. 그들은 과정을 거꾸로 분석해서 비누를 만들기 시작했다.

비누는 화학 작용이 단순하다 보니 세계 곳곳에서 제조 과정이 그야말로 '발견'됐고, 어떤 재료를 구할 수 있는지에 따라 방법은 다양했다. 지중해 주변 지역에서는 고급 비누에 올리브유를 사용했고 프랑스 마르세유는 비누 공예로 이름을 알리기 시작했다. 이탈리아 사보나와 스페인 카스티야는 비누 제조업이 두각을 나타내며 수 세기 동안 장인의 비누를 구하려는 사람들이 꾸준히 찾는 명소가 됐다. 제조 과정이 간단하고 재료도 거의 비슷하기는 하지만 집에서 만든 비누와 전문가가 만든 비누는 경험에 따른 실력과 개성에서 분명하게 차이를 보였다.

19세기 후반까지 (그리고 많은 나라에서는 그 이후로도) 상점에서 파는 비누는 사치품이었다. 내 할아버지는 인디애나 농촌 지역에서 자랐는데 할아버지의 부모님과 이웃들은 비누를 사는 건 꿈도 못 꿨다. 그들은 돼지를 잡고 나서 직접 비누를 만들었다. 가죽을 벗기고 길게 썰어서 무쇠로 만든 커다란 기름 정제용 솥에 담아 불에 올렸다. 할아버지는 솥에 불을 때는 일을 맡았다. 가죽에서 하얀 지방이 녹아 나오면 길게 잘랐던 돼지 껍질이 동그랗게 말리고 끓는 돼지기름 속에서 갈색으로 튀겨지면서 크랙클링Crackling이라 불리는 별미가 탄생했다. 할아버지는 크랙클링을 먹으면 그때 생각이 난다며 고향을 떠올리곤 했다.

돼지기름은 농촌 곳곳에서 다양하게 사용됐다. 요리를 할 때, 무쇠 냄비를 길들일 때, 상처를 치료할 때, 농기구를 녹슬지 않도록 보관할 때, 이런저런 물건에 윤활유 대신 쓰였다. 할아버지는 증조할머니가 빗물을 모아 나무를 태운 재와 돼지기름을 넣고 섞어 비누를 만들었다고 했다.

우리는 지금도 농장에 돼지털 깎는 도구와 갈고리, 기름을 정제하는 솥을 보관하고 있다. 할아버지가 땅에서 화살촉을 찾곤 했던 장소는 얼마 전까지만 해도 아메리카 원주민들이 무리 지어 살던 곳이었다. 많은 부족이 스웨트 로지Sweat Lodge라는 열기 가득한 오두막이나 텐트에 모여 심신을 정화하는 의식을 치렀고 속죄와 정결을 바라는 기도의 일부로서 땀을 흘렸다. 하지만 의식은 영적 정화였고, 땀 흘리기는 사람의 몸을 깨끗이 한다기보다 아마 가볍게 혹은 위험할 정도로 탈수 증상을 일으키며 정신을 변화시키는 데 더 많은 역할을 했을 것이다. 목욕은 호수와 강에서 했다. 비누 제조를 기록한 자료는 거의 없지만 많은 원주민이 비누풀이나 무환자나무 열매인 솝베리처럼 비누 역할을 하는 식물을 이용했을 것이다. 더 과거로 거슬러 올라가 아즈텍인은 두 가지 식물을 재료로 이용했는데 하나는 코팍소코틀Copaxocotl(잘 씻지 않던 스페인 약탈자들이 나무를 없애기 전에 '비누 나무'라고 잠시 불렀던 것 같다)의 열매고 또 하나는 비누 성질이 있어 오늘날 사포나리아 아메리카나Saponaria Americana로 분류되는 식물의 뿌리였다. 이런 식물의 이름은 임의로 짓는 것이 아니다. 이 식물들은 모두 사포닌Saponin을 만들어내는데, 일종의 자기방어 기제인 셈이다. 사포닌은 계면활성제로 비누 제조 과정에서 생성되는 물질과 같다. 이 식물들을 비롯해 용설란과의 아가베Agave나 유카Yucca 같은 식물의 껍질을 벗기고 으깬 뒤 물을 부어 힘 있게 섞으면 거품이 생긴다.

이렇게 만들어진 순한 '비누'도 오늘날 잘 팔리지 않을까 싶다. 숍베리 거품은 초기 비누보다 세타필Cetaphil(민감한 피부를 위한 제품으로 광고하는 브랜드)처럼 요즘 인기 있는 세안제에 가깝다. 비누 역사를 살펴보면 상점에서 산 비누를 피부에 사용한 지는 그리 오래되지 않았다. 비누를 만들려면 염기성 물질이 필요했는데 가장 저렴하고 손쉽게 구할 수 있는 것이 가성소다였다. 그렇게 탄생한 제품은 염기성이 너무 강해 피부를 매우 건조하게 만들거나 심하면 화상을 입히기도 했다.

여느 도구처럼 초기 비누도 쓸모가 있었다. 물로는 지워지지 않는 검댕이나 끈적거리는 얼룩이 몸에 묻었을 때는 비누가 필요했을 것이다. 그렇지만 비누는 19세기 후반까지 주로 세탁할 때 쓰였다. 17세기 제임스타운에도 '비누 제조자들'이 있기는 했지만, 식민지 개척자들은 남는 동물 지방과 잿물로 비누를 만들어 심하게 오염된 옷을 세탁할 때만 사용했다. 세탁을 자주 하면 돈이 많이 들기도 했지만 옷감과 피부도 함께 상했다. 하지만 비누는 점차 개선됐고, 비누를 사용해도 참을 수 있을 정도가 됐다. 비누 제조자들이 새로운 염기성 물질인 가성칼리를 사용하면서 비누 목욕이 평범한 일상이 됐다. 재를 가공하는 방법은 미국에 등록된 첫 특허였다. 1790년 한 단락으로 된 문서를 당시 국무장관이었던 토머스 제퍼슨Thomas Jefferson이 승인하고 초대 대통령인 조지 워싱턴^{George Washington}이 서명하면서 자본주의 미래를 좌우할 특허 절차가 탄생했다.

지식재산권은 비누 업계 성장에 중심이 됐다. 영국에서는 비누를 독점으로 제조하고 판매하면서 수량이 늘 부족했고, 비누세를 부과해 값도 비쌌다. 1853년 당시 재무장관이었던 윌리엄 글래드스턴^{William Gladstone}이 마침내 비누세를 폐지하면서 가격이 적당한 선까지 떨어지자 업계는 때를 놓치지 않았다. 목욕을 죄스러운 호사라고 여기던 대중에게 오히려 인간의 기본 품위를 위해 목욕이 필요하다고 알리느라 여념이 없었다. 마케팅과 광고를 통해 업계는 건강, 아름다움, 청결의 개념을 다시 세웠다. 자주 씻으면 안 된다는 유럽인의 금기를 완전히 뒤집었다. 그 뒤로 수십 년이 지나자 반대로 자주 씻지 않는 것이 금기가 돼버렸다.

◆　◆　◆

나는 소방차를 타고 닥터 브로너스 본사 주위를 돌았다. 회사가 커지면서 한 대를 장만했다며 위험할 수 있으니 손잡이를 꼭 잡으라고 했다. 소방차는 물 대신 거품을 쏘도록 돼 있다. 회사는 이동식 샤워 차량처럼 소방차도 축제에 가져가 브랜드 체험의 일환으로 그 지역 일대를 돌게 한다고 했다. 대형 트럭이 기름을 실어 내리는 하역장으로 고개를 돌리자 돌연 현실로 돌아오며 정신이 번쩍 들었다. 트럭에서 내리는 화물 대부분은 저 멀리 가나에서 왔다.

우뚝 솟은 차고 문은 생산 작업장으로 이어지며 다른 장소에서 본 멋들어진 분위기와 극명하게 대조를 이룬다. 이곳은 비누 베이스를 만드는 기계가 가득한 공간으로 고압의 비누화 과정이 이뤄지는 거대한 스테인리스강 탱크들이 높게 서 있었다. 통로에는 9미터나 되는 향기 저장고가 닥터 브로너스 라벨의 다채로운 색깔에 맞춰 구별돼 있다. '구연산(방부제로 첨가됨)'이라고 표기된 플라스틱 통은 키가 나보다 더 컸다. 중앙에는 비누화 과정이 이뤄지는 반응기라는 장치가 놓여 있는데, 약 5,600리터를 담을 수 있는 탱크로 꼭대기에 있는 해치는 볼트 열두 개와 배 방향키처럼 생긴 손잡이로 꽉 잠겨 있었다. 이 엄청난 탱크는 각각 온수와 냉수가 담긴 같은 크기의 거대한 용기와 연결돼 있고 문제가 발생하면 거대한 '비상 수집 탱크'로 흘려보내는 비상 압력 배출 밸브와도 이어져 있다. 온도는 수백 도에 이르고 폭발할 가능성도 있다고 한다. 내가 발판을 딛고 반응기 꼭대기에 올라가자 담당자는 안으로 떨어지지 말라고 하며 웃는다. 끔찍한 사망 장면이 눈앞을 스쳐 지나갔다.

비누의 구성 요소와 성능을 결정하는 기본 원리는 어떤 식물이나 동물에서 지방을 얻었는지가 중요하다. 모든 지방은 탄소 분자 사슬로 이루어진다. 수소로 가득 찬 지방(포화지방)도 있고 수소가 붙을 만한 공간이 비어 있는 지방(불포화지방)도 있다. 두 지방 모두 비누가 잘 만들어지고 대부분의 비누에는 두 지방의 혼합물이 들어 있다. 불포화지방으로 만든 비누가 세안제로 더 효과적이라고 알려져 있지만 더 건조하다. 포화지방을 더 함유한 비누는 거품이 잘 난다.

닥터 브로너스는 오로지 유기농 식물성 기름만 사용해 다른 제품과 차별성을 둔다. 라벨에는 비누 재료가 공정무역을 통해 윤리적으로 구매되며 유전자변형농산물GMO을 사용하지 않았다고 쓰여 있다. 이 책을 쓰기 전에 나는 이런 용어들이 비누에도 적용될지 전혀 몰랐다. 하지만 비누에 가장 흔히 사용되는 기름인 팜유는 여러 적도 국가에서 삼림을 파괴하며 생산된다. 그린피스Greenpeace 같은 환경보호단체는 소비재에 사용되는 팜유가 환경에 미치는 영향을 여론에 알리며 주기적으로 사람들의 관심을 불러일으켰다. 국제앰네스티Amnesty International 같은 인권 단체는 팜유를 취급하는 회사들이 아이들의 노동력을 착취하는 등 인권 침해에도 책임이 있다고 시사했다. 국제앰네스티는 그중에서도 유니레버Unilever, 콜게이트파몰리브Colgate-Palmolive, 프록터 앤드 갬블Procter and Gamble, P&G에 팜유를 윤리적으로 생산해달라고, 소비자들에게는 공정무역이 인증된 제품을 사용해달라고 호소해왔다(변화를 선언한 회사도 있었지만 대다수는 환경보호단체가 정한 기준에 미치지 못했다).

데이비드 브로너는 이 문제를 우선으로 생각했다. 그는 매년 수입하는 수천 리터에 달하는 팜유가 공정무역 농장에서 생산돼야 한다고 고집했다. 회사는 지속 가능한 농업이 뿌리내릴 수 있도록 여러 곳에 투자하고 있으며 현재는 가나에 집중하고 있다. 하지만 아직은 이상적인 모습과는 거리가 있다. 가나에서 만들어진 공정무역 팜유가 비행기에 실려 네덜란드 암스테르담에서 정제되고 미국 캘리포니아에서 비누로 만들어진 뒤 플라스틱 통에 담겨 전 세계로 배송되기까지 총 탄소 배출량을 묻자 닥터 브로너스 최고운영책임자 마이클 밀람Michael Milam은 "다들 알지만 쉬쉬하는 문제"라고 말했다.

제조 과정은 비누 공장 대부분이 엇비슷하다. 비누화와 건조 과정은 반응기라는 거대한 기계 안에서 이뤄지고 컴퓨터로 처음부터 끝까지 제어한다. 닥터 브로너스 공장에서는 칠판 크기만 한 LED 전광판에 층 전체를 구분하는 격자판이 표시되며 모든 저장고의 온도와 압력 등 각종 수치가 나타난다. 내가 반응기를 들여다보는 동안에도 원통형 병들이 컨

베이어 벨트를 따라 내려가면서 여러 기계를 통과하며 금빛 액체가 담기고 뚜껑이 씌워지고 라벨을 입는다. 사람이 하는 일은 병에 결함이 있는지 살피고 기계에서 정체 구간을 풀어주는 정도다.

고체 비누는 회사 실적에서 차지하는 비중이 훨씬 적다. 공장 한쪽에서 뜨겁고 진득거리는 고형물이 밀려 나오면서 비누 크기로 잘리고 상표가 찍히는데 이것이 마무리 과정이다. 막 기계 밖으로 나온 뜨거운 비누 하나를 들어보니 고무처럼 구부러진다. 소규모 회사들은 국수 가락이나 알갱이 형태로 만들어진 '생'비누를 도매로 구매한 뒤 향료와 색소를 첨가해 모양을 만들고 포장해서 판매하기도 한다. 수익률은 어마어마하다.

이제 수십억 인구는 비누를 만들 때 특정 지역에서 나는 특정 기름을 쓰겠다고 고집하는 사치를 받아들일 수 있게 됐다. 운송비나 재료 원산지를 따지는 사람은 별로 없지만 이런 요소는 비용과 물품 확보를 크게 좌우한다. 의학, 보건 규범 못지않게 19세기 비누 호황에 불을 지핀 것은 정육업이었다. 스피츠 부부는 자신들이 시카고에 거주하는 이유가 이곳이 역사적으로 비누 판매의 심장부를 맡아왔기 때문이라고 밝히며 시카고를 '세계 비누 산업의 중심지'라고 부른다. 나는 그 지역에서 자랐지만 기억나는 것은 가축 처리 공장을 지날 때마다 마치 유령이 코 위로 날아와 내 영혼을 먹어 치우려는 듯한 기분뿐이었다.

젊은 기업가들은 시카고의 임시 가축우리에서 돼지 지방인 라드가 버려질 정도로 넘쳐나는 상황을 눈여겨봤다. 남들은 썩은 동물 지방이 잔뜩 쌓였다고 했지만 그들은 아메리칸드림을 발견했다. 1849년 금을 찾아 캘리포니아에 밀어닥친 사람들처럼, 오늘날 뭔지 모를 무언가를 찾아

실리콘밸리로 모여드는 기술 분야 기업가들처럼, 그들은 도시로 모여들어 비누 사업을 시작했다.

초기 비누제조자 중 하나인 윌리엄 리글리 주니어William Wrigley Jr.는 필라델피아에 사는 아버지가 만든 비누를 팔려고 1891년 시카고에 왔다. 비누 홍보에 도움이 될까 해서 그는 베이킹파우더나 껌 같은 사은품을 사람들에게 나눠줬다. 그런데 정작 인기를 끈 것은 비누가 아니라 사은품이었다. 1895년 리글리는 비누를 쥐고 있는 소녀 그림을 '추잉 껌 제조자'라고 적힌 주시프루츠 껌의 그림으로 바꾸며 이미지 홍보 전략까지 바꿨다.

제임스 커크James Kirk는 그보다 더 성공한 비누 제조자로 시카고강 어귀에 5층 건물을 세우고 자사 비누 4종인 잽 로즈Jap Rose, 화이트 러시안White Russian, 주버나일Juvenile, 아메리칸 패밀리American Family를 광고하는 간판으로 뒤덮었다. 스피츠는 이를 소비자 취향에 따라 제품을 나눈 초기 사례로, 네 가지 비누가 사용자와 목적에 따라 구별돼 있는 양 포장하고 홍보해서 비누 한 개가 아니라 네 개를 판매하려는 전략이라고 설명했다.

시카고 비누 제조자 너새니얼 켈로그 페어뱅크Nathaniel Kellogg Fairbank는 단지 남는 라드가 버려지는 것이 아까워서 기름 정제 공장을 인수해 비누를 만들기 시작했는데, 커크가 사용한 전략을 한 단계 위로 끌어올렸다. 마치 마약 밀매상이 자기들끼리 통하는 은어를 구사하듯 마구잡이 식으로 상표를 만들었다. 콥코Copco, 클라렛Clarette, 시카고 패밀리Chicago Family, 아이보렛Ivorette, 마스코트Mascot, 산타클로스Santa Claus, 사금Gold Dust, 요정Fairy, 보통내기들Tom, Dick, and Harry 같은 식이다.

이 제품들은 마케팅으로 구별됐다. 페어뱅크는 시 몇 편과 천진난만한 재담을 담아 그림 소책자를 발행했다. 〈요정 이야기〉라는 책자에 "흔히 상식Common Sense 있는 사람은 전혀 흔하지 않은 향Common Scents이 나는 비누 하나를 고작 흔한 5센트 동전Common Cents 하나로 산다. 그 비누가 바로 요정이다" 같은 말장난을 실었다.

피어스도 〈연간 피어스〉라는 이름으로 잡지를 발행하고 인쇄해서 배포했고 여기에 찰스 디킨스Charles Dickens의 《크리스마스 캐럴》처럼 문학 작품도 게재했다. 자사 비누 광고도 잡지 중간중간에 실었다. 잡지를 펼치면 엽서 크기 홍보물이 떨어져나오는 광고 형식은 이때 처음으로 등장했고 현재까지도 짜증을 유발하는 광고계 관행으로 이어졌다.

◆ ◆ ◆

비누 업계의 출판 진출은 정보와 광고의 경계를 모호하게 만들었다. 프록터 앤드 갬블은 1906년 《아기 키우는 법: 엄마를 위한 안내서》를 발행하고 그 후로 20년간 배포했다. 안내서에는 간호사가 알려주는 정통 의학 지식을 비롯해 아이를 무탈하게 키울 때 필요한 중요 정보가 아이보리Ivory 비누 활용법과 함께 실렸다. 이 같은 '협찬 기사'의 초기 형태는 비누 산업의 특징이자 인플루언서들과 몇몇 디지털 미디어 회사가 의존하는 수익 모델의 시초가 됐다. 비누 호황기에 우후죽순처럼 등장한 사업가 중에서도 영리한 마케팅과 대중 매체 전략이라는 날개를 타고 새로운 비누를 알리려 필사적이었던 두 형제는 확실히 남들과는 달랐다. 그들의 이름은 레버Lever고 그들이 세운 회사는 전 세계에서 가장 큰 비누 유통회사가 됐다. 그들은 비누 제조에 혁신을 만들어내는 대신 확실한 이미지 전략을 활용해 레버 브라더스(현 유니레버)를 설립했다. 그들은 사람의 생명을 구할 건강용품이라는 명목으로 비누를 판매했다.

제임스 레버James Lever의 형인 윌리엄 레버William Lever는 1851년생이다. 형제가 실질적으로 사업을 함께 시작했지만 형인 윌리엄이 모든 공로를 인정받았다. 윌리엄 레버는 열여섯 살에 영국 랭커셔에서 아버지가 운영하던 잡화상에 들어갔다. 그는 비누를 잘라 포장하는 일을 맡았다. 당시에는 상점 주인이 커다란 갈색 비누판에서 비누 덩어리를 잘라 킬로그램 단위로 비누를 팔았다. 이곳에서 팔던 비누는 부식성을 띤 사제 잿물 비누와 올리브유로 만든 고급 카스티야 비누의 중간 정도로 어느 정도 피부에 쓸 만한 수준이어서 사람들이 몸을 씻을 때 조금씩 사용하기 시작했다. 윌리엄은 가게를 물려받고 33세에 이미 부자가 됐다. 비누제조업의 잠재력을 충분히 파악했다고 생각하며 무기력해질 무렵 사업을 확장해보고 싶다는 생각이 들었다. 산업혁명이 진행 중이었고 시가지는 활기가 넘쳤다. 윌리엄은 도시에서 생활하며 생기는 문제가 수요를 만들어낼 기회라고 판단했다. 새로운 '중산층'은 건강과 위생이라는 떠오르는 개념에 관심을 가질 만큼 돈을 벌었고 교육도 받았다. 도시마다 높은 건물이 태양을 가리고 늘어난 공장이 하늘을 스모그로 가득 채우면서 그는 다시 비누를 떠올릴 수밖에 없었다. 비누야말로 모든 가정에 있을 법한 제품이었기 때문이다.

1884년 윌리엄은 '선라이트Sunlight'라는 상표를 등록했다. 그는 선라이트라는 이름이 또렷하게 인쇄된 모조 양피지에 새로 만든 비누를 하나씩 포장했다. 처음에 윌리엄은 비누를 만들지 않았다. 비누 제조는 외주 제작자들이 맡았고 윌리엄은 비누 이름을 짓고 판매하는 역할을 맡았다.

그리고 정말 열과 성을 다해 일했다.

"윌리엄 레버는 자신이 만든 상표로 세상을 온통 도배할 만큼 광고하지는 않았습니다." 스피츠가 말했다. 윌리엄은 유명한 삽화가에게 광고 도안을 의뢰해 기차역마다 선라이트 광고판을 걸었고 시내 곳곳에 알록달록한 포스터를 붙였으며 〈선라이트 연감〉이라는 간행물을 발간했을 뿐만 아니라, 수수께끼 모음집이나 소책자를 포함한, 건강 정보(라고 쓰고 비누 홍보라고 읽는다)를 담은 〈선라이트 연보〉라는 책도 배포했다.

노력은 빛을 발했다. 선라이트 수요는 곧 외주 생산으로 충족할 양을 넘어섰고 윌리엄은 마침내 비누 공장을 지었다. 하지만 그 과정조차 더 높은 단계로 나아가기 위한 기회였다. 그는 직원들이 살 집을 마련했고 리버풀에서 바로 강 건너에 마을 하나를 만들었다. 그는 마을 이름을 포트 선라이트Port Sunlight라고 지었다. 1889년에 문을 연 마을은 순식간에 세계에서 가장 큰 비누 생산 시설로 이름을 알렸다. 윌리엄은 그가 '성과 공유'라고 부르는 사업 모델이자 일종의 유토피아를 상상했다. 부담 없는 가격으로 주택을 제공하고 끈끈하게 뭉친 공동체를 형성함으로써 직원의 충성도와 생산성을 최고 수준까지 이끌어낼 수 있다고 믿었다. 이는 오늘날 구글Google과 페이스북Facebook에 영감을 줬고 회사 내에 각종 편의 시설을 갖춰 회사 밖으로 나가는 것이 오히려 어리석어 보일 정도가 됐다.

사람들이 어디서든 비누를 구할 수 있게 된 데는 비누 제조에 도입된 기계가 결정적인 역할을 했다. 1904년 세인트루이스 세계박람회에서 새로운 비누 압출기가 소개되자 콜게이트 앤드 컴퍼니Colgate&Company는 생산 효율을 높이기 위해 기계를 구매했다. 회사는 새 기계로 만든 비누를 '기계 압출 비누'로 광고하면서 자사의 고급 비누인 캐시미어 부케Cashmere Bouquet와 구분 지었다. 월간지 〈레이디스 홈 저널Ladies' Home Journal〉에 실린 한 광고에서는 이렇게 설명했다.

"비누가 '단단하게 압출된다'는 말은 특별 압착, 건조 과정을 통해 비누 하나하나에 대리석과 같은 견고함을 준다는 의미다. 비누는 절대 물러지지 않는다. 이토록 특별한 경도 덕분에 비누를 안심하고 쓸 수 있다. 그리고 매일 사용하면 피부를 젊고 아름답게 유지할 수 있다."

압출기가 사용되기 전에 만들어진 비누는 안심하고 쓸 수 없다는 발상은 아무런 근거가 없다. 비누 압출기는 비누를 정제하고 균질하게 만드는 데 사용되지만 '특별 압착 및 건조'와는 전혀 관계가 없다. 스피츠의 설명에 따르면 부드럽게 혹은 단단하게 압출한다는 표현 자체가 말이 안 되며 애초에 별 뜻 없는 마케팅 용어에 지나지 않지만 지금도 비누 제조사에서는 포장지에 '하드 밀드(단단히 압출한)', '프렌치 밀드(프랑스식으로 압출한)', '트리플 밀드(세 번 압출한)'를 표기한다. 소비자가 포장지에 강조한 표현을 보고 그 제품이 좋으리라 추측할 것을 믿고 있기 때문이다.

실제로 1910년대에 자동 비누 압축기와 비누 포장기가 등장하면서 웬만한 손씻기 캠페인을 벌이는 것보다 비누 소비가 늘어났다. 비누는 예전보다 모양이 균일해졌고 포장이 일정해졌을 뿐 아니라 가격도 한결 저렴해졌다. '소량 생산'과 '장인 제작' 제품이 인기를 끄는 오늘날과 달리 일관되고 예측할 수 있는 제품이 당시에는 판매에 유리했다. 대량생산으로 비누 가격은 떨어졌지만 소비자층은 늘어났다. 비누 생산이 대규모로 이뤄지면서 업계의 진입 장벽은 높아졌다. 각종 기계를 구입하고 인력을 고용해야 했기 때문에 아무나 사업을 시작할 수는 없었다.

규모의 장점을 최대한 활용하기 위해 회사는 합병에 나섰고 거대한 다국적 기업이 됐다. 레버 브라더스는 네덜란드에 본사를 둔 마가린 유니언Margarine Union과 합병하며 1929년 레버에서 유니레버로 재탄생했다.

비누 시장이 커지자 생산자들은 경쟁사 제품은 물론, 자사의 다른 제품과도 크게 차이 나도록 제품을 만들어야 했다. 이때부터 라벨에 용도나 기대 효과가 이전과는 비교할 수 없을 만큼 구체적으로 표시됐다. 어떤 비누는 미용용품이고 어떤 것은 위생용품이라든지, 또는 이것은 남성용이고 저것은 여성용이고 요것은 유아용이고 조것은 반려동물용이고 그것은 다양한 피부타입용이라는 발상은 그저 마케팅 꼼수일 뿐 과학으로 이뤄낸 결과가 아니다.

◆ ◆ ◆

비누 역사상 가장 유명한 날은 실화가 아닐지도 모르겠다. 시간은 거슬러 올라가 1879년 어느 날 오전, 윌리엄 프록터William Procter와 제임스 갬블James Gamble이 소유한 비누 공장에서 기계 담당자가 비누 교반기를 켜둔 채 점심 식사를 하러 나갔다. 그 결과 비누에 공기가 들어가면서 기존보다 가벼운 제품이 만들어졌다. 사용할 수 있는 제품을 낭비할 이유가 없어서 프록터 앤드 갬블은 물에 뜨는 참신한 제품으로 그 비누를 판매하기 시작했다.

이것이 알려진 그날의 전말이지만, 2004년 회사의 기록보관 담당자가 갬블의 아들이 이 우연한 사건이 있기 몇 년 전에 공책에 쓴 내용을 발견하면서 실체가 드러났다. "나는 오늘 물에 뜨는 비누를 만들었다. 우리는 앞으로 모든 비누를 이렇게 만들게 될 것 같다." 소비자들은 새로운 하얀 비누가 마음에 들었다. 비누는 세면대에 빠져도 바로 모습을 드러냈다. '우연한' 발명품이 잘 팔리자 프록터 앤드 갬블은 계획적으로 비누를 만들기 시작했다.

이는 브랜드 전략을 세우기 전에 제품이 먼저 탄생한 보기 드문 사례일 것이다. 소문에 의하면 윌리엄 프록터의 아들인 할리 프록터^{Harley Procter}는 제품명을 찾느라 한동안 고심했는데 교회에서 성경책을 읽다가 계시의 순간을 경험했다고 한다. 구약 시편 45편 8절에 다음과 같이 적혀 있었다.

"왕의 모든 옷에서는 몰약과 침향과 육계의 향기가 났으며 상아궁^{Ivory} ^{Palaces}에서 나오는 음악은 왕을 기쁘게 하도다."

다음 날 할리는 비누에 '아이보리^{Ivory}'라는 이름을 붙였다. 다른 비누가 청결을 강조하며 순수함과 신앙심을 은근히 내비쳤다면 아이보리는 과감하게 성서에서 이름을 인용했다. 프록터 앤드 갬블은 아이보리를 '순수한' 비누로 광고하기로 했다. 회사는 비누의 순도를 측정하려고 온갖 노력을 기울였다. 대학교 다섯 군데와 여러 연구소에서 아이보리 비누와 당시 순수함의 기준이었던 카스티야 비누를 비교했다[아직까지 많은 사람이 카스티야 비누를 순수하다고 생각한다. 닥터 브로너스의 대표 제품도 '퓨어 캐스틸 숍(순수한 카스티야 비누)'이라는 이름으로 시중에 나와 있다]. 연구 결과 아이보리에 포함된 불순물은 유리 알칼리^{Free Alkali}(비누화 과정에서 반응하지 못하고 남은 알칼리 성분으로 피부에 자극을 줄 수 있다-옮긴이) 0.11%, 탄산염 0.28%, 무기질 0.17%뿐이었다고 밝혀졌다. 사실 다른 비누도 거의 비슷하고 무기질과 탄산염이 조금 더 포함됐다고 해서 나쁜 것만은 아니었지만 프록터 앤드 갬블은 실험으로 얻은 총 수치를 100에서 빼 아이보리 비누가 '순도 99.44%'라고 광고하기 시작했다. 미국의 재건 시대 이후 종교적이고 이상적인 이미지와 순백색 비누의 매력이 만나면서 아이보리 비누의 매출은 급증했다.

이 정도 메시지도 다른 경쟁사의 마케팅에 비교하면 많이 숨긴 편이었다. 시카고의 페어뱅크 비누 회사에서 가장 유명한 제품은 골드 더스트 워싱 파우더Gold Dust Washing Powder라는 가루비누였는데, 이 제품 광고에는 '골드 더스트 쌍둥이'라는 캐릭터가 등장했다. 쌍둥이의 이름은 골디Goldie와 더스티Dustie로 칠흑같이 새까만 피부에 아이답지 않게 근육이 보이는가 하면 웃을 때 드러나는 이는 너무도 하얗고 입술은 과장되게 표현됐으며 종종 세면기에 앉아 있거나 집안일을 하고 있었다. 쌍둥이는 페어뱅크 회사의 상징이 됐다. 잡지 광고에서는 "골드 더스트 쌍둥이에게 집안일을 시키세요"라며 사람들을 자극했다. 이는 노예제도를 노골적으로 떠올리게 했다. 제품이 크게 인기를 끌자 당시 지역 내 제품 유통을 담당했던 레버 브라더스는 전국적으로 유통에 나서게 됐고 1930년대에 브랜드를 인수했다(이 제품은 당연히 생산이 중단됐다. 하지만 내가 이 책을 쓰는 와중에도 "골드 더스트 쌍둥이에게 집안일을 시키세요"라고 쓰인 금속판이 온라인 쇼핑몰 이베이eBay에 3,249달러 95센트에 올라와 있다).

제품 하나로 깨끗한 손과 인종 우월주의를 보장하는 광고도 있었다. 1899년 피어스 비누 광고를 보면 한 해군 장교가 환히 빛나는 화장실에서 손을 씻고 있고 그 주위는 식민지를 형상화한 그림으로 장식돼 있다. 광고 문구는 이렇다.

"이 백인 남성의 짐을 덜어주려면 첫 단계는 청결의 미덕을 알리는 것이다. 피어스 비누는 문명이 발전하면서 드리워진 지구의 어두운 구석을 밝히는 강력한 도구다."

인종차별적인 비유는 나중에 등장하는 아이보리 비누 광고에서 더욱 노골적으로 표현됐다. 1920년대 아이보리 광고에서는 백인 아이들이 우연히 '미개한 마을'에 도착해 초가집에 사는 검은 피부 원주민들을 만난다. 원주민들은 더러워질 권리를 주장하면서 자기 얼굴에 먹칠하는 죄악을 철썩같이 믿고 있다. 어린 영웅들은 그곳에서 원주민을 씻기고, 온 마을은 아이보리 비누의 향기로 가득해진다.

시대의 흐름을 타면서 프록터 앤드 갬블은 제품 마스코트로 갓난아기를 선정했고 그 아기를 아이보리 베이비로 선전했다. 광고 구호는 이미지에 집중하며 효과가 있다는 식으로 방향을 잡아갔다.

"건강한 생활 태도와 순수한 비누: 아름다운 피부를 만드는 간단한 비법." "아기처럼 깨끗하고 매끄러운 피부를 가지고 싶다면 아기도 쓸 수 있는 미용 제품을 써보세요: 아이보리 비누." "당신의 미모가 쉬지 않게 하세요! 의사가 권하는 아이보리로 피부를 관리하세요." "천만 명의 아기가 사용하는 미용 제품."

광고는 하나같이 어색하고 터무니없었지만, 할리 프록터는 자신이 만든 가장 인기 있던 광고 캠페인 두 가지를 합쳐 비누 전문가인 스피츠가 역대 최고 선전 문구로 꼽는 문장을 만들어내며 궁극적으로는 성공을 거뒀고 자신의 이름도 널리 알렸다.

"아이보리 비누는 순도가 거의 99.44%로 물에 뜹니다."

이 기다란 구호는 제품의 상징이 됐다. 이는 당시 유행하던 글자 수수께끼나 함축된 뜻을 지닌 우화와 비교하면 간단명료했다. 1890년에 회사는 대략 50만 달러의 이익을 벌어들였다. 2017년에는 이익이 150억 달러를 넘었다.

물에 뜨는 비누가 유행하며 온 나라를 휩쓸자 밀워키의 B.J.존슨 비누 회사B.J.Johnson Soap Company는 새로운 시장에 진입할 방법을 찾느라 애를 썼다. 팜유와 올리브유를 보유했던 이 회사는 기름 이름을 붙여 자사 비누를 '파몰리브Palmolive'라고 불렀다. 제품은 출시된 지 10년이 지난 1911년이 돼서야 회의 시간에 한 카피라이터가 전설적 미녀 클레오파트라가 팜유와 올리브유를 좋아했다고 말하는 순간 돌파구를 찾았다.

클레오파트라로 유명한 미용법은 우유 목욕이다. 여러 해석에 따르면 그녀는 당나귀 젖을 사용했다고 한다. 당나귀 젖에는 특별한 노화 방지 효과가 있다고 오랫동안 여겨졌다. 고대 로마의 피부 관리 권위자인 대*플리니우스Pliny the Elder(조카와 이름이 같아 앞에 '대'를 붙인다─옮긴이)는 이렇게 기록했다. "일반적으로 당나귀 젖이 얼굴에 주름을 지우고 피부를 더 곱고 하얗게 유지해준다고 알려져 있다."

아무튼 회사는 클레오파트라가 지닌 불멸의 이미지를 광고에 이용하기로 했고, 이 캠페인으로 파몰리브는 세계에서 가장 잘 팔리는 비누로 인정받으며 아이보리 비누의 판매량을 추월했다. 파몰리브가 너무나 큰 성공을 거두자 밀워키의 제조사는 더 큰 비누 회사인 콜게이트와 1928년 합병했다. 새롭게 탄생한 콜게이트파몰리브는 광고에 자금을 쏟아부었다. 그들이 만든 광고는 유명한 미술가가 그린 삽화를 담아 〈레이디스 홈 저널〉과 〈우먼스 홈 컴패니언Woman's Home Companion〉 같은 잡지에 실렸다. 클레오파트라는 '파몰리브 걸Palmolive Girl'로 알려지며 아름다운 여성의 대명사가 됐다.

아름다움과 비누는 1924년 탄생한 광고 문구 "여학생의 안색을 유지하세요"를 계기로 완전히 한 개념이 됐다. 당시 여성은 고등교육을 거의 못 받던 때여서 여학생이라고 하면 요즘처럼 카페인이 찌든 대학원생이 아니었다. 파몰리브의 구호는 어린 시절로 돌아간 것 같은 청결함과 순수함(이라는 불가능한 기준)을 제안했다.

1960년대까지 광고 메시지는 더 공격적이고 노골적으로 변했다. "신등장! 유럽식 파몰리브로 당신은 더 어려 보일 수 있습니다." 다른 비누가 의학이나 건강 관련 주장을 활용해 간접적으로 홍보했다면 파몰리브는 광고에서 의사를 언급했다. 1943년 광고는 다음과 같았다. "의사들은 여성 소비자 세 명 중 두 명이 14일 만에 더 아름다운 피부를 가질 수 있다고 증명했다." 후에 파몰리브는 이렇게 바꿨다. "당신은 14일 만에 더 빛나는 안색을 찾을 수 있습니다. 의사가 입증한 파몰리브 비누를 써보세요!" 물론 의사는 '빛나는 안색' 따위를 '입증'할 수는 없다. 하지만 그것이 사실인지 아닌지는 중요하지 않다. 온갖 비누가 난무하는 상황에서 소비자들은 세 명 중 두 명만 효과를 본다고 소박하게 주장하는 광고를 신선하게 받아들였고 "모든 사람에게 즉시 효과가 나타난다"라는 문구에서는 느끼지 못한 타당성을 발견했다. 파몰리브가 엄청난 성공을 거두며 콜게이트파몰리브는 오늘날 155억 달러 규모의 기업으로 성장했다.

프록터 앤드 갬블의 비누 중 아이보리와 함께 인기를 끌었던 미용 비누 카메이Camay는 의사 중에서도 피부과 전문의를 처음으로 언급했다. 1928년 광고는 다음과 같았다. "역사상 처음으로 미국에서 가장 훌륭한 피부과 전문의들이 세안 비누에 과학적으로 접근한다." 그 밑으로 담담하게 설명했다. "피부과 전문의란 누구인가?"

비누 산업은 '브랜드 관리'의 기본 원칙을 마련하고 새롭게 분야를 개척해나갔다. 비누 회사는 제품이 유사하든 아니든 소유한 브랜드들을 각각 개별 사업으로 여기고 관리한다. 미용 제품 시장에서 럭스Lux와 파몰리브에 맞서 더 공격적으로 마케팅하길 원했던 프록터 앤드 갬블은 이미 아이보리가 인기를 끌고 있었지만 1923년에 카메이를 출시했다. 초기에 카메이는 매출이 저조했다. 한 카피라이터는 내부 경쟁이라는 두려움이 카메이를 억누르고 있다고 토로했다. 프록터 앤드 갬블은 카메이 마케팅 담당자에게 아이보리를 같은 편으로 보지 말고 경쟁하라고 지시했다. 아이보리라는 존재가 버티고 있었지만 카메이는 '아름다운 여성을 위한 비누'로 거듭났다.

경영대학원에서는 지금까지도 이런 관행을 가르치고 있고, 프록터 앤드 갬블도 계속 전략을 유지하다 보니 세탁 브랜드만 해도 열 개나 보유하게 됐고, 소비자는 일일이 구별하지 못할 지경에 이르렀다(열 개 브랜드 명을 나열해보겠다. 게인Gain, 에이스Ace, 에라Era, 다우니Downy, 드레프트Dreft, 치어Cheer, 바운스Bounce, 타이드Tide, 린덱스Rindex, 아리엘Ariel). 제멋대로 경쟁하게 내버려 두니 비누 브랜드 담당자들은 서로를 공격하며 자기 제품만 안전한 비누라며 판매하기 시작했다. 그중 유별났던 카메이 마케팅 담당자는 피부 청결 제품이라는 개념을 본질적으로 알리기 시작했다. 이 개념을 통해 다른 브랜드는 독성이 있거나 신뢰할 수 없다고 암시했다. 웨딩드레스를 입은 젊은 여성이 등장하는 전면 광고에서는 여성들에게 이렇게 지시했다. "아름다운 피부로 연애 감정을 불러일으키세요. 카메이 순한 비누로 다이어트해요!" 여성들은 카메이 비누 세 개가 들은 한 묶음을 사면 30일 동안 쓰면서 "다른 비누가 당신 피부에 닿지 않도록 하라"고 주의 사항까지 들었다. 광고에서 "아이보리 비누는 당신이 결혼할 수 없게 만들 것"이라는 말까지는 하지 않았지만 메시지는 분명했다. 한 회사 내에서도 비누 판매는 전쟁이었다.

◆ ◆ ◆

포트 선라이트 마을은 현재 박물관이 됐다. 거의 백 년 동안 900채의 집은 오로지 레버 브라더스(현 유니레버) 직원들로만 채워졌다. 1980년대에 일반인에게 팔리기 시작했고, 유니레버가 '개인 생활용품' 연구소를 그곳에 뒀지만 한때의 비누 왕국은 이제 샴푸, 체취방지제, 액스 바디 스프레이Axe Body Spray 같은 제품을 취급하는 주요 생산자로 탈바꿈했다.

지난 10년간 고체 비누 판매량은 계속 하락세를 보이고 있다. 이를 다룬 미국 CNN 방송은 젊은 사람들이 고체 비누를 '촌스럽다'고 느낀다고 이유를 밝혔다. 스피츠는 샤워 젤과 액체비누의 등장을 탓하며 부정적인 감정을 담아 설명한다. 종이로 포장된 고체 비누와 달리 플라스틱병이 낭비될 뿐 아니라 액체비누 자체가 무겁다 보니 환경 측면에서 볼 때 운송 또한 비효율적이다. 게다가 액체비누는 대부분 진짜 비누가 아니라 일종의 세제로, 제2차 세계대전 중 비누의 원료였던 라드가 부족하자 미 육군이 개발한 제품이다. 액체비누는 비누 역할을 흉내 내는 인조 화합물로 분류된다.

소비자에게 이런 차이는 별로 중요하지 않을지 모르지만 비누 장인이나 업계에는 틀림없이 문제가 된다. 세제는 비누 업계가 시작된 이래로 청결의 세계에서 가장 중대한 기술 발전이었다. 세제는 보통 석유로 만드는데, 이는 동물 지방이나 순수한 식물 기름을 얻기 힘든 지역에서도 세제를 생산할 수 있다는 의미이다. 세제는 비누와 달리 다양한 제조법에 응용될 수 있으며 세탁과 설거지에 주로 쓰인다. 하지만 샴푸, 바디워시, 액체비누도 거의 대부분 세제다.

내부 경쟁을 통해 비누 업계가 발전하고 계속해서 성공할 수 있었던 기반이 되기도 했지만 한편으로 비누는 필수품이라는 핵심 메시지를 비누 업계가 간과하게 만들었다. 자사 제품을 차별화하고 매년 새로운 제품 라인으로 확장하기 위해 비누 회사들은 비누 하나로는 부족하니 효과를 제대로 누리려면 자매품과 함께 써야 한다는 개념을 퍼트려야 했다. 샴푸만 쓰면 모발이 건조하고 뻣뻣해졌다. 그래서 컨디셔너 역시 필요했다. 비누를 쓰면 피부가 건조하고 푸석푸석해진다. 그래서 로션과 수분 크림 역시 필요했다.

이런 추세는 1957년 중요한 변곡점에 다다랐다. 레버 브라더스는 여러 경쟁자 사이에서 두각을 나타내기 위해 도브Dove라는 제품을 다음과 같은 광고 문구로 소개했다.

"비누처럼 생겼고 비누처럼 씁니다. 그래도 비누는 아니에요." "도브는 비누처럼 피부를 건조하게 하지 않습니다."

도브는 정말 비누가 아니었다. 적어도 '순수' 비누는 아니었다. 도브에는 피부 연화 크림, 즉 보습제가 함유돼 있고 지금도 그렇다. 그래서 비누만큼 세정력은 없어도 피부를 건조하게 만드는 성향 역시 적다. 즉 이 비누는 자극이 거의 없는 제품에 더 가까웠다. 피부연화제의 첨가로 비누의 pH 지수는 중성으로 떨어졌고 일반 비누처럼 피부 표면의 산성층에 건조함을 남기지 않았다. 당시에는 인식하지 못했지만 도브가 등장하고 소비자는 비누가 반드시 좋거나 제 역할을 다하는 것이 맞을까 하는 의심을 품게 됐다. 파악하기 힘든 청결의 개념을 찾아가다 보면 비누와 물

외에도 피부에 바를 것은 얼마든지 있었다. 이윽고 비누 판매자들이 자초한 긴장 상황 속에서 현대판 소규모 브랜드가 반란을 일으키는 한편 피부 관리로 유명한 거대 기업이 탄생을 알렸다.

그런데도 변화하는 언론계만큼 비누의 군림에 맞서는 것은 없었다. 애초에 비누 산업에서 성공하려면 새로운 미디어 플랫폼을 먼저 지배하는 것이 관건이었다. 미국에서 상업 라디오 방송은 1920년에 워런 하딩Warren Harding 대통령의 당선을 보도하며 처음 시작했다. 이듬해에는 라디오 방송국이 수백 개로 늘었다. 방송국 소유주들은 프로그램 협찬으로 수익을 낼 수 있다는 사실을 깨달았다. 집집마다 말하는 상자를 두고, 거기서 제품 광고가 흘러나와 사람들의 귀를 사로잡고, 광고가 구매로 이어지면 방송국과 협찬사에 이득이 된다.

사람들은 라디오 방송에 푹 빠져들었다. 가족은 거실 라디오 주위에 모여 저녁을 보냈다. 방송국에 힘이 생기자 인기 있는 비누 회사 중에서 광고주를 찾았고, 선택받은 비누 회사들은 더 크게 수익을 내며 건전하고, 건강하고, 수준 높은 생활 방식의 일부로 자사 제품이 스며들기를 간절히 바랐다. 비누 회사는 광고를 내기만 하지 않았다. 그들은 대중매체를 바꿔놓았다.

비누 산업은 소수의 소비자를 모은 초점집단을 활용해 회사의 표적시장(가사용품을 주로 사는 소비자층인 주부들)이 라디오로 정보를 받기보다 재미를 느끼고 싶어 한다는 사실을 알아냈다. 1927년 콜게이트파몰리브에서 자금을 대고 비누 광고 사이에 뮤지컬 코미디 프로그램 〈파몰리브 시간Palmolive Hour〉을 배치했다. 프로그램이 성공하면서 슈퍼 서드Super Suds 라는 세제 제품명으로 〈클라라, 루, 그리고 엠Clara, Lu, 'n Em〉이라는 라디오 쇼를 후원하기도 했다. 이 쇼는 '남 얘기를 좋아하는 주부' 세 명이 평일 밤마다 공감대를 형성할 만한 이야기로 수다를 떨었다. 대상 고객층에게 적절히 재미를 전달하면서 콜게이트파몰리브 제품도 알맞게 언급했다. 쇼는 꽤 인기를 얻으면서 라디오 방송에서는 처음으로 낮 시간대 연속극으로 편성됐다.

프록터 앤드 갬블도 지지 않으려고 1933년 〈옥시돌Oxydol만의 마 퍼킨스Ma Perkins 쇼〉와 함께 옥시돌 그래뉼라Oxydol Granular 세탁 세제를 판매하기 위한 방송을 시작했다. 쇼의 주인공인 마 퍼킨스는 재정적으로 궁핍한 과부로 세탁하느라 쩔쩔맬 시간도 에너지도 없는 여성이었다. 다행히 삶을 꾸려나가게 해줄 옥시돌이라는 세탁 제품이 있었다. 프로그램은 딱히 예술적으로 공을 들인 것도, 유익하거나 기억에 남거나 재미있지도 않았지만 27년이나 방송을 이어갔다. 그렇다면 이 쇼가 미국 라디오의 기준을 충족했다는 뜻이었다. 바로 광고를 판매한 것이다.

레버 브라더스와 다른 비누 제조사들도 내용이 단순하고 사람들이 꾸준히 관심을 가질 만한 쇼를 장기간 제작했고 이는 마침내 비누 가극Soap Operas(비누 회사에서 후원한 가극이라는 뜻으로 현재는 방송에서 하는 드라마나 연속극을 일컫는다-옮긴이)으로 알려지게 됐다. 가장 오래된 쇼는 1937년에 시작한 〈가이딩 라이트Guiding Light〉로 더즈Duz['DUZ does everything(더즈는 모든 일을 합니다)"가 구호로 Duz 발음이 영어의 '합니다'와 같아서 해석하면 "합니다는 모든 일을 합니다"로 풀이된다-옮긴이]라는 이름의 비누 회사가 라디오 쇼로 제작했다. 이 쇼는 영화가 등장한 시기와 맞물리면서 텔레비전으로 매체를 옮겼고 역사상 가장 장기간 방송된 대본 있는 텔레비전 드라마로 이름을 남겼다.

'토키|talkie(유성영화를 부르는 애칭-옮긴이)'가 등장하기 전에 사람들은 비행기를 발명하거나 전쟁을 끝내는 것처럼 세상에 업적을 남겨야만 이름을 알렸다. 음악가나 배우가 있었지만 그들의 얼굴은 어디서나 볼 수 있는 상황이 아니었고 많은 사람에게 특정 비누를 구매하도록 영향력이나 신뢰성을 줄 정도로 그들의 삶이 알려지지도 않았다. 하지만 화면 속 모습으로 팬들에게 다가가는 영화배우는 원조 인플루언서로서 손색이 없다.

영화와 텔레비전이 발달하면서 피부에 집착하는 성향을 더욱 부채질했다. 저화질 카메라에 화장과 조명이 더해지면 배우들의 피부는 말도 안 되게 매끄러운 아기 피부처럼 보이는데, 이런 속임수를 아는 사람은 별로 없었다. 은막의 스타들은 유전적으로 우월한 종이거나 남들은 감도 못 잡는 몸매 유지 비결을 알고 있는 듯 보였다. 아름다운 외모를 지닌 스타가 자신의 피부 관리법이라면서 사용하는 제품을 공개하고 추천하면 그 제품은 어마어마하게 팔렸다. 언젠가 여러 스타가 럭스 비누를 사용한다고 말하고 "영화배우 열 명 중 아홉 명은 럭스 화장비누를 사용합니다"라고 선전한 광고에 이름과 사진을 사용하는 데 동의한 적이 있었다. 레버는 그들에게 출연료를 주지 않았는데, 이런 광고 방식이 낯설었던 터라 그들은 출연료를 요청할 생각도 하지 못했다.

'비누 가극'은 과장된 이야기가 적절한 음악과 함께 익숙한 세트장에서 진행되는 쇼로 정의가 바뀌었고, 비누 회사가 제작에 손을 뗐어도 그 용어는 지금까지도 그대로 사용된다. 2009년 연속극 〈가이딩 라이트〉가 막을 내리자 (미국 코미디언 스티븐 콜베어Stephen Colbert가 자신이 진행하는 텔레비전 쇼에서 선보인 〈가이딩 라이트〉 DVD 세트 상자는 길이가 거의 2미터에 달할 만큼 길었다) 〈뉴욕타임스〉와 BBC방송은 이를 한 시대의 끝으로 발표했다. 지나치게 복잡한 줄거리를 따라가며 방송을 사수하던 주부 시청자층이 줄어들면서 다른 비누 가극 시청률도 연달아 하락했다. 이제는 스마트폰에 주의가 흐트러지기 전에 잠깐씩 보기 좋은 게임 프로그램이나 토크쇼가 짧게 영상으로 만들어지면서 연속극 시청률은 더욱 떨어졌다.

프록터 앤드 갬블은 방영이 취소됐어도 여전히 〈가이딩 라이트〉를 포기하지 않았고 새로운 방송국을 찾고 있다고 발표했지만 끝내 찾지 못했다. 사람들은 더는 연속극을 보지 않고 텔레비전 케이블선도 끊는 추세다. X세대와 밀레니얼세대가 곤마리**KonMari**(일본 정리 컨설턴트 곤도 마리에를 가리키는 애칭-옮긴이)나 밴라이프**Vanlife**(밴에서 살아가는 생활 방식-옮긴이)에 영향을 받아 비우는 삶을 살기 시작하면서 환경을 생각하는 미니멀리즘을 바탕으로 여러 가지 제품을 거부하는 대신 물건을 살 때는 제조사와 품질을 까다롭고 꼼꼼하게 챙기게 됐다.

피부와 관련된 자기 관리 제품을 살 때도 해당된다. 대량으로 공급되는 고체 비누는 판매가 줄어드는 한편 '인디' 비누 브랜드와 피부 관리 회사는 벤처 자금을 유입해서 빠르게 인스타그램 피드를 채우며 제품을 팔고 있다. 신세대가 텔레비전 화면과 옥외 광고판에 집중하지 않는 안타까운 현실(한 세대 전에는 라디오에서 관심이 멀어지고 그보다 한 세대 전에는 시내를 지나던 전차 광고에서 관심이 멀어지고 또 그보다 한 세대 전에는 의뢰받은 그림에서 관심이 멀어졌던 것처럼)은 비누 산업이 극복할 수 없는 시험대일 것이다. 거대 기업은 더 이상 대중의 관심을 독점할 수 없다. 이로써 신규 업체나 전문가, 인플루언서가 자신의 제품을 소비자에게 안내하는 새로운 입구가 열렸다.

4장

광채에
현혹되는 사람들

◇◇◇◇◇

GLOW

젊은 사람들이 한껏 들뜬 모습으로 커낼가 보도 위에 한 줄로 길게 늘어서 있다. 나이트클럽에 입장하려고 대기하는 줄인가 싶지만 지금은 화요일 오후 6시고 줄을 선 사람들은 머리에 왁스를 바른 남성이 아니라 거의 열여덟 살 정도로 보이는 여성들이었다. 이들은 세계에서 가장 빠르게 성장하는 피부 관리 회사인 글로시에**Glossier**가 새롭게 연 오프라인 본점에 들어가기 위해 기다리고 있었다. 줄을 통제하는 경비원 역시 젊은 여성으로 핑크색 라운드 티셔츠 차림으로 벨벳 천으로 된 입장 통제선을 들어 올려 소수 인원만 통과시키고 복도 끝 4인용 엘리베이터로 안내했다. 손에 수첩과 펜을 든 나는 혼자 딴 세상 사람 같았다.

이곳에 온 고객들은 광고에서 오랫동안 소비자에게 열망하라고 부추긴, 바로 그런 피부를 지니고 있었다. 예전 표현을 다시 쓰자면 '여학생 안색'을 하고 있었다. 화장을 진하게 하지 않았는데, 이는 지난 세대에서 유행하던 공들인 화장법에 반발하며 '자연스러운' 모습을 추구하는 글로시에의 정신과도 통한다. 글로시에는 "피부가 1순위, 화장은 2순위"라는 구호를 내걸었다. 화장이 피부를 덮는 것이라고 한다면 글로시에 제품은 피부를 드러내는 것에 중점을 둔다고 했다. 광고에 등장하는 모델들은 마치 긴 시간 편안하게 숙면을 취하고 막 일어나 채소 스무디를 한 잔 마실 것 같다. 밝게 윤이 나는 모델의 얼굴을 보면 살면서 고생 한번 안 해본 듯하다. 흠잡을 데 없이 완벽하게 보이려고 노력한 기색조차 안 보인다. 가수 비욘세의 노래 가사를 인용하면 그들은 그냥 일어났는데 저런 모습인 것뿐이다.

엘리베이터에서 내려 매장으로 들어갔다. 설치미술처럼 꾸며진 매장은 하얗고 밝은 빛이 사방에서 쏟아졌고 왠지 비어 보이는 것 같으면서도 압도하는 느낌이 있다. 나란히 늘어선 깨끗한 받침대 위에는 그보다 더 깨끗한 하얀색 튜브와 병에 담긴 제품들, 세안제와 세럼에서 립밤과 여러 피부 관리 '필수품'까지 놓여 있었다. 곳곳에 있는 거울로 자신과 주위 사진 속 빛나는 모델을 비교해볼 기회도 제공한다. 제품 라벨에는 'pH 균형을 맞춘', '파라벤Paraben(화장품이나 의약품에 주로 사용되는 방부제-옮긴이) 무첨가', '알파하이드록시산Alpha-Hydroxy Acid(일명 AHA. 과일이나 젖당에 포함된 유기산으로 피부 각질을 연화해 제거하는 작용이 있음-옮긴이)'처럼 화학을 의식한 표현을 써놓았다. 이 멋진 피부 성지에서 미용 분야와 건강 분야가 극적으로 충돌한다. 비누 산업은 100년 전 비누가 합법적이라는 근거를 마련하기 위해 피부과를 처음으로 언급했다. 두 분야를 모두 아우르는 피부 관리는 이제 피부 과학에도 손길을 뻗치려고 준비하는 모양이다.

글로시에는 에밀리 와이스Emily Weiss의 머릿속에서 탄생했다. 에밀리는 패션지 〈틴 보그Teen Vogue〉에서 인턴사원으로 업계에 발을 디뎠고

2010년에 '인투 더 글로스Into the Gloss'라는 이름으로 피부, 미용, 건강을 다루는 블로그를 시작했다. 그녀는 여성들에게 자신만의 피부 관리법이나 화장법을 묻는 인터뷰를 진행하면서 충성스러운 커뮤니티를 구축해갔다. 커뮤니티의 목표는 사람들에게 필요한 제품을 결정해주는 것이 아니라 사람들이 직접 아름다움이 무엇인지 고민해보고 이야기를 나눌 수 있도록 발판을 마련해주는 것이었다. 와이스의 말에 따르면, 그녀는 기존 미용 패러다임이 얼마나 결함투성이였는지 점차 깨닫게 되면서 블로그를 시작했다. 역사적으로 보면 전문가들이 피부에 무엇을 쓰고 쓰지 말아야 할지 소비자에게 알려주는 방식으로 산업이 유지돼왔기 때문이다.

와이스는 스물아홉 살이던 2014년 제품 네 개로 구성된 화장품 라인을 출시했다. 그녀의 블로그가 유명하다는 점을 고려하면 제품도 열성적인 추종자(글로시에가 만들어낸 유행의 규모에 비하면 단어가 너무 소박하다)를 이끌어내기에 아주 유리했다. 초기 라인에는 미스트와 수분크림이 포함돼 있었지만 회사를 폭발적으로 성장시킨 1등 공신은 보이 브로우Boy Brow 눈썹 왁스였고, 이 제품은 밀레니얼세대의 필수품이 됐다. 보이 브로우는 모닝에서 분비되는 기름을 씻어내지 않았을 때 나타나는 효과를 그대로 재현한다. 제품은 점차 인기를 끌었고 수많은 사람을 글로시에 소비자층으로 끌어들였다.

사람들은 과거 노화 방지 크림을 만들어 '희망의 유리병'이란 이름으로 여성들에게 판매하던 유명 기업가를 존경하는 마음에서 와이스를 밀레니얼세대의 에스티 로더Estée Lauder라고 불렀다. 에스티 로더는 1940년대에 제품 라인을 늘렸고 마침내 화장품 브랜드로 독점 판매권을 팔며 〈타임〉 선정 '20세기 가장 성공한 사업가 20인'에 여성으로는 유일하게 이름을 올렸다. 에스티 로더의 인기 상품은 1953년 출시된 유스 듀**Youth Dew**(젊음의 이슬) 향수였다.

"빛나고 이슬 맺힌 듯 촉촉한 피부는 우리가 책임지겠습니다"라는 구호로 회사의 사훈을 드러낸 글로시에는 현재 회사 가치가 10억 달러를 넘어섰다. 기존의 미용 패러다임에 반기를 드는 블로그로 시작해 이제는 향수와 바디로션을 포함해 40종의 제품을 보유한 회사가 됐다. 2017년 뉴욕 주지사였던 앤드루 쿠오모**Andrew Cuomo**는 글로시에가 소호에 있는 2,400제곱미터의 사무실로 이전해 오면서 새로운 일자리를 282개 만들어내 300만 달러 세액 공제를 받을 것이라고 자랑스럽게 발표했다. 회사 제품은 대부분 온라인에서 판매하지만 글로시에는 로스앤젤레스에 하나, 그리고 내가 와 있는 뉴욕에 하나, 이렇게 두 곳에 주력 상품을 선보이는 플래그십스토어를 열었다.

나는 친구인 레아 피네건**Leah Finnegan**과 함께 글로시에 매장을 방문했다. 레아는 소비문화, 온라인 문화, 페미니즘, 그 외 여러 주제로 글을 쓴다. 레아는 남성 CEO가 오랫동안 지배해온 업계에서 기업가로 활동하는 와이스의 이야기가 회사의 매력을 높인다고 설명했다. 2018년 디 애틀랜틱이 주최한 행사에서 와이스는 남성 중심 분야에서 여성 기업가로 살아간다는 것이 어떤 의미인지 강연했다. '자연스러운' 모습을 넘어 '카다시안**Kardashian**(진한 화장과 과장된 몸매를 추구하는 미국 모델 겸 배우-옮긴이)'처럼 보이길 원하는 소비자의 요구에도 맞춰가며 회사를 성장시킨 전략을 설명하면서 와이스는 여성들이 '직접 선택할 수 있도록' 제품 라인을 확장했다고 말했다.

와이스는 현재 선두 기업가로 손꼽히고 있고 피부 관리 분야에서도 유행을 이끌어가고 있지만 버릇처럼 자신을 비주류라고 못 박는다. "(미용 업계는) 너무 오랫동안 수천억 달러 자산을 보유한 소수 대기업의 손에 좌우돼왔습니다"라고 와이스는 디 애틀랜틱 행사에서 말했다. "다행히 우리는 소셜미디어와 표현의 자유가 있는 시대에 살고 있기에 누구나 전문가가 될 수 있습니다."

그렇기는 하지만 모두가 전문가라면 사실 누구도 전문가가 아닌 셈이 아닌가. 레아는 이런 식으로 힘을 북돋우는 홍보를 그저 환상이라고 본다.

"내가 여성 CEO들을 모두 지지하기는 하지만 우리에게 피부 관리를 더 하라는 말을 들을 필요가 있을까? 이게 권력과 영향력을 사용하는 최선의 방법일까?"

레아는 와이스 역시 여성에게 불가능에 가까운 미의 기준에 도달하라며 부추긴다고 지적하면서 여성의 대변인이 되겠다는 와이스의 주장에 반박한다. 여성이 제품과 기준을 만들었다는 이유만으로 무턱대고 좋다고 할 수는 없다.

"그 기준 자체가 문제야. 그게 바로 권위주의거든."

레아는 농담 반 진담 반이다. 글로시에 매장처럼 밖까지 줄을 선 곳은 거의 없지만 도시는 식품 잡화점부터 약국, 백화점에 이르기까지 피부 관리 제품을 파는 상점들로 이미 포화 상태다. 옥외 광고판, 말도 안 되는 비율의 마네킹, 화려한 잡지 표지들은 무엇이 좋고 나쁜지, 옳고 그른지 기준을 만들고 지속시킨다. 이런 메시지를 공들여 만드는 기업들도 가끔은 틀에서 벗어나 기준에 들지 않는 사람들, 즉 깡마르지 않거나 마흔 살이 넘거나 피부가 약간 주름지고 거친 사람을 광고에 등장시키기도 하는데 그때마다 자화자찬하며 대대적으로 홍보한다.

글로시에 뉴욕 매장 안을 여기저기 돌아다니다가 나만 너무 동떨어져 보일 것 같아서 근처에 있는 '인비저블 실드Invisible Shield(보이지 않는 방패)'라는 제품 앞에 섰다. 살펴보니 SPF(자외선차단지수) 35라고 쓰인 자외선차단제로 30밀리리터에 25달러다. 제품은 단순한 자외선차단제일 뿐 특별할 게 없다. 하지만 진열된 것을 보니 사고 싶어졌다. 이 자리에서 뚜껑을 열어 얼굴에 듬뿍 바르면, 아니 그냥 사기만 해도 여기 있는 사람들처럼 이곳에 어울리는 사람이 된 것 같아 기분이 나아질 것 같다.

글로시에의 제품은 멋지게 포장돼 있지만 성분은 놀랍게도 평범하다. 인기 있는 여드름 피부용 '짓 스틱Zit Stick(뾰루지 스틱)'에는 국소 항균제인 과산화벤조일Benzoyl Peroxide이 들었다. 처방전 없이 살 수 있는 여드름 치료제에 포함된 가장 흔한 성분이다. 이 성분은 거의 모든 피부 관리 제품과 화장품에 포함된다. 글로시에 제품은 겨우 3.5밀리리터에 14달러다. 나는 스마트폰을 꺼내 월마트에서 42.5밀리리터를 담은 스틱이 5달러에 판매되는 것을 확인했다.

과거에 존재했던 비누 기업과 미용 브랜드처럼 글로시에도 최신 매체를 쟁취하면서 사람들에게 신임을 얻었다. 레아의 설명에 따르면 글로시에는 '에밀리 와이스의 제품을 구매함으로써 그녀처럼 되고 싶다'고 바라는 사람들을 사로잡았다. 사람들은 와이스의 얼굴과 글로시에 브랜드를 동의어로 여겼고 그녀가 세련된 옷으로 세계 명소를 누비고 재정 자립을 이뤄나가는 모습을 우러러보며 제품에도 그 이미지를 부여한다. 회사 인스타그램 계정으로 250만 명이 넘는 팔로워를 거느린 와이스는 일

찌감치 통신 플랫폼의 잠재력을 활용했는데, 아마 윌리엄 레버가 이 소식을 들었으면 입에 거품을 물었을 게 뻔하다. 한 패션잡지는 그녀를 두고 "콘텐츠를 사업으로 바꾸는 개척자"라고 불렀다.

유명 인사를 고용해 제품을 홍보하던 지난 세기와 달리 와이스는 건강과 피부를 다루는 인플루언서 '영업 대표들'과 폭넓은 인맥을 만들어 갔다. 그들은 팔로워 수가 많을 필요는 없지만 충성스러운 지지자들을 보유하고 있고 거의 인스타그램을 홍보 기반으로 한다. 이런 영업 대표들은 글로시에 제품을 홍보하며 판매에 기여해 수수료와 매장 적립금을 받는다. 기자인 셰릴 위시호버Cheryl Wischhover는 "'가까운 친구가 가장 믿을 만한 추천을 한다'는 오래된 속담을 와이스가 기회로 삼았다"고 말했다. 하지만 건강 관련 산업에서 첫 실수는 전문 인플루언서를 친구로 생각하는 것이다. 인플루언서는 엄밀히 말하면 돈이 되기 때문에 관심을 가지는 사람이다. 그런데도 청소년들에게 인기가 많다.

글로시에 매장을 직접 체험하며 본질을 향해 파고들수록 내가 이 분야를 거의 모른다는 생각이 들면서 초조함이 밀려왔다. 레아에게 보통 화장품을 어디서 사는지 묻자 그녀는 주저 없이 "CVS파머시!"라고 답했다. 나는 레아에게 같이 가보자고 했다. 거의 길 하나 걸러 모퉁이마다 보이는 무수히 많은 화장품 매장에서 파는 무수히 많은 화장품이 글로시에 매장에 줄을 서는 멋진 10대들이 좋아하는 제품과 무엇이 다른지 호기심이 생겼다. 우리는 엘리베이터에 타려고 또 줄을 섰다.

소호 지역을 걸으면서 크레도 뷰티Credo Beauty라는 매장을 지나는데 전면이 모두 유리로 된 이곳에서는 커다랗게 "가장 규모가 크고 안전하고 믿을 만한 클린 뷰티Clean Beauty"라고 광고하며 헤어, 바디, 스킨케어, 메이크업 관련 제품을 판매하고 있었다. 제품 라인을 보면 이제 '클린Clean'이라는 단어는 청소 제품처럼 용도를 나타내는 것이 아니라 피부관리 제품의 성분이 안전하다고 드러내는 방식으로 사용된다.

'클린 뷰티'는 환경에 영향을 최소화하는 움직임을 의미할 때도 있지만 단어가 원래 지닌 뜻처럼 순수함이라는 명확하지 않은 기준을 칭할 때도 사용한다. 이제는 '클린'이라는 용어가 기존에 사용되던 표현인 '내추럴Natural'을 대체하게 됐다. 내추럴도 원래 의미와는 다르게 사용돼왔고, 자연 그대로를 의미하는 '내추럴'이라는 용어를 '좋다'와 같은 뜻으로 보는 세태를 지적하는 의견도 있었다.

'내추럴'이라는 용어를 비판하는 사람 중에는 관련 업계 선두주자도 있었다. 미국 배우 기네스 팰트로Gwyneth Paltrow가 설립한 건강 관련 대기업 구프Goop는 개인 관리 용품 산업이 근본적으로 규제받지 않고 독성 화학물질을 포함한 제품을 만들고 있어 개탄스럽다고 2016년 웹사이트에 발표했다.

"누구나 규제 없이 사업을 시작할 수 있다 보니 회사에서는 제품을 출시하고 '친환경으로 위장'하며 온갖 수식어를 갖다 붙이죠. '자연스럽다', '자연친화적이다', '환경을 생각한다'는 표현을 써도 전혀 문제가 되지 않습니다. 다시 말해 제품 앞면에서 장점으로 내세우는 것이 제품 뒷면 성분표에 표시된 것과 전혀 일치하지 않아요. 우리는 구프에서 미의 새로운 기준을 만들고 그것을 단순히 '클린'이라고 부릅니다."

오늘날 구프는 '내추럴'이란 라벨이 붙은 온갖 제품을 유통하고 있다. 회사 웹사이트에서 '내추럴'로 검색하면 게시글 762개를 비롯해 프리미엄 내추럴 치약부터 내추럴 필라테스, 내추럴 향이 나는 눈 전용 패드까지 검색된다. 결국 팰트로도 '클린'이라는 용어를 사용해 모호한 금욕주의 정신을 파는 개척자였을 뿐이다. 2016년 이후 구프는 '클린' 피부 관리 용품 전 라인을 출시했고, 여기에는 '클린' 요리책과 '클린' 수면 제품도 포함돼 있다.

이러한 제품 뒤에는 사람이라면 마땅히 자기 몸을 깨끗이 해야 할 뿐만 아니라 반드시 '클린'한 제품과 실천법으로 한 단계 더 뛰어난 순수성을 추구해야 한다고 종용하는 마케팅 전략이 숨어 있다. 이 개념은 평범한 체인점에서 파는 제품에도 영향을 미치기 시작했다. 이런 매장들은 통로 전체에 비누, 샴푸, 바디워시, 로션, 그 외 여러 화장품을 진열하면서 오랫동안 미용과 건강, 웰빙을 융합하는 역할을 해왔다. 나는 레아와 함께 찾은 CVS파머시 매장에서 과산화벤조일 제품을 셀 수 없을 정도로 많이 발견했다. 브랜드명도 없이 저가로 파는 제품도 있고 바로 옆에 고가 제품도 있다. 라로슈포제La Roche-Posay 피부과 연구소라고 불리는 제품 라인의 바디케어 제품에는 "전 세계 피부 전문가들이 추천"하고 "건조하고 거친 피부를 완화한다고 임상적으로 증명됐다"고 쓰여 있다. 유분기를 제거하는 비누와 수렴제, 유분을 채워주는 보습제도 있다. 자외선차단제도 수십 개나 있다.

어쩌면 선택할 제품이 차고 넘치는 요즘 세태가 글로시에 같은 브랜드가 성공할 수 있게 긍정적으로 작용했는지도 모르겠다. 시중에 제품이 너무 많이 나와 있어서 필요한 걸 고르다 보면 지쳐버린다. 글로시에는 제품을 사용 목적에 따라 분류해놓는다. 제품이 이 멋진 매장에 진열돼 있다는 의미는 에밀리 와이스가 그 제품을 쓴다는 말이고 그러면 그것은 좋을 게 틀림없다. 혹은 적어도 안전할 것이다.

맥이 풀리고 땀까지 흘린 상태에서 레아와 나는 지하철을 타고 브루클린으로 돌아왔다. 여름날 퇴근 시간, 실내온도 30도가 넘는 철제 공간에는 사람들이 그야말로 어깨와 어깨를 맞댈 정도로 가득 차 있었고 누군가는 인간이 신진대사가 활발한 유기물의 집합체라는 사실을 반사적으로 떠올릴 수밖에 없다. 나는 제대로 된 위생 관념을 가진 사람들에게 둘러싸여 있어서 진심으로 감사하다. 지하철 내부에는 모발, 피부, 손발톱을 위한 비타민 제품 광고가 붙어 있는데, 광고 모델인 슈퍼모델 출신 하이디 클룸**Heidi Klum**은 눈이 멀 정도로 하얀 이를 보이며 우리를 내려다보고 미소 짓는다. 피부는 윤기 있어 보이고, 그녀가 입은 드레스는 가만히 있는데도 불구하고 머리카락은 바람에 날리고 있고, 선전하는 브랜드명은 퍼펙틸**Perfectil**이다.

◆　◆　◆

바텐더 자리에 있는 날씬한 멋쟁이 카우보이는 챙이 넓은 모자를 쓰고 끈 넥타이를 하고 있다. 내가 자리에 앉자 그는 청하지도 않았는데 위스키가 담긴 듯한 갈색 병에서 한잔을 따라 내게 건넨다. 액체는 걸쭉하고 끈적하게 흘러나오는 모양새가 꼭 시럽 같다. 이곳이 옛 서부였다면 나는 아마 그 자리에서 바텐더를 쐈을 것이다. 하지만 여기는 인디 뷰티 박람회**Indie Beauty Expo**다. 독립 미용 브랜드가 해마다 모이는 세계에서 가장 큰 행사였기에 나는 하고 싶은 말을 내뱉는 대신 그에게 설명을 요청했다. 바텐더는 싱긋 웃으며 병에서 따른 것이 남성용 비누라고 말했다. 그 창업자는 대화할 상대를 만나서 몹시 기뻐 보였다. 우리를 지나 다른 부스로 가는 방문객들은 거의 여성이라 그의 제품에 별 흥미가 없는 듯했다.

그의 브랜드는 18.21 맨 메이드(18.21 Man Made)로 숫자는 미국 헌법 수정 조항을 기리기 위한 것이다. 18조는 술을 금지하고 21조는 술 금지를 폐지하는 내용이 담겨 있다. 나는 이 이름에 큰 뜻이 있다기보다 그저 남성들이 좋아하고 돈을 쓰는 데 익숙한 것을 자연스레 떠올리도록 만든 전략이라고 받아들였다. 남자를 뜻하는 '맨'을 넣은 것을 보니 거의 확실하다. '남성 사회에서 소유하고 있다는 것만으로도 자부심을 느낄 프리미엄 그루밍 조항'이라며 구호에서도 남성을 강조한다. 위스키 비누 병은 누가 보면 정말 마시고 싶게 생겼다.

위스키를 주제로 한 제품은 남성용 피부 관리 제품 중에는 흔하다. 홀푸드마켓Whole Foods Market에서는 디어 클라크Dear Clark라는 비누 제품 라인을 판매하는데 갈색 병에 담겨 빨간 밀랍을 녹인 듯한 상징이 새겨져 있어 위스키 브랜드 메이커스 마크Maker's Mark(켄터키 로레토 지역에서 소량으로 생산되는 버번위스키로 빨간색 밀랍으로 밀봉된 것이 특징이다–옮긴이)와 묘하게 닮았다. 미니애폴리스에서 들렀던 한 매장에서는 에브리 맨 잭Every Man Jack이라는 이름의 검은색 병에 담긴 비누와 수분크림을 팔았는데 '남성 용품의 모든 것'이라고 이름 붙은 개인 관리 용품 코너 전체에 진열돼 있었다. 매장 내 남성 피부 용품 코너에 있는 제품은 거의 검은색, 갈색, 아니면 회색이다. 향도 라벤더나 히비스커스가 아니라 '산의 정취Mountain Spice'나 '강속구와 주먹질Fastballs and Fisticuffs' 같은 이름이다.

남성용 제품과 여성용 제품의 가장 큰 차이는 가격이지만 향기, 색, 포장에서도 드러난다. 오늘날 이런 요소들은 그 어느 때보다 중요해 보인다. 남성을 위한 피부 관리 시장은 2018년부터 2019년까지 7% 성장하며 계속 몸집을 불리고 있고 2022년까지 1,660억 달러 규모에 달할 것으로 전망되지만 여전히 낯선 분야로 인식된다. 2019년 시장 조사에 따르면 18세에서 22세 사이 사람들은 성 중립 제품에 유례없는 관심을 보였다. 하지만 판매자들은 제대로 혁신을 만들어낼 생각은 하지 않고 누구를 위한 제품인지 정한 뒤 설명만 그럴듯하게 꾸며 시장에 뛰어들려 한다. 결국은 전문성이 비결이다. 만인을 위한 제품을 팔려고 하면 아무에게도 맞지 않는 제품을 팔게 된다.

인디 뷰티 박람회에서 본 어떤 남성 창업자는 동물 가죽을 밟고 서 있었는데, 자신을 팔레오 다이어트의 열렬한 지지자라고 소개했다. '크로스핏CrossFit(다양한 운동을 짧은 시간 동안 고강도로 하는 운동–옮긴이)을 하다가 터버린 손' 때문에 바디크림을 꼭 발라야 한다고 강조한다. 알고 보니 그는 푸드 네트워크Food Network(음식을 주제로 하는 미국 전문 방송국–옮긴이) 전임원이었다. 그가 창업한 회사인 프라이멀 더마Primal Derma는 동굴 벽화 느낌의 소를 회사의 상징으로 정하고 자사 피부 미용 제품이 소의 기름으로 만들어졌기 때문에 '구석기'라고 주장한다.

내가 참석한 박람회는 남부 맨해튼 지역, 우뚝 솟은 공공 주택 사이에 자리 잡은 컨벤션 센터에서 열리고 있었다. 매년 떠오르는 피부 관리 회사의 사업주들이 한자리에 모여 유통 회사를 정하고 인맥을 만들고 원료 공급 회사를 찾고 사람들에게 화장품을 더 많이 팔기 위해 새로운 전략을 알아낸다. 이곳에서 앞으로 몇 년 안에 매장에 진열될 제품들을 가장 빠르게 만날 수 있다. 판매자들은 에밀리 와이스를 끌어내리고 말겠다는 다짐으로 눈을 반짝인다.

나는 6,500제곱미터 규모의 박람회장을 뉴욕 최고급 스파인 엑스헤

일Exhale에서 선임 피부관리사로 근무하는 어텀 헨리Autumn Henry와 동
행했다. 어텀은 업계 지식, 동향, 판매 전략을 비롯해 피부 관리의 진정한
가치를 알려주는 귀중한 정보원으로 박람회라는 광활한 제품 세계를 여
행하는 동안 나를 안내해주기로 했다. 박람회 판매자들은 우리가 입을
열기도 전에 어텀은 이 분야 전문가고 나는 그렇지 않다는 사실을 눈치
챘다. 거짓말이 아니다.

나는 어텀에게 '인디(독립)' 브랜드의 정의를 물어봤다. "그냥 감이죠."
어텀이 말했다. 사실 주류와 비주류는 경계가 모호하다. 하지만 현재 존
재하는 모든 브랜드가 널리 알려지거나 유통되지는 않고, 대부분은 어텀
도 잘 모른다. 많은 부스는 회사 창립자들이 직접 나왔는데 그들 중 다수
가 이 일을 짬이 날 때 하거나 부업으로 하며 기존 비누 제조사처럼 대기
업에 회사를 팔거나 전국적으로 매장을 보유한 소매업체와 유통 계약을
맺어서 크게 한 방이 터지기를 기대한다.

"저 사람들은 돌파구가 될 만한 제품을 먼저 만들어야 해요." 어텀이
설명한다. "그래서 대다수는 최신 동향을 무조건 좇거나 우연히라도 하
나 건질까 봐 온갖 새로운 성분을 첨가합니다."

비누 산업처럼 붐비는 분야에서는 회사들이 눈에 띄어야 한다는 엄청
난 압박감에 시달리다가 이제껏 사람들이 쓰고 싶다거나 써야 한다고 상
상도 못 했던 제품을 팔아보겠다며 아이디어를 내기에 이르렀다. 주로
지난 시즌에는 존재하지 않았던 성분이나 증상, 관리법에 집중해 소비
자의 관심을 불러일으키려 한다. 이곳에서 그 전략들이 정체를 드러내며
본격적으로 역할을 수행한다. 인디 브랜드들은 기존 업계의 특성을 이어
가면서도 어쩔 수 없이 주류 브랜드보다 일을 꼼꼼하게 하지 않는다. 어

떤 회사가 갑자기 큰 성공을 거두면 규제 기관이 나서서 회사가 제품 홍보를 허위로 하지는 않았는지 조사를 나올 가능성이 커진다. 하지만 그 전까지는 모험을 감수하는 것이다. 판매자는 대개 이미 존재하는 접근법을 강화하는 전략을 사용한다. 사람들이 장인이 만든 제품을 원한다면 이곳에서 아주 소량으로 생산하는 제품을 찾거나 일반 제품보다 성분이 적고 순수한 제품을 찾으면 된다.

우리는 박람회장에서 부스 이곳저곳을 둘러봤다. 천장에는 공허하게 반짝이는 장식물이 걸려 있다. "깨끗합니다." "순수합니다." "동물실험을 하지 않습니다"라는 표현이 어디에서나 보인다. 깨끗해 보이는 것과 직관적으로 가장 관련이 없어 보이는 '숯' 제품도 있다. 섬바디Sumbody라는 브랜드 창업자는 내게 '젊음의 샘 줄기세포 수분크림'을 건넸다(줄기세포는 호박에서 추출된다고 한다). 맥스 앤드 미Max&Me에서는 '피부 문제를 다루는 데 유익한' '스위트 세레니티 마스크 앤드 워시Sweet Serenity Mask&Wash'라는 제품을 준다(내가 받은 견본품에는 어떤 피부 문제인지 정확히 표시돼 있지 않지만 회사 웹사이트에는 여드름, 홍반, 주사성 피부라고 기재했다). 웹사이트에서는 점토와 꿀로 이뤄진 이 제품이 '기분 좋은 감촉으로 당신을 채운다'고 약속한다. "아름다움을 가져보세요"라고 적힌 네온사인 밑에서 창업자가 수술복을 입고 로션을 나눠주고 있다. 회의장에 스며든 의학적 분위기가 나만의 착각은 아닌가 보다. 예술 감각이 살짝 느껴지는 포스터나 광고, 제품에도 삶과 죽음의 개념이 미묘하게 물들어 있었다.

피부 관리 산업과 과학의 관계는 복잡하지만 나는 이곳에서 몇 가지 규칙을 찾아냈다. 제품과 성분이 과학적으로 입증됐고 연구 결과 효과를 보였다고 말하는 것은 괜찮다. 하지만 연구 결과가 어디에 게재됐냐, 또는 연구에 몇 명이나 참가했냐고 묻는 것은 안 괜찮다. '주류' 과학(이곳에 참석한 사람을 포함해 많은 사람은 주류 과학을 불신하거나 혹은 주류 과학이 자신들을 실망시켰다고 믿는다)과 달리 인디 과학은 방법론이나 통계학을 그다지 신경 쓰지 않는다. 대신 체험과 개인 지식이 중요하게 작용한다. 인디 과학에서 말하는 '연구'는 아마 회사 직원이 모두 제품을 사용해봤더니 마음에 들었다는 정도를 뜻할 것이다.

어텀은 웃는 얼굴로 다양한 제품을 무심하게 훑어보지만 피부 관리가 중요하다는 사실을 누구보다 잘 알기에 지금껏 피부관리사로 일했다. 이런 제품들은 인간의 가장 넓은 기관을 물리적으로 바꿀 수 있다고 주장한다.

"사람들은 설마 이 제품을 쓴다고 뭔 일이 나겠냐며 시험 삼아 발라봅니다. 혹시 효과가 있을지도 모른다고 기대하겠죠. 만약 제품이 뭔가 작용을 해서 피부에 도움을 줄 가능성이 있다면 그 말은 피부에 해가 될 가능성도 있다는 말이 됩니다."

인기를 끌고 있는 제품인 로션 P50을 살펴보자. 프랑스 회사 비올로직호쉬**Biologique Recherche**가 만든 이 제품은 뷰티 블로그 인투 더 글로스가 설명한 것처럼 로션이 아니고 '프렌치 워터 웨이트 각질 토너**French Water Weight Exfoliating Toner**'다. 토너는 공식적인 의미가 없는 시쳇말이고 워터 웨이트도 마찬가지다. 이 제품은 화학적 각질제거제로, 물리적으로 힘을 주어 각질을 긁어내는 대신 각질 세포를 녹여서 없앤다. 내가 설명한 제품 원리가 광고문에 쓰인 표현만큼 사람을 혹하게 만들지 않겠지만 나는 있는 그대로 말한 것뿐이다. 거의 모든 피부 관리 제품은 벗겨내거나(각질을 제거하거나) 씻어내거나(유분을 제거하거나) 촉촉하게 한다(유분을 더한다). 각질 제거는 로션이라는 이름에서 소비자가 기대하는 기능과 정반대지만 이렇게 아는 사람만 아는 지식이 제품을 매력적으로 보이게도 한다.

로션 P50은 냄새가 지독하다. 누군가는 이 냄새를 재앙이라고 했고 또 누군가는 암내라고 했다. 바르면 느낌도 안 좋다는 것이 나를 포함한 사용자 대부분의 평가다. 인투 더 글로스에서는 독자에게 주의를 준다.

"피부가 얼얼하고 붉게 변하는 것은 당연한 현상이다. 이 제품은 AHA^Alpha Hydroxy Acid(수용성 유기산으로 각질 제거와 피부 보습에 효과가 있다-옮긴이)와 BHA^Beta Hydroxy Acid(지용성 유기산으로 각질 제거와 항균 작용을 한다-옮긴이)가 듬뿍 담겨 있어 광채를 선사하기에 궁극적으로 쓸 만한 가치가 있다. 하지만 P50이 더욱 특별한 이유는 수영 추출물, 몰약 추출물, 머틀잎 추출물, 양파 추출물(제품 냄새의 원인)이 모두 담겨 있기 때문이다."

제품의 시초는 P50 1970으로, 페놀^Phenol이 포함돼 있어 현재 유럽에서는 판매가 금지됐다. 석탄산^Carbolic Acid으로도 알려진 페놀은 원래 19세기 후반에 나온 항균 비누에 주로 사용됐다. 이 화합물은 화상을 일으켜 감각을 마비시키는데, 영국인 중에는 예전에 학교에서 벌을 받을 때 석탄산 비누로 입을 헹궈냈던 기억이 있을 것이다. 만약 임신이나 수유 중에 P50 1970을 사용하고 싶으면 의사와 먼저 상의해야 한다. 제품의 공인 판매 웹사이트 중 한 곳에서도 'P50 특성상 배송 중에 제품이 새어 나올 수 있습니다'라고 경고한다(이유는 안 알려졌다). 이 제품은 250밀리리터 한 병에 101달러다. 그런데도 인기가 많다.

피부 관리는 합리적으로 필요해서가 아니라 예술적 효과, 자주성, 재미, 표현의 자유까지 느끼게 한다는 점에서 사람들이 매력을 느낀다. 하지만 피부 관리가 스트레스를 주기도 한다. 수많은 옵션 때문에 뭘 해야 좋을지 모르겠다. 언젠가 어텀은 고객들에게서 최신 유행을 따른다는 우월감도 있지만 전부 잘못하고 있고 중요한 뭔가를 놓치고 있다는 두려움도 있어 갈팡질팡하게 된다는 말을 들었다. 피부 관리를 하면 피부를 진정시키고 기초를 튼튼히 한다는 장점도 있지만 의구심과 불안감이 끝없이 밀려오기도 한다. 비누 호황의 정점을 겪었던 알베르트 아인슈타인Albert Einstein은 새로 출시된 고급 '면도 크림'을 쓰는 대신 면도할 때 비누를 계속 사용하겠다고 고집했다. 아인슈타인은 이렇게 말했다고 한다. "비누를 두 가지나? 너무 복잡하군."

물론 그는 보통 남자가 아니었다. 어떤 종류든 물질을 소유하기를 거부했고 자질구레한 것이 너무 싫어서 모든 것을 설명할 보편적 이론 하나를 발견하는 데 인생을 바쳤다. 만약 1930년대 피부 관리 업계가 아인슈타인을 선택의 늪에 빠지게 했다면 그는 위인으로 남아 있지 않을 것이다. 요즘처럼 제품은 더 복잡해지고 규제는 느슨한 시장에서 소비자가 수많은 광고만 보고 제대로 된 제품을 발견해 시간, 돈, 믿음을 투자하기란 거의 불가능하다.

◆　◆　◆

피부 관리 산업이 의학 분야와 합병하면서 의사에게 멸시를 받기도 했다. 마음이 열린 의사조차 환자가 자신에게 물어보는 모든 제품과 새로운 성분을 따라갈 수 없다고 하소연한다. 의료계는 새로운 치료법이 안전하고 효과적이라고 증명될 때까지 소비자들에게 신중하라고 조언한다. 하지만 많은 환자는 "그 방법이 제대로 연구된 것 같지 않아서 저라면 일단 기다리겠습니다"라고 말하는 의사의 소견이 만족스럽지 않다.

레슬리 바우만Leslie Baumann은 증거에 집중해서 열린 마음으로 판단하려 했다. 그녀는 미국에서 이 분야의 첫 학문기관인 마이애미대학 미용의학연구소를 설립하고 피부 관리 산업을 제도적으로 포용하겠다고 나섰다. 바우만 박사는《피부미용 성분학Cosmeceuticals and Cosmetic Ingredients》이라는 두꺼운 학술 도서의 저자로, 다른 피부과 전문의들이 환자 눈높이에 맞춰 설명해야 할 때 이 책이 백과사전처럼 도움이 되길 바란다고 했다. 바우만은 이 책이 긍정적인 결과를 가져오리라 조심스레 기대하고 있다.

바우만이 접수한 혼란의 요지 중 하나는 레티놀Retinol이다. 레티노이드Retinoids는 레티노산Retinoic Acid에서 추출하거나 레티노산과 연관 있는 화학물질을 칭하며 비타민A로도 알려져 있고 미국식품의약국Food and Drug Administration(이하 FDA)에서 의약품으로 승인받았다. 레티노이드는 처방전이 필요한 약품에 첨가돼 있기도 하지만 처방전 없이 약국에서 팔리기도 한다. 레티노이드는 피부를 비롯해 여러 기관에서 세포 성장과 복제를 조절하는 중요한 신호 전달 분자다. 레티노이드는 실제로 피부가 콜라겐을 생성하도록 만드는 유전자를 '켤' 수 있고, 콜라겐을 분해하는 효소 유전자를 '끌' 수 있다는 연구 결과도 있다. 콜라겐이 피부를 '탄탄하고' '탱탱하고' '물렁하지 않게' 잡아주는 구조적 망이 될 수 있는 상황에서, 피부 '노화'가 주로 콜라겐 감소 때문이라면 레티노이드가 '노화 방지'에 효과가 있다는 주장은 어느 정도 타당하다고 볼 수 있다.

하지만 피부에 바르는 콜라겐은 아무 소용이 없다. 바우만의 설명에 따르면 사람의 피부는 크기가 큰 분자를 통과하지 못하게 막아서 콜라겐은 침투하지 못한다. 마시는 콜라겐도 피부에는 도움이 안 된다. 콜라겐은 여느 단백질처럼 소화관에 있는 효소에 분해돼 온전한 형태로 피부에 도달하지 못한다. 콜라겐이 혈류로 흡수된다고 해도 먼저 진피 속으로 끼어들 수 있어야 한다. 마치 새 타이어가 필요한데 연료 탱크에 고무를 넣는 것과 같다. 그런데도 인디 뷰티 박람회 곳곳에서 콜라겐을 볼 수 있고, 그곳에서는 콜라겐이 피부를 탄탄하고 탱탱하게 만들고 주름을 펴고 생기를 되찾게 해줄 것이라고 홍보한다. 누군가가 들으면 완전히 사기라고 하겠지만 질병을 치료한다고 주장하지 않았기 때문에 이런 홍보는 법적으로 전혀 문제가 없다.

새로 콜라겐을 만들려면 비타민C(아스코르빈산^Ascorbic Acid)가 필요하다. 비타민C가 부족한 상태로 몇 달이 지나면 혈관의 결합조직이 손상돼 눈과 잇몸에서 피가 나는 괴혈병이 생길 수 있다. 바우만은 씹어먹는 비타민C 알약 하나만 먹어도 비싼 콜라겐 음료보다 백 배, 천 배는 더 효과적이라고 환자들에게 충고한다.

사람의 몸속 세포에 비타민C를 넣는 확실한 방법은 바로 신선한 과일과 채소 섭취로 유행을 타지 않고 오랜 세월에 걸쳐 효과가 보증된 방법이다. 과일과 채소에는 마이크로바이옴에 유익한 섬유질 등 다양한 성분이 포함돼 있다. 위는 피부에 없는 강한 산이 있어서 비타민C 같은 영양소를 흡수할 수 있는 형태로 분해한다.

국소적으로 바르는 비타민C도 피부를 바꿀 수 있다는 증거가 있다. 한 연구에서 연구원들이 사람들에게 바르는 비타민C를 주고 그들의 콜라겐 유전자의 mRNA(유전자 정보를 전하는 메신저 RNA-옮긴이)를 측정했다. 그 결과 유전자가 활성화됐다는 사실을 확인했고 이전보다 약간 더 콜라겐을 생성할 수 있게 됐다고 밝혔다. 하지만 비타민C를 바르는 것이 먹는 것보다 효과적이라고는 증명하지 못했고, 비타민C와 똑같은 화학물질로 화장품을 만들려면 터무니없이 비싸진다. 무척 인기 있는 제품인 CE 페룰릭Ferulic은 30밀리리터 한 병에 166달러다. 이 제품은 스킨수티컬즈SkinCeuticals에서 만들었고 자외선과 오염 물질로부터 보호한다고 홍보한다. 세 가지 주성분이 병 앞부분에 간단히 명시돼 있다. 바로 비타민C와 E, 그리고 페룰산Ferulic Acid(식물 세포벽에 함유된 성분으로 항산화 작용을 한다-옮긴이)이다.

아마존 사이트에서 세 원료를 각각 구매하면 다 합쳐도 1달러가 안 된다. 개별로 원료를 구매하면 순도 높은 영양제라 용기 속 비타민이 상표에 쓰인 비타민이라는 사실을 미국약전U.S. Pharmacopeia이 증명하며 제삼자가 내용물을 점검해주는 추가 혜택도 얻는다. 화장품에 다른 성분이 섞이면 그때부터 점검 절차는 생략된다. 그래도 CE페룰릭 사용자들은 집에서 직접 만들면 재미있겠다는 내 제안에 반박했다.

많은 제품에 비타민C가 들었지만 CE페룰릭에 들어 있는 산은 피부를 통해 비타민C 성분을 몸속에 전달하는 열쇠다. 하지만 제품이 피부 산성막을 통과할 만큼 pH 지수가 낮지 않는 한 피부는 제품을 겉돌게만 할 뿐이다. 번들거리는(촉촉해 보이는) 피부를 좋아할지도 모르지만 제품에서 영양소가 지닌 그 어떤 항산화 효과도 얻지 못한다. 아무리 병에 붙은 라벨을 읽어봤자 이런 사실을 알 길이 없다.

바우만은 많은 성분과 브랜드가 실제 영양분을 대신한다며 요즘의 현실을 설명한다. 고가 제품은 잘 팔리는데 이런 제품은 가격이 단점이 아니라 오히려 장점으로 작용한다고 한다.

"정말 마음이 아파요. 어떤 여성 환자는 600달러짜리 크렘 드 라 메르Créme de La Mer 제품을 사용한대요. 이 여성은 자신이 피부에 좋은 것만 바른다고 생각하지만 자외선차단제도 레티노이드도 비타민C도 챙기지 않죠."

다른 여성 환자는 아이들을 돌보느라 바빠서 자기 피부를 더 돌보지 못해 죄책감을 느낀다고 했다. 그녀는 오로지 자외선차단제를 바르고 비타민A만 조금 챙겨 먹는다.

"알고 보니 후자의 경우가 피부에 더 좋은 일을 하고 있어서 웃음이 나더라고요."

잘못된 정보가 가장 많은 성분이 무엇인지 묻자 바우만은 주저 없이 "펩타이드"라고 대답했다. 펩타이드는 모호한 종류의 화합물로, 제품은 매우 비싸고 광고 용어로 리바이탈라이징(새롭게 활력을 주고), 리쥬비네이팅(동안 피부로 가꿔주고), 안티에이징(노화를 방지해주고)이 언급된다. 사실상 펩타이드는 그저 단백질 조각이다. 단백질은 아미노산이 사슬 형태로 길게 연결돼 있고 펩타이드는 짧게 연결돼 있다. 사람이 단백질을 섭취하면 긴 사슬들은 펩타이드(그리스어로 '소화된'을 의미하는 peptos에서 유래)라고 불리는 짧은 사슬로 소화된다. 길이와 조합에 따라 아미노산 종류가 워낙 많다 보니 펩타이드에 아무런 효과가 없다고 말할 수는 없다. 하지만 용어 자체가 제대로 정의된 적이 없다고 봐도 될 만큼 넓은 범위에서 사용된다. 펩타이드는 무척 고가 제품에 사용되지만 광고 문구를 증명하기가 극히 어렵고 크림이나 세럼에 첨가되면 다른 성분들과 상호작용을 일으킬 수도 있다.

"펩타이드는 피부에 잘 스며들지도 않습니다." 바우만이 알려준다.

"정말 장난이 따로 없어요. 성장 인자에 관련된 과장 광고도 있습니다."

바우만은 속이 상한 듯 말을 이어갔다. 성장 인자는 세포가 서로 소통하기 위해 이용하는 작은 분자들을 널리 이르는 용어로, 이들의 생물학적 기능은 매우 중요하고 복잡하다. 현재 몇몇 성장 인자는 크림과 세럼에 첨가되기도 한다. 그러면서 피부에 좋은 것처럼, 많아지면 더 아름다워지는 것처럼 판매되고 있다. 이런 분자 부류는 인체 조직에서 생명에 필수적인 역할을 하는 한편 각 분자 유형은 수백, 수천 개에 이르는 여러 신호 전달 분자와 협력하며 정교한 신호 연쇄 반응과 피드백 고리Feedback Loop(어떤 과정을 거쳐 나온 결과가 다시 그 과정에 영향을 미치며 고리 구조 만드는 원리-옮긴이)를 통과하면서 작용한다. 바우만은 분리해낸 성장호르몬을 피부에 바른다는 발상을 축구팀을 해체해놓고 공격수 혼자서 경기를 할 수 있다고 믿는 것에 비유했다. 사람들이 가장 잘못 알고 있는 성분 하나만 알려달라고 했지만 바우만은 쉬지 않고 이어갔다.

"아, 그리고, 전 그 줄기세포 크림도 마음에 안 들어요."

우리 피부에는 줄기세포가 있고, 줄기세포는 계속 증식하며 새로운 세포를 생성한다. 이것이 끊임없이 죽은 세포를 떨어뜨리면서도 피부가 고갈돼 사라지지 않는 원리다. 줄기세포를 피부에 바른다는 개념은 표면상 줄기세포가 더 많으면 피부가 훨씬 더 생기 넘치게 될 것이다, 뭐 이런 이야기인 것 같다. 줄기세포 하면 주로 태아를 떠올리는데 아기들은 비누가 처음 만들어질 때부터 미용 제품이 홍보하는 메시지에 주축을 이뤘다. 하지만 줄기세포를 더 많이 갖는다고 피부가 더 좋아지지 않는다.

남의 줄기세포를 내 피부에 바르고 그 줄기세포가 세포 기저층까지

내려가서 내 줄기세포의 일부가 되기를 기대하는 것도 불가능하다. 더군다나 인간의 줄기세포를 파는 행위는 윤리에 어긋난다. 설령 윤리에 반하지 않는다 해도 화장품 통에 담겨 몇 달간 매장에 진열돼 있으면 줄기세포가 살아남을 리 없다.

지금까지 살펴본 성분을 비롯해 여러 성분이 멈추지 않고 계속 등장하는 것은 다분히 의도적이다. 이런 주장들은 어디선가 들어본 것 같고 일견 타당하게 들리지만 한편으로는 아리송해서 내가 지식이 부족해 이런 내용을 이해하지 못한다고 느끼게 만든다. 사실 누구나 그럴 것이다. 세상은 소비자에게 스스로 전문가가 되라고 하지만, 정보는 한쪽으로 치우쳐 있고 마케팅 홍보는 최소한의 규제도 받지 않는 상황에서 불가능하다. 마치 소비자에게 그저 단념하고 제품을 써보라고 일방적으로 전하는 듯하다. 어떤 과학적 자료나 설명도 누군가의 피부 관리 경험만큼 영향력이 있지 않다. 구매자가 생리학이나 약리학에 관한 질문이 생겼거나 특정 상황에서 어떤 제품이 최선인지 물어보고 싶을 때 객관적인 답을 줄 능력 있는 정보원은 거의 없다. 하지만 우리가 물어볼 생각조차 안 했던 질문에 답을 주겠다고 나선 인물은 많다.

◆ ◆ ◆

2018년 1월, 온라인 발행물 〈디 아웃라인The Outline〉에서는 '피부 관리, 그 속임수에 관해The Skincare Con'라는 제목으로 분열을 초래할 만한 기사를 게재했다. 글쓴이인 크리티카 바라구르Krithika Varagur는 "오늘날 세럼을 구매하는 데 자기 월급을 거의 다 쓰고 자랑스레 떠벌리기까지 사람들을 흔히 볼 수 있다. 최신 미용 동향에는 과학 분야 인물들이 등장하며 소비자를 안심시킨다. 펩타이드, 산, 용액, 늘 그렇듯 소량으로 고가에 팔리는 임상 첨가물을 포함한 여러 성분까지. 하지만 이 모든 것이 속임수다"라고 주장했다. 사실상 미의 기준은 문화에 따라 결정돼야 하지만 증거도 거의 없이 사람을 교묘하게 끌어당기는 마케팅이 넘쳐나면서 사람들은 무조건 자신이 더 나아져야 한다는 발상을 받아들이게 된다는 것이다. 바라구르는 윤기 있는 피부를 강조하던 글로시에가 피부에서 번들거림을 잡아주는 파우더를 판매다는 점을 지적한다.

"이런 게 바로 돌고 도는 자본주의 인생이다."

바라구르는 피부 관리를 옳지 않다거나 피해야 한다고 주장하지 않지만 "본격적으로 피부 관리 제품을 사들이기 전에 왜 그 제품이 좋아 보이는지 생각해보는 것이 도움이 된다"고 했다. 기사는 인터넷상에서 빠르게 퍼지며 크게 비난을 받았다. 여기 트위터에 올라온 글 몇 개를 짧게 살펴보자. "거의 10년간 여드름과 싸우는 사람한테 이 글 보여주고 피부 관리가 중요하지 않다고 해봐라."(좋아요 수 1,400개) "놀랍도록 탄력 있는 내 손을 보면 내가 무슨 세럼을 쓰는지 궁금할걸."(좋아요 수 1,100개) "전 딱 한 번이지만 피부 관리를 받은 뒤 눈으로 봐도 손으로 만져봐도 피부가 좋아져서 자신감이 생기면서 행복했던 그 순간을 절대 못 잊습니다. 그런데 이게 낭비였다니 저는 사기를 당했군요. 내가 그런 끔찍한 결정을 내렸다니. 나한테 뭐가 필요한지 스스로를 믿어서는 안 되겠습니다."(좋아요 수 2,900개)

내 친구 레아는 이 기사의 편집자였고 자기 눈에는 '너무도 탐욕스러운' 산업을 사람들이 이토록 보호하려고 나서는 모습에 크게 놀랐다. 당당하게 목소리를 내는 것은 멋진 일이 아닌가? "진짜 문제는 소비자들에게 지출을 늘려서라도 특정 외모를 추구해야 한다고 부추기는 마케팅과 동안에 집착하는 풍조, 거기에 남성보다는 여성을 목표로 삼은 광고 홍보"라고 레아는 주장한다. 남성과 여성에게 같은 기준을 따르게 하면 별 문제가 안 될 테지만 이론상 어느 산업도 안 그럴 것이다.

트위터처럼 부정적 의견이 부풀려져 사회적 전염이 발생할 수 있는 소셜미디어 외에 오프라인에서는 이 의견을 어떻게 받아들일지 궁금했기에 나는 공중보건 매체 강의 시간에 학생들에게 이 주제를 던져봤다. 반응은 온라인과 다를 바가 없었다. 어떤 학생은 기사 내용이 독자들의 경험이 모두 오해였다고 말하는 듯하고 그러면서 스스로의 감각을 믿으면 안 된다고 충고하는 것 같아 가스라이팅하는 느낌을 준다고 말했다. 반 전체가 일제히 고개를 끄덕였다.

피부 관리에 돈을 쓰는 사람들을 비판하다 보면 인기 있고 좋은 제품 다수가 탐욕스러운 속임수와 한통속으로 엮인다는 문제가 발생한다. 사람들이 잘 속아 넘어간다는 주장은 그들을 자기 허영심에 생각 없이 돈을 쓰는 소비자로 낙인찍으면서 제도의 실패를 개인의 탓으로 돌리는 격이다. 피부 관리에 매달리는 사람들이 훌륭하고 안전하며 쉽게 접할 수 있는 피부 건강 유지법과 철저하게 검사되고 과학적으로 증명된 의료 처치를 포기하고 인스타그램 광고에서 접한 어떤 신비한 세럼을 쓰겠다고 한다면 의사들 사이에서는 우려가 제기될 만하다. 하지만 병원은 사람들의 우려를 해결하지 못했고 규제 기관은 소비자가 무엇을 믿어야 할지 알 수 없을 정도로 마케팅과 광고를 감독하지 못했기 때문에 결국 사람들은 피부 관리 산업을 찾는다. 피부 관리 산업은 희망과 통제를 약속한다. 아무리 세월이 흘러도 제품 하나, 신념 하나, 습관 하나가 피부 문제를 해결하리라는 희박한 가능성을 사람들은 의심 없이 받아들인다.

언론인 마야 듀센베리Maya Dusenbery는 여드름이 심각해서 오랜 시간 힘겨워했다. 그녀의 피부과 의사는 피부를 건조하게 하는 수렴수부터 먹는 항생제와 바르는 항생제, 끝으로 스피로놀락톤Spironolactone(고혈압이나 부종 치료에 사용되는 이뇨제-옮긴이)과 아큐테인처럼 몸에 부담이 되는 약까지 다양한 처방을 내렸다. 방금 언급한 약은 자살 경향성이나 염증성 장질환 같은 심각한 부작용이 있어서 보통 '최후의 수단'으로 알려진 약이다. 듀센베리는 호르몬불균형이 여드름을 악화시킬지 몰라서 가족계획도 미뤘다.

어떤 방법도 소용이 없었다. 스물여섯 살, 새로 처방받은 경구 항생제를 시작하고 겨우 2주 뒤 그녀는 관절에 통증이 생기며 거동이 힘들어졌다. 그녀는 자기 몸이 관절을 공격하는 자가면역질환인 류머티즘관절염을 진단받았다. 그녀는 여전히 의사들이 최선의 치료법을 찾아내리라 믿으면서 류머티즘 전문의를 찾아갔고 의사는 화학 요법에 쓰는 약물인 메토트렉세이트Methotrexate를 비롯해 그녀의 면역체계를 억누르는 약물치료를 했다. 효과가 있었지만 이번에는 머리카락이 빠지기 시작했다. 그녀는 약물치료로 간이 손상되지 않았는지 확인하기 위해 매달 검사를 받아야 했다.

여드름은 항생제를 처방하는 가장 흔한 질환이다. 어떤 환자들은 항생제를 남용하면 위험하다는 증거가 뻔히 있는데도 뭔가 도움이 되겠지 싶은 마음에 몇 달 내지는 수년 동안 항생제를 복용한다. 오랜 시간 항생제를 불필요하게 사용하다 보면 정작 항생제가 필요한 상황에서는 위험해진다. 게다가 장과 피부의 미생물을 혼란에 빠트린다. 그런 변화는 면역체계 기능에도 분명히 영향을 미치는데, 아마도 자가면역질환을 야기하고 악화하는 데 관여하는 것으로 보인다. 마야는 자신이 복용했던 경구 항생제가 류머티즘관절염과 관계가 있다고 의심하기 시작했다.

그래서 그녀는 다른 여드름 치료법을 찾기 시작했고 인터넷을 샅샅이 뒤졌다. 피부 솔질법(유행하는 건강법으로 머리 빗듯이 피부를 솔로 빗어주면 면역체계를 활성화하는 등 여러 이점이 있다고 한다)을 시도하고 90달러를 써서 '소소한 식물성 제품들'을 구매해 식물성 오일로 클렌징하고 식물성 비타민을 먹고 바르고 그 외 여러 방법을 시도했다.

"사람들이 무작정 증명된 치료법을 거부하는 것이 아닙니다. 이 사람들은 필사적이에요. 누구든지 아프면 나아지려고 뭐든 시도할 겁니다." 듀센베리는 말했다. "저도 처음에는 대체 치료를 시도할 생각이 없었지만 아프자마자 '여기 있는 미친 짓을 몽땅 다 시도할 거야'라고 생각하게 됐죠. 판단 기준이 달라졌어요."

가끔은 이런 대체 치료가 작은 변화를 만들었고 듀센베리의 피부는 살짝 빨갛게 올라오거나 좋지도 나쁘지도 않은 상태를 오락가락했다. 하지만 그녀가 가장 호기심을 느낀 대안 치료법은 평소보다 (아주 많이) 덜하기였다. 스스로 문제 해결에 나선 듀센베리는 피부 관리를 검색하다가 인터넷에서 자주 등장하는 용어 중에 '산성막Acid Mantle'이라는 단어를 보게 됐다. 사람마다 산성막이 중요하다 아니다 의견이 분분하지만 용어 자체는 근거가 있다. 사람 피부에 있는 화합물은 기름지기 때문에 산성을 띠고 있다. pH지수로 볼 때 (7이 중성으로 이보다 낮으면 산성이다) 피부는 대략 5 정도다. 이것을 '산성막'으로 부르기 시작한 것은 피부과 전문의 알프레드 마르키오니니Alfred Marchionini와 동료들이 100년 전 작성한 독일 논문으로 거슬러 올라간다. 논문 〈피부 산성막과 세균 방어〉에서 그는 침습성 미생물로부터 피부를 보호해주는 피부 표면의 막을 하나의 개념으로 규정했다.

만약 산성이 미생물로부터 피부를 보호한다면 위험하지 않은 미생물을 다양하고 풍부하게 유지함으로써 같은 효과를 얻을 수 있다. 산성은 피부 생태계의 정상 상태로 우리가 사는 데 도움이 되는 미생물이 잘 지낼 수 있는 환경이다. 그런데 pH지수가 바뀌면 미생물 개체군도 바뀐다. 다른 형태로 침입하는 확률보다 드물기는 하지만 이 역시 질병을 야기하는 불균형 상태다. 피부 건강을 논할 때 pH지수가 중심이 된다면 비누는 좋은 일은 아니다. 비누는 본래 높은 염기성을 띠며 pH지수는 10.3에 달한다. 이는 어쩔 수 없는 현상이다. 비누는 염기성이 약할수록 기름기 얼룩에 잘 달라붙지 않는다. 도브는 피부 연화제가 첨가돼 pH지수가 7이다. 연화제는 도브를 덜 건조하게 만든다. 다른 말로 하면 기름기와 잘 결합하지 못해서 제거를 잘하지 못한다. 또 바꿔 말하면 비누로서 제 할 일을 다 하지 못한다. 비누계의 무알코올 맥주라 할 만하다.

이 모든 것을 알게 된 듀센베리는 피부에서 유분을 제거하는 용도로 만들어진 여러 제품으로 피부를 벗겨내고 있던 것이 문제였다고 깨달았다. 게다가 그녀가 더 꼼꼼하게 씻을수록 피부는 부족한 유분기를 자꾸 만들어냈다. 그녀는 여드름과 싸웠지만 이제는 그 싸움 자체가 문제였다고 확신하게 됐다. 마침내 그녀는 두 손을 들고 모든 싸움을 멈췄다. 그녀는 온라인 게시판에서 수년간 얼굴에 물도 묻히지 않은 사람들의 경험담을 읽었다. 물조차 질병과 연관이 있을지도 모른다는 개념은 지나치다고 생각해서 듀센베라는 샤워를 계속했지만 비누나 샴푸는 쓰지 않았다. 얼굴은 극세사 천에 물만 아주 조금 묻혀 닦았다.

"나아지기 전까지는 오히려 더 나빠졌어요." 그녀는 얼굴을 찡그리며 말했다. 하지만 기름기로 힘들게 두 달을 보내자 문제가 해결되기 시작했다. 건조함과 과한 유분기를 오락가락하던 급격한 변화는 더는 없었다. 그녀의 피부는 변함없이 한결같은 상태를 유지했다. 이는 비누 사용을 줄이기 시작한 사람들에게서 흔히 보이는 현상이다. 비누와 수렴수를 써서 피부가 건조할 때 피지샘이 실제로 기름을 더 분비해서 균형을 맞춘다는 명백한 증거는 없지만, 미생물 개체군에는 확실히 영향을 미친다. 기름기를 먹고 사는 세균 개체군을 계속해서 씻어내면 피부는 더 기름지게 보일 가능성이 있다는 의미다.

듀센베리의 사례에서 우리가 얻는 교훈은 항생제와 스테로이드 처방은 보통 나쁜 의도가 없는 손쉬운 방법이라는 점이다. 대신 이런 약물은 우리에게 필요한 미생물에 해가 될 수 있다. 증상만 서둘러 처리하려는 방식은 독기 이론만큼 구식이며 곧 의학 역사의 잔재로 남게 될 것이다.

듀센베리가 말했다.

"내 피부가 좋다고 말하고 싶지는 않아요. 한 달에 뾰루지 한두 개쯤은 작게 올라오겠죠."

이제 믿을 만한 마케팅 문구가 등장한다.

5장

우리 몸에
해독이 필요한 이유

DETOXIFY

"변호사와 상담해봐." 여자 친구는 계속 재촉했다.

"범죄가 아니야." 나는 몇 번이나 말했다.

"자신하는데 이건 범죄가 아니라니까."

행정 절차를 살펴보면 피부 관리 사업을 시작하는 일은 놀랄 만큼 쉽다. 사전 지식이나 경험 없이 사업에 뛰어든 것 같은 비누 제조자와 피부 관리 사업가를 하도 많이 접하고 그중 몇 명은 억만장자까지는 아니라도 백만장자가 될 거라는 이야기를 듣고 나자 나는 피부 관리 제품을 시장에 내놓는 것이 정말 그렇게 쉬운지 확인해야 했다. 실제로 어떤 제품도 팔 생각은 없었지만 절차를 체험해보고 싶었다.

실제로 뭔가를 출시하는 것이 어떤 절차로 진행되는지 알아보기 위해 피부 관리 제품 하나를 만드는 것으로 시작했다. 불법적인 일을 꾸미는 것은 아니었지만 혹시라도 내가 양심의 경계를 넘어선다면 누군가 소신 있게 말해줄까? 아니면 정부에서 나를 막아 세울까?

산업 전반을 둘러보고 기록하면서 나는 기억에 남는 브랜드명과 타깃 고객이 필요하다는 것을 알게 됐다. 내 회사의 광고 표어는 '브런슨+스털링 Brunson+Sterling: X나게 완벽한 피부를 위한 남성용 화장품'이 될 것이다. 이름에 나오는 단어들은 아무 의미 없다. 그냥 그럴 듯해서 넣어봤다.

나는 삽화가이자 디자이너인 동료 케이티에게 회사 로고를 만들어달라고 했다. 우리는 워싱턴 DC에 있는 샐러드 가게에서 만나 같이 점심식사를 하기로 했는데 어쩌다 보니 두 시간 만에 훌륭한 전략을 세웠고 그 뒤로 대용량 구매 비용, 맞춤 제작 웹사이트, 인스타그램 홍보 협력자들을 포함한 문서까지 완성했다. 목표는 미니멀리스트 미학에 최대한 남자다움을 담고 요즘 유행하는 용어와 '인기 있는' 성분도 되도록 많이 첨가하는 것이었다.

이 제품에 어떤 성분을 담을까? '내추럴'이라고 광고할 수 있을까? 유기농? 힐링? 나이를 거스르는? 나이가 어려 보이는? 나이를 지우는?

답은 모두 "그렇다"다. 나는 내 제품이 특정 질병을 치료할 수 있다고 주장하는 것 외에는 무엇이든 할 수 있었다. 업계를 감독하는 기관인 FDA에 제품을 팔겠다고 신고하며 내 주소를 알렸고, 이것으로 새 회사에 필요한 정보는 다 건넨 셈이다. 나는 제품 성분을 공개할 필요도, 제품이 안전하다거나 어떤 효과가 있다고 증거를 제공할 필요도 없었다.

다음으로 제조법에 착수했다. 대부분은 아닐지라도 많은 피부 관리 제품은 약국이나 잡화점에서 구할 수 있는 재료로 만들 수 있어서 일단 장을 보러 갔다. 홀푸드마켓에 가서 요즘 유행하는 성분인 호호바 오일 Jojoba Oil, 비타민C, 콜라겐, 아카시아 섬유소(프리바이오틱 Prebiotic 으로 장내 유익균의 먹이가 되는 성분-옮긴이), 강황, 시어버터, 꿀, 코코넛오일을 샀다. 주방에서 재료를 모두 그릇에 담아 섞은 뒤 아마존 사이트에서 주문한 50그램 용량의 갈색 유리병에 내용물을 담아 스티커 용지에 출력한 라벨을 인쇄해서 붙인 다음 스퀘어스페이스Squarespace(웹사이트를 구축해주는 플랫폼-옮긴이)에 제품을 올렸다. 전 과정은 한나절이 걸렸고 비용은 약 150달러가 들었다. 브런슨+스털링의 주력 제품, 젠틀맨스 크림Gentleman's Cream이 탄생했다.

홈페이지에는 제품의 효능에 대해 아무런 설명도 하지 않았고 오직 성분만 나열한 채 막연히 남성다움을 느낄 색을 사용했다. 간결하게 미니멀리즘을 구현하려고 신경 썼다. 나는 제품을 직접 바르지 않았고 지인에게도 주지 않았다. 어쩌다 판매가 이뤄진다면 적절하게 판매 거부를 알리는 것도 중요했다.

내가 팔려는 제품이 위험하다고 생각할 이유는 없다. 재료만 보면 모두 FDA가 '보편적으로 안전성을 인정한' 성분이다. 하지만 내가 제품을 시험해보고 브런슨+스털링 젠틀맨스 크림이 아무런 효과가 없거나 혹은 해롭다는 증거가 나올 것 같은 낌새라도 발견한다면 윤리적 판단에 따라 프로젝트를 포기해야 할 것이다.

혹시라도 내 제품이 콜라겐 생성을 증가시켜서 진정으로 '노화 방지' 효과가 있다고 증명된다고 해도 나는 사람들의 유전자를 망치는 제품을 팔고 있었다는 사실로 죄책감을 갖게 될 것이다. 내가 만든 크림을 약품으로 등록하지 않으면 유전자 관련 내용을 라벨에 언급할 수 없다. 제품을 약품으로 등록하려면 안전성을 확인하기 위해 제품에 여러 단계의 안전 검사를 실시해야 하고 구매자들에게 처방전을 받으라고 요구해야 한다.

나는 젠틀맨스 크림 50그램 한 병에 200달러라는 가격을 책정했다.

◆　◆　◆

피부 관리 제품은 세 가지 분야인 비누, 화장품, 의약품 중 하나(혹은 두 개 이상)로 규제된다. 이런 구분은 단지 행정상 편의에 따라 선을 그은 것이 아니다. 제품을 규제하는 방식뿐 아니라 제품 출시와 제품 사용법까지 규정한다.

먼저, 비누를 살펴보자. 비누로 출시된 모든 제품이 FDA의 정의를 충족하지 않는다는 점을 알린다. FDA는 제품의 세정력이 (합성세제와 달리) 지방과 염기성 물질이 결합해서 발생하고, 오로지 비누로 포장되고 팔리고 홍보될 때만 비누라는 용어를 적용한다고 설명한다. 비누는 장난감이나 공구 같은 가정용품과 함께 미국소비자제품안전위원회Consumer Product Safety Commission라는 기관에서 규제한다. 이 위원회는 제조사들에 안전 기준을 준수하라고 요구할 뿐 수백 개에 달하는 소비자 제품이 시장이 나오기 전에 점검할 능력은 부족하다. 대신 위원회는 제품을 소급해서 검토하는데 위험한 사고가 발생하고 나서야 실시하기 때문에 문제다. 일례로 2018년 10월, 위원회는 월마트에 오자크 트레일Ozark Trail 손도끼 전 모델을 대상으로 리콜을 실시하라고 요청했고, 이는 "도끼 머리 부분이 손잡이에서 빠지는 경우가 있어 부상을 초래할 수 있다"고 소비자들에게 보고를 받은 뒤였다.

위원회의 공식 목표는 '수천 개에 이르는 소비자 제품을 사용하다 발생하는 불합리한 부상과 사망의 위험에서 대중을 보호'하는 것이라고 한다. 많은 보수 정치인이 이 정도 목표도 경제에 해가 되는 규제라고 주장하고 있지만 소비자 제품과 관련한 부상, 사망, 재산 피해로 해마다 1조 달러에 달하는 국가 손실이 생긴다. 도끼도 출시되기 전에 승인 절차를 거칠 필요가 없는데 하물며 비누는 어떨까?

물론 비누는 피부 관리 시장에서 점유율이 점차 낮아지고 있다. 세정제(라벨에는 여전히 '비누'라고 표시돼 있기도 함)가 든 개인 관리 용품은 화장품으로 여겨져 식품과 의약품처럼 FDA가 감독한다. 미국연방식품의약품화장품법The Federal Food, Drug, and Cosmetic Act은 화장품을 "신체에 바르고 붓고 뿌리고 분무하거나, 주입하거나, 혹은 다른 방식으로 적용하는 물품으로 몸을 청결히 하고 미화하고 매력을 높이고 외모에 변화를 주기 위해 사용한다"라고 용도에 따라 정의한다. 수분크림, 향수, 매니큐어, 색조화장품, 샴푸, 파마약, 염색약, 체취방지제가 이에 속한다.

반면에 의약품은 "질병을 진단하고 치료하고 완화하고 처치하거나 예방할 목적으로 정해진 물품"과 "사람이나 동물의 신체 구조나 기능에 영향을 줄 목적으로 정해진 물품(식품 제외)"이다. '모발 성장 회복', '셀룰라이트 감소', '하지정맥류 치료' 또는 '세포 재생'이라고 홍보하는 제품들은 의약품으로 규제된다.

정해진 용도는 다양하다. 보통 라벨과 광고 홍보를 통해 소비자에게 전달된 의도를 말한다. 내가 아픈 다리를 치료하려고 유튜브 최면요법 동영상을 보고, 발바닥 사마귀를 처치하려고 강력 접착 테이프를 붙이고, 혹은 위의 통증을 누그러뜨리려고 쥐약을 먹는다고 해도 내 기괴한 의도만으로는 이런 제품들이 의약품으로 인정받지 않는다. 의약품은 사용하는 '소비자 인식'에 따라 규정되기도 한다. 그래서 대마초는 아무리 그림이 그려진 쿠키 모양으로 팔리고, '황홀경'에 이르게 한다든지 '기분 좋게 취하게' 한다고 장담하거나 '죽여준다'라는 표현을 언급하지 않아도 의약품으로 분류된다. 대중의 인식에는 이미 그렇게 자리 잡았기 때문이다.

피부 관리 회사들이 곤경에 처하는 경우는 제품을 의약품으로 등록하지도 않고 의약품처럼 홍보하며 판매할 때뿐이다. 어떤 길을 택할지는 판매자에게 달려 있다. 새롭게 등장하는 많은 피부 관리 제품이 마치 의약품인 양 홍보한다. 미의 기준이 더 '자연스러운' 모습으로 바뀌면서 많은 제품이 피부를 더 좋아 보이게 하거나 최소한 달라 보이게 하려고 피부 구조와 기능을 바꾼다고 홍보한다.

그런 제품들이 화장품 및 의약품으로 간주되며 제품의 범주를 확장한다. FDA는 자외선 차단 기능이 있다고 홍보하는 비듬용 샴푸와 수분크림을 예로 든다. 다른 제품으로는 에센셜 오일이 있는데 향수로 출시되면 화장품으로 받아들여지지만, 숙면을 유도하거나 금연에 도움이 된다고 홍보하며 특정 '향기 요법'을 내세우면 의약품으로 인정된다.

화장품과 의약품의 경계선은 불분명하지만 규제는 하늘과 땅 차이다. 의약품은 시장에 나오기 전에 안전하고 효과적이라는 증거를 모으기 위해 수백만 달러나 되는 비용을 지불하며 다년간 임상시험을 실시해야 한다. 화장품은 안전성을 승인받거나 증명할 필요가 없다. 이런 불일치는 때론 국민적 관심을 받기도 한다. 2017년 주요 언론 매체들은 헤어 스타일리스트 채즈 딘Chaz Dean이 만든 클렌징 컨디셔너 '웬WEN'이 '유독한 화학물질 전혀 없이' 순하다고 광고하는 내용과는 다르게 엘리아나 로렌스Eliana Lawrence라는 어린아이에게 탈모를 일으켰다는 주장이 제기됐다고 보도했다. 아이의 사진은 소셜미디어에서 퍼져나갔고, 이를 확인한 미국 상원의원 다이앤 파인스타인Dianne Feinstein과 수잔 콜린스Susan Collins는 엘리아나를 직접 만났다. 보도에 따르면 아이는 두 상원의원에게 머리가 빠지기 시작하자 너무 무서웠다며 아직도 탈모로 학교에서 놀림을 당한다고 말했다.

FDA는 소비자들에게 제품이 유해하다는 제보를 127건이나 받았고 2014년에서야 웬을 조사했다. 2016년까지 제보 건수는 1,386건까지 증가했다. 제조사도 탈모나 두피 염증 등으로 2만 1,000건이나 불만을 접수했지만 FDA에 알리지 않았다는 사실이 밝혀졌다. 제조사는 지금도 알릴 의무가 없다. 이런 상황에서도 회사는 제품이 유해하다는 엘리아나의 기사 내용을 단호하게 부인했다. 회사 대변인은 당시 이렇게 말했다. "웬 제품이 탈모를 일으킨다는 허위 주장을 뒷받침할 증거가 없습니다." 컨디셔너는 여전히 시중에서 판매되고 있다.

특정 제품이 유해하다고 확실히 증명하기는 매우 어렵다. 제품을 사용한 여러 사람에게서 질환이나 반응이 빠르고 분명하게 나타나지 않으면 상황은 대개 우연으로 치부되고 묵살된다. 법은 허술하고 FDA는 인력이 부족해서 제품이 규제 조치의 대상이 되는 일은 매우 드물다. 하도 드물다 보니 어떤 제품이 유해하다고 증명되면 그때는 전국적으로 보도한다.

사건이 어쩌다 한 번씩 터지니 소비자들은 개인 관리 용품에서 받는 피해가 드물다고 생각하게 된다. 어쩌다 상한 달걀을 발견하면 바구니에서 재빨리 골라내면 된다고 여기는 듯하다. 하지만 입증할 수 있는 사건인데도 혹은 회사가 실수를 인정하고 제품을 시장에서 철수하겠다고 동의를 해도 그 절차만 수년이 걸릴 수 있다. 2017년 청소년층을 대상으로 하는 액세서리 매장 클레어스Claire's는 10대 소녀를 겨냥한 화장품(매력에 빠지게 하는 무지개 하트 메이크업 세트와 메탈릭 핫 핑크 반짝반짝 메이크업을 포함해서) 몇 가지에서 예리한 섬유 조직인 석면이 포함돼 흡입하면 치명적인 암을 유발할 수 있다는 보도가 나간 뒤 제품 리콜을 실시했다. 언론이 부정적으로 보도한 이후 클레어스는 법적 의무는 없었지만 제품을 회수하기로 결정했다. FDA는 제품을 회수하라고 회사에 강요할 수 없다. 안전에 대한 결정은 온전히 회사의 양심에 달려 있다.

2019년 3월이 돼서야 FDA 국장 스콧 고틀립Scott Gottlieb은 FDA가 클레어스 화장품을 검사했고 석면이 포함됐음을 확인했다고 발표했다. 그는 이 사건을 계기로 대중에게 토로했다. "화장품 산업은 급격히 확장하고 혁신해나가고 있다"라고 운을 떼며 2013년 733억 달러 매출에서 5년 뒤인 2018년에는 882억 달러로 증가했다고 자료를 인용하면서 "그렇지만 연방식품의약품화장품법 조항들은 1938년 처음 제정된 이래 한 번도 바뀌지 않았다"라고 언급했다.

1900년대 초반까지 의약품은 화장품과 비누, 그 외 일반 가게에서 판매되는 여러 품목과 한 부류로 인식됐다. 정부는 자기 관리 용품은 '특허 의약품' 범주에 속한다고 판단했다. 어떤 제품이라도 의사처방전 없이 살 수 있었다. 강력한 마약 성분이 담긴 강장제와 음료에는 대개 라벨이 없었다. 있다고 해도 성분이 확실하게 적혀 있다는 보장이 없었다.

1906년 시어도어 루스벨트Theodore Roosevelt 대통령은 순수식품의약품법Pure Food and Drug Act에 서명하며 이 관행에 종지부를 찍었다. 법은 주간 통상에서 '유독하거나 유해한 식품, 의약품, 술'의 제조, 판매, 운송을 금했다. 부정하게 표시하고 불순물을 섞은 제품도 역시 금지했다. 더 중요한 것은 드디어 법이 의약품을 규정하기 시작했다는 점이다. 코카인, 대마초, 아편, 헤로인을 포함해 열 가지 유효 성분을 법으로 지정해 특허 의약품 제조자가 이들 성분을 사용하면 소비자에게 고지하도록 했다. 성분이 합법적이어도 라벨에 명시해야 했다. 누구도 자신이 헤로인을 복용하는지 모른 채 헤로인을 구매해서는 안 된다고 루스벨트 대통령은 판단했다. 일단 제품이 해롭고 중독성이 있다고 알려지면 제품을 계속 팔아도 되는지 의문이 제기된다. 순수식품의약품법은 단지 투명성을 나타내는 법이다. 하지만 이 법으로 안전하지 않은 특정 약품을 금지하려는 움직임이 시작됐고 뒤이어 안전하지만 효과가 없는 제품도 금하려는 노력이 이어졌다.

미국 농무부 산하에서 전문적으로 연구를 실시하던 화학국이 처음 관리할 당시에는 이런 기준들이 명확하지 않았다. 대부분 의약품의 안전성은 사람이 복용하는 양에 따라 달라진다. 이러한 문제점을 해결해달라는 요청이 점점 늘어나자 1927년 화학국은 완전한 규제 기관으로 탈바꿈하고 식품의약 및 살충제국(살충제는 3년 뒤 이름에서 제외된다)으로 명칭을 변경했다. 1938년 순수식품의약품법은 더 광범위하게 연방식품의약품화장품법으로 교체됐고, 시어도어 루즈벨트의 친척인 프랭클린 루스벨트Franklin Roosevelt 대통령이 서명했다. 그러고 나서 모든 것이 멈췄다. 이 법은 지금까지도 모든 식품, 의약품, '생물학적 제제' 화장품, 의료 기기를 규제하는 연방 법규의 근거로 남아 있다. 의회는 이제까지 법을 개정하지 않았다.

반면 제약 회사들은 제품이 어느 정도 효과가 있고, 유해하다는 증거가 나오지 않는다고 보여주는 임상시험을 거칠 때까지 제품을 시중에 내

놓을 수 없다. 전 과정은 수년이 걸리고 비용은 수백 달러가 든다. 약이 시중에 유통되더라도 TV 광고 절반이나 되는 시간에 유해 부작용을 잔뜩 열거하지 않으면 광고도 할 수 없다. 광고는 여전히 윤리적으로 의심스럽고 임상시험 과정도 완벽하다고 볼 수 없지만 적어도 어느 정도 규제하고 있고 품질 관리도 이뤄지고 있다. 그런데도 대중은 몸에서 가장 크고 구멍이 많은 기관에 매일 바르는 피부 관리 제품보다 제약 업계가 제공하는 의약품을 더 불신한다.

"현재 화장품 산업에서는 시장에 화장품을 출시한 회사나 개인이 자기 제품의 안전성과 라벨 표기에 직접 책임을 진다." 고틀립은 트위터에 올린 언론 성명(게시글-1938년 혁신)에서 다음과 같이 밝혔다. "이는 결국 화장품 제조사가 제품을 FDA에 등록할 때 안전성 검사를 실시할지 말지 스스로 정할 수 있다는 뜻이다. 분명히 말해서 지금으로선 미국 소비자에게 제품을 판매하는 화장품 제조사들에 제품 안전성을 검사하도록 강제할 법적 조항이 마련돼 있지 않다."

고틀립은 '현재의 패러다임을 바꾸기' 위해 '이해관계자들과 함께' 취할 수 있는 방법을 조심스럽게 제안하며 끝을 맺었다.

"의무적으로 등록하고 목록을 작성할 것, 제조 관행을 확실히 규제할 것, 유해 사례를 의무적으로 보고할 것, 기록에 접근할 수 있게 협조할 것, 의무적으로 리콜을 실시할 것, 화장품에 포함된 알레르기 유발 항원을 고지할 것, 성분을 검토할 것을 포함한다."

업계에서 이것들을 반드시 포함해야 한다는 의미인지 고틀립에게 트위터상에서 공개적으로 물어봤다. 당시는 그가 미리 밝힌 대로 사임을 앞두고 있을 때였다. 나는 이렇게 글을 남겼다.

"제가 질문하는 이유는 사람들이 대부분 이런 절차가 이미 시행 중이고, 제품이 유해하다고 밝혀지면 당연히 FDA가 회사에 리콜을 요구할 줄 알고 있기 때문입니다. 의사이자 규제 기관의 수장으로서 반드시 그래야 한다고 말할 수 있는 확고한 위치에 계실 텐데요."

고틀립은 답장을 보내지도 입장을 밝히지도 않았다. 규제 기관의 수장조차 자신이 맡은 기관이 시중에 팔리는 제품에 무슨 성분이 들었는지 알아야 할 권한을 가져야 한다고 공개적으로 주장하지 않는다면 우리는 안전성을 보장할 감독 기능을 어디서도 기대할 수 없다. FDA는 유해한 제품의 리콜을 강요할 수 없을뿐더러 제품이 안전한지 확인하기 위해 개인 관리 용품(착색제는 제외)에 든 성분을 검토할 권한도 없다.

그 결과 오랫동안 소비자 안전보다 경제 성장을 중요하게 여긴 미국에서는 오직 열한 개 성분만 개인 관리 용품에 사용을 금하거나 제한한다. 한편 유럽연합과 캐나다는 수십 년 동안 개인 관리 용품에 포함된 성분을 검토해왔다. 유럽연합에서는 1,500개가 넘는 화학물질을, 캐나다에서는 약 800개의 화학물질을 개인 관리 용품에서 금지하거나 제한한다. 2019년 캘리포니아주 의원들은 개인 관리 용품에서 납, 포름알데하이드, 수은, 석면, 그 외 잠재적으로 유해한 화합물 사용을 금지하는 법안을 발의했고, 제정되면 미국에서 이 분야 최초의 법률이 된다. 이 글을 쓰는 지금까지는 노력의 결실이 보이지 않는다.

피부 관리 규제의 과거와 현재를 알고 나니 브런슨+스털링으로 규제 기관과 골치 아프게 엮일까 우려했던 마음이 한결 가벼워졌다. 실제로 200달러짜리 크림이 팔릴 만큼 광고하지는 않았지만 내 화장품 사이트는 지금도 인터넷상에 남아 있다. 내가 생각해도 너무 사악했다. 그래도 언젠가는 제대로 사업을 할 수 있을 것 같다. 그전에 내 브랜드를 1억 달러에 팔 용의도 있다.

◆ ◆ ◆

재개발로 고급스러워진 브루클린 고와너스 상업지역에 있는 한 낡은 공장 건물에서 모퉁이를 돌자 라벤더 향기가 훅 치고 들어온다. 저 멀리서 나는 향기를 따라가 문 앞에서 초인종을 누르자 레이첼 위너드**Rachel Winard**가 요리사복을 입고 응답했다. 나는 체취방지제를 만들기 위해 이곳에 왔다.

위너드는 솝왈라**Soapwalla**의 창립자로, 성별에 상관없는 미니멀리스트용 화장품 라인을 소규모로 정성껏 제작해서 판매하고 있다. 오전 9시지만 위너드는 한참 전부터 이곳에 와 있었다. 커다란 원룸 아파트 정도 공간이 회사의 실험 주방이자 생산 시설이자 유통 센터다. 직원 네 명은 여러 업무로 바쁜 와중에 위너드와 나는 문 옆에 매달린 샌드백을 지나 (위너드는 권투를 한다) 상업용 주방으로 향했다. 그곳에는 케이크 믹스 같은 미색 가루가 가득 담긴 큰 믹싱볼이 작업대 위에 놓여 있어 마치 케이크 반죽을 만들어야 할 것 같았다. 위너드는 이 가루를 세상에 알릴 수 있어서 감사하다고 말하면서 만드는 과정이 무척 간단하다고 미리 알렸다. 우리는 대화를 나누면서 작업했다. 그녀는 가루에 물을 붓고 저은 다음 혼합물을 57그램 정도 통에 담았다. 나는 통을 뚜껑으로 막고 혼합물이 굳어지도록 냉장고에 넣었다.

회사 이름을 그대로 쓴 솝왈라 체취방지제의 제조법은 일급비밀이다. 위너드는 이런 말을 웃으며 했지만 진심이다. 내가 도착하기 전에 재료를 다 섞어 놓은 것을 보면 안다. 솝왈라 체취방지제는 2011년쯤 입소문을 타고 명성을 쌓았는데 위너드는 배우 올리비아 와일드Olivia Wilde가 공개적으로 제품을 칭찬했다는 사실을 나중에야 알았다고 한다. 인플루언서들이 활동하기 전 암흑 시대였고 위너드는 제품을 추천해달라고 누군가에게 돈을 지불하거나 홍보하지 않았다. 그녀는 당시 주방에서 체취방지제를 만드느라 여념이 없었다. 체취방지제의 인기는 블로그에서 블로그로 사람에서 사람으로, 제품이 추천되는 가장 정직한 방식으로 퍼졌다. 제품이 좋았기 때문이다. 솝왈라 체취방지제는 손가락으로 바르는 크림 형태다. 이 제품은 '내추럴한' 체취방지제에 속하며 이는 성분이 순하거나 성분표에 분자명이 포함돼 있지 않았다(화학물질이 포함되지 않다)라는 기표가 될 뿐 엄밀히 따지면 막연하다. 내추럴한 체취방지제는 오랫동안 스틱 형태 체취방지제에 사용된 전통적인 항생제 화합물질을 쓰지 않는 대신 좋은 향기가 나고 항균성도 지닌 에센셜 오일을 사용해 냄새를 완화한다. 분비샘의 기능을 방해하기 위해 전통적인 발한억제제에 사용했던 알루미늄 성분 대신 점토 혼합물이나 피지를 흡수하는 분말 성분을 사용한다.

단순하고 기본적으로 비슷할 수밖에 없는 내추럴 체취방지제 중에서도 위너드는 특출난 제품을 만들어낸 듯하다. 내추럴 체취방지제를 사용했다가 처참히 실패하고 방황한 많은 사람에게 솝왈라는 산뜻함이라는 항구에서 오래 기다려온 등대의 불빛처럼 찬란히 빛난다. 나는 일반 스틱 제품에서 넘어와 솝왈라 제품을 사용했고 기존 제품만큼 효과를 봤다. 하지만 이 제품을 계속 사용하지 않는 진짜 이유는 제품의 판매 방식 때문이다. 포장은 눈에 잘 안 띄고 광고는 거의 안 한다. 솝왈라는 인스타그램 계정을 보유하고 있지만 인플루언서와 관계없이 운영된다. 계정에는 어떤 모델도 등장하지 않는데 이는 사용 대상과 몸매라는 미의 기준을 제안하면 소비자가 그 모습을 최적화된 개념으로 한정할 수 있다는 우려 때문이라고 한다.

위너드가 피부 관리 산업에 들어선 것은 예상 밖의 일이었다. 열두 살때 그녀는 전국을 누비며 콘서트에서 연주하던 바이올리니스트였다. 만열여섯 살에 고등학교를 졸업하고 줄리아드 음대에 다니기 위해 서부 해안 지역에 있는 집을 떠나왔다. 연주를 사랑했지만 음악으로 생계를 유지해야 하는 상황은 힘들었다. 그녀는 음악에 뛰어들 때처럼 단호하게 밖으로 나왔다. 그리고 미국 법학대학원 입학시험LSAT을 치르고 컬럼비아대학교 법학대학원에 다니게 됐다.

위너드가 법학대학원에 다닌 지 이틀째 되던 날은 2001년 9월 11일이었다. 그 후로 몇 주, 몇 달 동안 위너드는 사고 장소에서 자원봉사를 했다. 봉사 활동을 하는 많은 사람과 마찬가지로 먼지로 변한 잔해를 들이마시다 보니 건강도 점점 나빠졌다. 몸이 스스로를 공격하기 시작한 것은 그맘때쯤이었다. 거기서 뭔가에 노출된 탓인지 감정이 동요한 탓인지 아니면 우연인지 그녀는 확신할 수 없다. 몇 주 안 돼 그녀는 건강했던 모습이 온데간데없이 사라지고 자리에서 거의 일어날 수 없을 정도로 변했다. 몸이 완전히 무너졌고 기력은 남아 있지 않았다. 그녀 말로는 우울증 같지는 않았지만 내면에서 생명을 송두리째 빨아낸 것 같았다고 했다.

먼저 피부에서 시작됐다. "저는 10대 때는 여드름이 나지 않았어요. 피부가 건조하거나 유분이 많이 생기는 문제도 전혀 없었어요." 그녀는 말했다. 하지만 그해 가을, 얼굴과 팔에 얼룩덜룩하게 나타났던 붉은 발진은 관절 통증과 고열로 발전됐다. 여러 의사를 만나면서 1년을 보내고 나서야 다양한 징후로 악명 높은 자가면역질환 루푸스Lupus로 진단받았다.

"저는 피부가 탄광 속 카나리아 같다고 생각해요. 몸 전반에 문제가 생기기 시작하면 본격적으로 진행돼서 어쩔 도리 없이 고통을 느끼기 전에 피부에서 먼저 드러나요. 그걸 인지하지 못하면 고통을 그냥 받아들일 수밖에 없죠."

위너드는 루푸스를 치료하려고 각종 면역억제제를 복용했고 증상은 가끔씩 나아지기도 했지만 피부는 계속 나빠지면서 더 붉어지고 가려워졌으며 화끈거리고 쓰라렸다. "상태가 너무 안 좋을 때는 물도 못 댔어요." 그녀는 과거를 떠올렸다. "그래서 필사적으로 시중에 나온 제품을 샅샅이 뒤졌어요. 저자극성, 민감성 피부용, 내추럴, 유기농이라고 쓰인 제품을 있는 대로 찾았어요. 이런 용어들도 2003년 당시에 막 등장하기 시작했죠."

그녀는 여전히 더 청결하려고, 원인이 될 만한 것을 떨쳐버리려고 애썼지만 증세는 더 나빠지는 것만 같았다. 그러던 어느 날 밤이었다. "완전히 자포자기한 상태에서 피부를 몽땅 벗겨내버리기 전에는 잠을 잘 수가 없을 것 같아서 한번 생각해봤어요. '이렇게는 도저히 못 살겠으니 차라리 내가 뭔가를 만들어야겠다.'라고요"

위너드는 재료를 혼합하는 과정을 반복하며 자신에게 나쁜 냄새가 안 나면서도 피부를 자극하지 않을 만큼 순한 결과물을 찾아내려 했다. 그 과정에서 현재 사랑받는 체취방지제의 제조법을 알아냈고 쓰기 시작했다. 스스로 탐구하는 기간에는 변호 일을 쉬면서 안식년을 가졌고 새롭게 마음을 다지려고 1년 동안 인도에서 지냈다. 요가를 시작했고 음식에도 더 신경 쓰게 됐다.

온갖 노력이 섞이며 언젠가부터 피부가 가라앉았고 건강이 돌아왔다. 마치 면역 반응이 정상 톱니바퀴에 다시 물린 것 같았다. 그녀는 변화를 만들어낸 자신의 노력을 하나로 줄일 생각이 없다. 엄청 꼼꼼하게 씻던 습관을 멈추고, 제조 과정을 최소화해 직접 만든 숍왈라 세럼을 바르고, 뉴욕을 떠나 카타르시스를 느끼는 것 등이 모두 포함된다. 그녀는 위의 내용에 몇 가지를 추가해 해답으로 제시한다. 면역체계 장애는 스트레스, 수면, 신체 활동, 그 외 우리가 먹고 바르는 모든 것과 떼려야 뗄 수 없는 관계다.

이는 가끔 뚜렷한 이유 없이 차도를 보이다가 건강해지는 과정을 겪는 많은 만성질환 환자에게 익숙한 경험이다. 병세가 호전되는 시간이 일종의 북극성인 셈이다. 고통을 심하게 겪은 뒤 통증이 완화되면 그 순간 무엇을 하고 있든 그 행동이 병을 낫게 하는 해답처럼 보인다. 의사가 하는 어떤 조언보다 그 행동을 지속하려는 본능이 강할 수밖에 없다. 그녀는 새롭게 바꾼 생활 방식을 지속하려고 노력했다. 그리고 거의 대부분 효과가 좋았다.

드디어 자신에게 맞는 체취방지제 제조법을 찾아낸 위너드는 2009년 자신과 비슷한 상황에 처한 사람들에게 제품을 판매해야겠다고 결심했다. 그녀는 벤처 자금을 받지 않았고 제품을 광고하지도 않았다. 제품은 친구들 사이에서 입소문을 타다가 2010년 블로그로 시끌벅적했던 인터넷상에 퍼지기 시작했다. 위너드는 남는 시간에 가끔 들어오는 주문을 채우다가 2년이 채 안 돼 다니던 법률 회사를 그만두고 본격적으로 회사를 운영하기 시작했다.

숍왈라 체취방지제가 많은 사람에게 효과를 보이는 이유와 원리(그리고 내가 대화를 나눈 여러 사람에게는 왜 효과가 없는지)는 명확하지 않다. 위너드는 수분을 흡수하기 위해 점토를 첨가하는데 이는 수 세기 전부터 전 세계에 알려진 방식이다. 나와 이야기를 나눴던 미생물학자들은 어쩌면 분말과 에센셜 오일의 배합 비율이 체취를 만드는 미생물종을 제외한 다른 종이 잘 자라게 해 미생물 개체군에 균형을 잡거나 변화를 줬을지 모른다고 추측했다. 이는 효과를 보려면 시간이 걸릴 수 있다는 뜻이기도 하다.

체취방지제를 완전히 끊는 것이 가능하다고 확신했는데도 나는 며칠마다 한 번씩 숍왈라 제품을 사용하게 됐다. 아무것도 사용하지 않을 때는 뭔가 안 좋은 냄새가 나지 않을까 살짝 신경이 쓰였는데 제품을 쓰고 나서는 그럭저럭 괜찮은 냄새가 난다는 느낌을 받았다. 이런 시행착오를 겪으면서 나는 직접 체험하는 피부 관리 실험에 더 깊이 빠져들었다. 제품이 효과를 보이면 전으로는 되돌아갈 수 없다.

위너드가 피부 관리 분야에서 가장 두드러지게 기여한 부분은 널리 사랑받는 체취방지제를 만든 것보다도 잘못된 방향으로 나아가기 쉬운 업계에서 그녀가 택한 방식이다. 위너드는 특정 외모, 향기, 기분을 가져야 한다며 이익에 필요한 기준을 소비자에게 강요하지 않고도 업계가 충분히 살아남을 수 있다는 것을 스스로 증명해 보인다. 기업가 중에도 사람들에게 제품을 더 많이 발라야 한다고 또는 특정 방식으로 보여야 한다고 또는 엄두도 못 낼 기준을 끊임없이 추구하며 살아야 한다고 부추기지 않는 부류도 있다. 시대가 변하면서 피부 관리에서도 미니멀리스트 운동이 탄력을 받고 있다.

아디나 그리고레Adina Grigore는 뉴욕 인디 브랜드 분야의 또 다른 인기 스타로 샤워를 안 하면서 피부 관리 회사를 차린 희귀한 경우다. 회사는 S.W.베이직스S.W. Basics며 사람들이 피부에 덜 신경 써야 한다는 철학을 갖고 있다. "제 화장품으로 전하고자 하는 메시지는 '젠장 피부 좀 가만히 놔두세요!'입니다"라고 그리고레는 말했다. "최대한 피부를 그냥 놔두는 거예요."

그리고레는 30대로 최근 뉴욕을 떠나 덴버에 정착했고 현재 소규모 회사를 운영하고 있다. S.W.베이직스 제품은 피부에 거의 자극이 없다고 홍보하며 제품을 판매하는 여러 회사 중에서도 그 목표에 가장 가까이 와 있는 듯하다. 가장 잘 팔리는 제품은 로즈워터 스프레이(간단히 '로즈워터'로 불림)와 건성피부용 크림(짧게 '크림'으로 불림)이다. 그리고레는 자신의 건강 문제가 어떻게 사업으로 이어지게 됐는지 열정을 담아 독백하듯 말했다. 여드름으로 고생하면서 스스로 통제할 수 없다는 절망이 밀려왔다는 내용이었다.

"저는 원래 온몸이 발진으로 덮여 있었어요." 그녀가 회상했다. 그녀는 모낭염이라는 말을 듣고 전신에 스테로이드 크림을 바르기 시작했다. 그리고 2년 내내 지속했다. 보통 스테로이드는 면역체계를 멈추는 데는 효과적이지만 결코 가볍게 쓸 성분이 아니기 때문에 한 번에 몇 주 이상 사용하는 것을 추천하지 않는다. 장기적으로 보면 스테로이드는 피부를 상하게 한다. 그녀는 피부가 눈에 띄게 얇아졌다고 표현했다. 마야 듀센베리가 그랬듯 그리고레도 이로써 사업을 시작하게 된다. "자면서 몸을 긁다 보니 아침에 일어나면 침대보에 피가 묻어 있는데, 더는 볼 수 없었어요. 그때까지 있는 돈을 다 써서 의사들이 하라는 대로 했을 뿐이거든요. 이제 전 전부 버렸어요. 피부에 아무것도 바르지 않습니다."

며칠 만에 모든 것이 나아졌다고 그녀는 떠올렸다. 현재 그녀는 미니멀리스트 스타일로 피부 관리의 정신을 지켜가고 있다. 그녀가 만드는 제품은 바를 때의 향과 느낌, 그리고 여러 제품을 순서대로 챙겨 바르는 절차를 포기할 수는 없지만 피부는 그냥 놔두고 싶은 사람들을 위한 것이다. 그리고레는 자신이 판매하는 제품이 누구나 쉽게 만들 수 있다는 사실을 숨기지 않는다.

너무 솔직하다고 볼 수도 있지만 어쩌면 그 솔직함 덕분에 엄청난 성공을 거뒀다. 여러 엔젤투자자(자금력이 부족한 신생 회사에 투자해주는 개인투자자를 일컬음-옮긴이)에게 받은 자금으로 사업을 시작했고 최근 타깃 코퍼레이션Target Corporation과 홀푸드마켓 같은 대형 매장과 유통 계약을 맺었다. 이런 매장에서 제품을 취급한다는 의미는 제품의 우수성이 증명됐다는 뜻이다. 피부과 전문의들도 환자에게 그녀의 제품을 판매하며 수수료 명목으로 매출에서 일정 비율을 받는다(특정 약품을 처방해 금전적 혜택을 취한다면 의사가 객관적 판단을 내리기 어려울 수 있어서 대부분의 사람들은 의사가 자신이 처방한 약으로 보수를 챙기는 것은 윤리에 어긋난다고 생각한다. 하지만 피부 관리 제품은 그런 문제를 제기하지 않는다).

이렇게 제품이 모두 이상적으로 판매가 되다 보니 인스타그램에서 관심을 받으려고 노력하며 사람들에게 구매를 권유할 필요가 없다. 그녀는 덜어내는 것이 더하는 것이라는 자신의 신념을 계속해서 주장할 수 있었다. 그녀가 말했다.

"남이 모두 효과를 보고 있으니 내게도 효과가 있을 것 같다고 생각되는 제품들, 사실 안 그럴지도 몰라요. 사람들은 자신과 자신의 몸에 그다지 인내심이 없어요. 그런데 제품마저 하나같이 속삭이죠. '아니요, 당신은 인내심을 가질 필요가 없어요. 내가 당신을 하룻밤 새 고쳐줄게요'라고요."

기존에 쓰던 피부 관리 제품을 모두 버리고 나서야, 그리고레는 삶에서 피부에 영향을 미치는 다른 요소에 적절히 대응하게 됐다. 바로 음식과 수면, 스트레스였다. 이런 요소의 영향은 변수가 별로 없을 때 진가를 알기가 더 쉽다. 경험담을 이야기하면서 그녀는 제품 사용을 줄이니 그동안 잘 다뤄지지 않았던 피부 관리 측면, 즉 피부 속을 챙겨야 한다는 사실을 알게 됐다고 한다. 자기 관리라고 불리는 것은 바로 건강이었다.

◆ ◆ ◆

하도 많은 사람이 피부 관리 제품으로 사업을 시작하다 보니 그 밑바탕에는 시장을 향한 불신이 뿌리 깊게 박혀 있다. 정직하고 선의를 가진 판매자도 많겠지만 소비자의 신뢰를 저버리는 비양심적인 판매자 또한 숨어 있다. 신뢰를 회복하려는 시도 속에 상원의원 수잔 콜린스와 다이앤 파인스타인은 2017년 양당이 함께 마련한 개인관리용품안전법Personal Care Products Safety Act 법안을 의회에 제출했다. 그들은 당시 "수십억 달러 규모의 산업에서 최소한의 안전 기준에 관한 결정을 회사가 각각 마련하라고 떠넘기는 것은 말이 안 된다"고 주장했다.

미국의학협회 내 과학 저널JAMA Internal Medicine에 글을 실으며 상원의원들은 다음과 같이 경고했다. "미국에서 이렇게 광범위하게 쓰이면서도 규제가 거의 없는 제품 부류는 존재하지 않는다." 그들은 확실하게 끝을 맺었다. "관리 감독이 부족하면 공중보건은 명백히 위협을 받는다."

법안은 우리가 매일 몸에 바르는 수백 가지 제품에 든 성분이 무엇인지 회사가 공개하도록 요구하는 내용으로 안전을 증명하라는 것도 아니고 그저 제품을 신고하고 성분을 알리라고 말한다. 소비자가 제품을 사용하고 나서 심각한 부작용을 알리면 회사는 그 내용을 FDA에 보고한다. 만약 기관에서 문제가 되는 양식을 발견하면 경고 표시를 요구하고, 제품이 심각한 문제를 일으키면 회수를 요구할 권한을 갖게 될 것이다. 또한 개인 관리 용품에 사용되는 성분들을 위한 독자적인 검토 절차를 마련하고, 제품이 안전한지 결정 짓는 특정 화학물질에 관한 모든 가용 정보를 FDA가 확인할 수 있도록 권한을 부여할 것이다. FDA는 소비자, 전문 의료진, 과학자, 회사에서 받은 자료를 근거로 선정된 화학물질이나 화학물질 범주를 1년에 최소 다섯 가지(맞습니다. 다섯 개)를 검토해야 할 것이다.

순수함이 제일 중요하다고 강조하던 업계에서 이런 규제 중 어느 하나 실시하지 않는다는 사실을 알게 되면 사람들은 모두 놀란다. 어떤 소비자가 정보도 제대로 얻을 수 없고 판매자에게 지나치게 유리한 상황에서 독자적으로 결정할 수 있을까? 업계에서는 규제가 이뤄지면 제품 가격이 상승하고 업무에 차질이 생긴다며 대중과 입법자들을 수십 년간 성공적으로 설득해왔다. 제품을 검사하면 기업이 소비자에게 비용을 전가하면서 생필품 가격이 올라갈 것이다. 그러면 사회가 공중보건에 필수라고 여기는 비누에 다시 세금을 부과하게 될 것이라고 주장했다.

그와 동시에 규제가 생기면 업계의 진입장벽이 높아져 새로운 경쟁자가 진입하지 못한다는 의견도 있다. 사람들은 현재 피부 관리 업계가 실력을 중시하고 진입장벽이 낮다는 이유로 긍정적으로 여기고 있다. 규제와 상관없이 소규모 회사들은 소량으로 제품을 계속 생산하면 되고, 좋은 제품은 효과가 있으니 입소문을 타고 성실하게 정상을 향해 오르면 될 일이다. 피부 관리는 의료계에만 머물던 위생이 널리 평등하게 펴져 나가도록 변화에 앞장선다. 누구나 합법적으로 참가할 수 있다. 문지기는 있지만 문은 훨씬 낮아졌다. 업계에 들어오는 데 건강보험이나 처방전은 필요 없다. 교육 훈련을 받거나 수십만 달러를 대출 받을 필요가 없다. 자금이 많이 필요하지도 않다. 회사는 아파트에서 운영해도 된다. 광고는 인스타그램에 할 수 있다.

소비자는 이미 권력 이양을 받아들일 마음의 준비가 돼 있다. 다른 진료 과목과는 다르게 피부과 환자들은 치료가 잘되고 있는지 바로 확인할 수 있다. 심장전문의는 환자가 수십 년 뒤에 사망할 확률을 줄여주는 혈압약이나 콜레스테롤약을 처방하겠지만 그렇다고 환자의 겉모습이나 기분을 바꾸지는 못한다. 화학요법으로 암을 없앨 확률을 가늠할 수 있는 사람은 종양학자들뿐이다. 하지만 거울만 들여다보면 누구든지 자기 피부 상태를 알 수 있는 의미 있는 정보를 바로 얻는다.

스스로 건강을 챙기는 여정이 위너드와 무척 닮은 마야 듀센베리는 이런 시대에 의사와 과학자가 지식의 수호자로서 자기 자리를 되찾으려 하거나 유일한 진실 결정권자로 자리를 꿰차려 해서는 안 된다고 말했다. 대신 오랫동안 이분법으로 나뉘었던 '주류의학'과 '대체의학'을 허물어트릴 때라고 주장한다. 나는 과학으로 증명한 것과 그렇지 않은 것처럼 진부한 이분법을 생각했다. 하지만 현실은 이보다 더 복잡하다. 그래서 전문가와 권위 있는 기관이 나서서 다음과 같이 네 가지 범주로 나눠보면 좋을 것 같다. 분명히 작용하는 것, 그럴듯하게 작용하겠지만 연구된 적은 없는 것, 완전히 인정하기 힘든 것, 그리고 쓸모없거나 유해하다고 증명된 것.

듀센베리는 수년간 과학과 의학을 취재해온 언론인이라 그런지 미니멀리즘을 실천하거나 신제품을 실험하고 받아들이는 데에 거리낌이 없어 보인다. 의료계에 만연한 여성에 대한 조직적 편견을 다룬 민족지학적 역사를 책으로 쓰기도 했다. 무정부 상태와 가부장제 문제점도 독특한 시각으로 바라본다.

"오랫동안 남성이 지배하던 분야에서 주도권을 잡기 위해 사람들, 특히 여성들이 모여 건강과 미용 지식을 나누던 것을 시작으로 형성된 공동체 양상이 분명히 있습니다."

실제로 인터넷을 보면 의견을 나누는 온라인 커뮤니티와 논쟁을 유발하고 추종자를 만드는 피부 전문가 계정으로 가득하다. 팟캐스트 인기 채널인 포에버35 Forever35는 페이스북 페이지를 비공개로 운영하고 있는데 청취자들은 이곳에 '자기 관리와 건강 팁'을 올린다. 내가 최근에 확인했을 때 커뮤니티 회원 수는 1만 7,000명이 넘었고 인기 있는 화제는 '피부 관리'로 비타민C와 여드름을 비롯해 여느 피부 관리 공간과 익숙한 문제를 논하고 있다. 토론은 그럭저럭 가볍고 긍정적인 내용으로 채워지며 오랫동안 사적 공간에서 가까운 친구끼리만 나누던 대화를 공공장소로 가져온다. 온라인상에서 피부 관리라는 주제는 현재 자신의 외모라는 결과가 아니라 외모를 만들어가는 과정인 셈이다.

제품을 사용한 뒤 직접 느낀 효과에 총지출비용을 균형 있게 맞추고 남이 내 가치를 결정하지 못하도록 하는 것이 요령이다. 듀센베리는 기존에 쓰던 제품을 버리고 몇 년 뒤부터는 확실히 진가를 드러낸다고 느껴지는 제품들, 그리고 필요하다기보다 호기심과 재미로 고른 제품만 사용한다. 얼굴에 로즈워터를 뿌리고 달팽이 세럼을 발랐다. 겨울에는 보습제로 우지를 사용했고, 레게머리를 한 동부 오리건의 허벌리스트가 직접 사냥해 잡은 곰으로 만든 곰기름 립밤을 썼다.

"저는 기분 내키면 화장을 하지만 필요하다는 생각이 들어서 하지는 않아요. 매일 할 필요는 없죠." 듀센베리는 말했다(예전 여드름이 너무 심했을 때는 이렇게 못했을 것이라고 그녀는 진심으로 느꼈다. 잘 씻지 않아서 여드름이 생긴다는 편견이 아직 존재하기 때문에 직업적, 사회적 불이익이 너무 심했을 것이다. "우리는 아직 그런 세상에 살고 있잖아요.").

사람들은 미니멀리즘과 내추럴을 실천하고 싶다고 말은 하지만 여전히 화장에 공을 들이고 남의 시선을 의식하고 깨끗이 씻으면서 사회적 유대감을 느낀다. 역사적 맥락에서 보면 피부 관리 제품과 사용 순서, 경험담을 나누면서 생겨난 여러 모임은 무엇보다 청결의 본질을 중요하게 여긴다. 제품 라인과 브랜드를 지지하며 쌓은 연대와 열정은 때로는 제품이 사라져도 이어갈 수 있다. 절제하는 사람들은 하나 혹은 여러 개를 포기해가면서 유대감을 형성한다. 환경운동가들과 '노푸no-poo(샴푸를 안 쓰는)' 추종자들은 안 쓴다는 행위에서 동질감을 느낀다. 노푸가 화두가 되자 많은 사람이 꽤 열성적으로 자신의 위생 신념과 실천법을 이야기했다. 처음에는 얼마나 자주 샤워하는지 정도만 말하다가 노푸라는 단어가 나오자 마치 자기 빼고 아무도 모르는 비밀을 공유하는 것처럼 마음의 장벽을 허물었다. 나는 이 주제를 처음 만난 사람에게 하는 첫 질문으로는 추천하지 않는다. 하지만 대화의 금기를 깨는 것은 잘못된 기준을 바로잡는 중요한 단계다. 사람들이 하고 안 하는 것, 사용하고 안 사용하는 것, 없이 살아도 되는 것 등 모든 이야기를 들으면서부터 정상이라고 생각했던 기준들이 모호하게 느껴진다. 이제 우리는 진짜 우리에게 중요한 것에 집중할 수 있다.

6장

건강한 삶을 위한
미니멀

◇◇◇◇◇

MINIMIZE

펜실베이니아의 구불구불한 옥수수 언덕과 인디애나의 광활한 옥수수밭에 둘러싸여 사는 사람들은 천식이나 알레르기 증상으로 힘들어하는 일이 거의 없다. 그리고 그들은 이상하리만큼 피부가 좋다.

화창한 일요일 오후, 2차선 인디애나 주간 고속도로를 신나게 달리던 차들이 별안간 기어가기 시작한다. 뒷부분에 1미터 정도 되는 삼각 반사판을 단 마차가 도로 위에 보인다. 아미시**Amish**(기독교 교파 중 하나로 현대 문명을 거부하며 전통 방식으로 살아간다-옮긴이) 지역에서는 흔히 있는 일이다. 만약 내 차가 시속 110킬로미터로 달리고 앞에 가는 마차가 시속 16킬로미터로 가고 있다면 마차는 내가 방심한 틈에 어느샌가 눈앞까지 와 있다. 이 때문에 고속도로 추돌 사건이 잇따라 발생하자 어떤 아미시 신도는 현대 기술을 꺼리는 공동체 전통을 깨고 비극적 죽음을 예방하기 위해 마차에 조명을 달아두기도 했다. 교통 흐름이 느려지자 가구와 퀼트, 사탕을 파는 가판대와 저 너머 밭에서 19세기 복장으로 일하는 사람들이 눈에 들어온다. 내가 지나친 하얀 나무집 몇 곳은 전화기가 집 밖에 걸려 있었는데 바깥세상을 가까이 하지 않으면서도 최소한의 연결을 유지하는 방식인 듯하다.

알레르기 전문의이자 면역학자인 마크 홀브라이시Mark Holbreich는 인디애나에서 30년 동안 연구하면서 아미시 사람들에게는 기술 문명을 멀리하는 생활 방식 외에도 뭔가 특별한 점이 있다는 사실을 알아냈다. 그는 내가 다녔던 인디애나 의과대학과 협력해 조사를 진행했다. 대학 부속 병원과 진료소가 위치상 지역 북부에 거주하는 아미시 주민과 가까웠기 때문에 나는 학생 때 꽤 많은 아미시 주민을 만났다.

"내 첫 소견은 그들의 피부가 유난히 티 없이 건강해 보인다는 것입니다." 홀브라이시는 내게 말했다. 그는 자신이 봉사하는 아미시 공동체가 천식과 알레르기를 앓는 비율이 낮았고, 알레르기인 줄 알고 찾아온 환자들도 사실은 알레르기가 아니었다는 점에 주목했다. "습진이나 피부에 문제가 있는 사람을 거의 못 봤습니다." 그는 피부질환 발병률이 이토록 낮은 이유가 아미시 사람들의 유전적 특징과 관련이 있는지(아미시 사람들은 200년 전 스위스에서 이주해 왔고 특유의 생활 방식 덕분에 유전자풀에 큰 변화가 없다) 아니면 그들의 생활 방식과 관련이 있는지 궁금했다. 홀브라이시는 깊이 연구에 파고들었고 유럽에서 진행된 연구 중 농장에서 자란 아이가 도시나 근교에서 자란 아이에 비해 천식과 알레르기 발병률이 낮은 경향이 있었다고 밝힌 자료를 발견했다.

2007년 뮌헨대 소아과 전문의 에리카 폰 무티우스Erika von Mutius는 이전 10년간 유럽(스위스, 독일, 오스트리아, 프랑스, 스웨덴, 덴마크, 핀란드, 영국) 농촌 지역에서 면역체계 기능을 조사한 연구 열다섯 건을 검토했다. 그 결과 농업 공동체에서 대부분 건초열과 알레르기 발병률이 낮았다고 밝혀냈다. '농촌 아이들'이 '비농촌 아이들(표현이 마음에 안 들어서가 아니라 오히려 마음에 들어서 그대로 인용한다)'에 비해 천식과 알레르기 항원에 과민 반응이 덜 나타났다고 보고한 연구도 몇 건 있었다. 〈미국흉부학회회보Proceedings of the American Thoracic Society〉에 따르면 폰 무티우스는 이것을 면역체계에 미치는 '농촌 효과'의 발견이라고 여겼다.

홀브라이시가 인디애나에 있는 자신의 의원에서 아미시 아이들을 100명 넘게 검사하면서 천식과 알레르기 발병률이 단지 미국 기준보다 낮은 것이 아니라는 점도 알아냈다. 스위스의 발병률보다도 훨씬 낮아서 스위스 농촌 아이들이 7%이고 비농촌 아이들이 11%인 데 반해 아미시 아이들은 고작 5%였다. 그는 정확히 이유를 설명할 수 없었지만 어린 시절에 우리가 코로 들이마시고, 입으로 삼키고, 피부에 존재한다고 생각하는 미생물에 얼마나 노출되는가와 관련이 있다고 추측했다.

이 가설을 연구하기 위해 홀브라이시는 폰 무티우스를 포함해 연구진을 꾸리고 유전자상 유사한 두 농촌 공동체인 인디애나의 아미시 사람들과 사우스다코타의 후터라이트(아미시처럼 기독교 교파 중 하나로 재산 공유를 실천하며 공동체 생활을 유지한다-옮긴이) 사람들의 알레르기 비율을 비교했다. 두 파 모두 종교 개혁 시기에 유럽의 같은 지역에서 시작됐고 1700년에서 1800년대 사이에 미국으로 이주했다. 두 집단은 비교적 고립돼 지내면서 다방면에서 유사하고 특히 면역체계에 영향을 줄 만한 생활 방식을 유지한 채 살아간다(그들은 반려동물을 많이 키우지 않고 대가족이 함께 지내며 비슷한 식사를 하고 흡연과 대기오염에 그다지 노출되지 않으며 상대적으로 모유수유를 하는 비율이 높다).

2016년 8월, 홀브라이시와 폰 무티우스를 비롯한 연구진은 저명한 〈뉴잉글랜드의학저널New England Journal of Medicine〉에 연구 결과를 게재하면서 면역학계를 뒤흔들었다. 두 집단 간의 모든 유사성에도 불구하고 후터라이트 아이들보다 아미시 아이들의 천식 발생률이 네 배 낮았고 알레르기 발병률은 여섯 배나 낮았다. 연구진은 두 집단 사이 가장 큰 차이가 집과 농장 사이 근접성이었다고 밝혀냈다. 아미시 아이들은 동물과 흙, 농부가 흡입하는 부유먼지와 미생물 같은 농장 환경에서 광범위하게 상호작용을 하며 자란다. 부모가 농장에 나갈 때 아기를 안고 가기 때문에 유아기 때부터 노출이 시작된다. 후터라이트 아이들은 농장 생활을 하지만 농장 환경과 직접적인 접촉은 하지 않는다. 그들은 중앙 농장 주위에 자리 잡은 농가에서 생활하며 공동 재산으로 살아간다. 남자들은 매일 아침 일하러 나지만 아이들이 아빠와 동행하는 것은 허락되지 않는다. 후터라이트 사람들은 현대 농업 기술을 꾸준히 받아들였기 때문에 아미시 사람들처럼 손에 흙을 묻히지 않고 대부분 고도로 발달한 기계를 사용해서 작업했다.

"아미시와 후터라이트 사람들은 모두 위생에 각별히 신경 씁니다." 홀브라이시는 차별 발언이 되지 않도록 조심하면서 두 집단 모두 예방할 수 있는 감염병 비율은 높지 않다고 말했다. 이런 결과는 많은 미생물에 노출돼서가 아니라 오히려 노출된 덕분이라고 판단했다. 예를 들어 어떤 세균 안에 있는 내독소Endotoxins(균이 살아 있는 동안에는 균체 내에만 존재하다가 사멸하면 외부로 빠져나간다-옮긴이)라는 단백질은 면역체계를 자극한다. 연구진은 아미시 가정의 먼지 속 내독소 측정치가 후터라이트 가정보다 일곱 배가 더 높았다는 사실을 알아냈다. 아이들의 면역체계를 살펴본 결과 면역세포의 수와 유형에서 '뜻깊은 차이'를 보였다고 밝혔다.

이것으로 충분하지 않다는 듯, 과학자들은 '정전형 집진기(진공청소기 모양)'를 사용해 두 집단에서 집먼지를 채집한 뒤 쥐의 코속으로 불어넣었다. 아미시 먼지에 노출된 쥐는 가짜 먼지에 노출된 쥐에 비해 기도가 민감하게 반응하지 않았고 알레르기 관련 세포의 비율도 낮았다. 홀브라이시는 할머니가 항상 "매일 흙을 좀 먹어야 건강해지든지 하지"라고 말씀하셨다고 했다. 할머니 말씀대로 하지는 않았지만 이제 와서 아이들을 떠돌이처럼 황무지에서 배회하게 하거나 아미시 농장의 먼지를 기적의 알레르기 치료제로 포장하는 것을 권하지는 않는다. 홀브라이시는 말한다. "그건 과학이 아니잖아요."

과학은 우리가 짐작했던 것보다 우리 신체와 미생물 사이에 훨씬 더 복잡한 관계가 있다고 암시하고 있다.

◆ ◆ ◆

몸에서 어디 한 군데 염증이 생기면 몸의 나머지도 알게 된다. 메시지는 우리 몸 구석구석을 빠르게 흐르는 흰 체액를 따라 복잡한 통로를 지나며 심장과 피부를 연결한다. 순환계가 혈액과 연관된 것처럼 림프계는 면역세포를 나르는 액체 형태의 림프와 연관된다. 생존에 중대한 역할을 하지만 림프계가 완전히 밝혀진 지는 얼마 되지 않았다.

1622년 이탈리아 과학자 가스파리 아셀리Gaspare Aselli는 개를 해부하다가 희뿌연 혈액이 흐르는 것 같은 '우윳빛 정맥'을 발견했다. 하지만 그는 자신이 무엇을 발견했는지 몰랐다. 이게 뭐지? 귀신 들린 개인가? 아니면 둘째 순환계인가? 모든 동물에게 흰 피와 빨간 피가 흐르나?

다른 색 피도 있나? 그와 동시대에 살던 의사 윌리엄 하비William Harvey는 인간에게도 흰 체액를 운반하는 관으로 이뤄진 체계가 있다고 주장했다. 이 관은 혈관과 나란히 흘렀고 후에 '림프계'라고 불리게 됐지만 당시에는 제대로 설명할 수 없었다.

1962년이 돼서야 뉴욕과학아카데미New York Academy of Sciences 회의에서 옥스포드대학 병리학과 교수인 제임스 고완스James Gowans가 이 체액이 어떻게 우리 몸을 질병에서 보호하는지 그 원리를 발견했다고 보고했다. 그의 설명에 의하면 림프계는 순환계와 분리돼 있지만 면역세포는 자유롭게 주고받을 수 있었다. 그는 어떤 쥐의 림프에서 추출한 세포를 다른 쥐의 정맥에 주사하는 실험 내용을 발표했다. 세포가 추적될 수 있도록 아데노신Adenosine(생화학 작용을 하는 RNA의 성분–옮긴이)으로 RNA에 변형을 주어 표시를 했고 그 결과 세포가 관을 통해 빠르게 빠져나가 그가 림프샘이라고 언급한 웅덩이로 향하는 것을 확인했다.

완두콩만 한 림프샘은 우리 몸 전체를 흐르는 림프관이 교차하는 지점이다. 만약 몸에 염증이 생기면 그곳에 있는 림프샘이 백혈구로 채워지고 평소 크기보다 몇 배는 부어오른다. 의사는 환자를 진찰할 때 턱 아랫부분을 이리저리 만져보며 림프샘이 부었는지 확인한다. 림프샘이 커지지 않았어도 매일 수십억에 달하는 백혈구, 즉 림프구가 이곳을 지난다. 고완스는 쥐의 림프구를 제거하면 어떻게 면역 결핍 상태가 되며 염증을 공격하지 못하게 되는지 설명했다. 하지만 다시 림프구를 주입하면 염증과 싸우는 능력을 완전히 회복할 수 있다.

림프구는 때로는 혈액 안에 있고 때로는 림프샘 안에 있지만 대개 몸의 조직으로 빠져나와 감시 역할을 한다. 림프구는 우리 몸에 침입하는

'이물질(미생물 등)'을 찾아다닌다. 그러고 나서 림프액을 타고 림프샘으로 돌아와 따끈따끈한 소식을 전한다. 모든 것이 깨끗하다면 림프구들은 조용히 머물다가 그저 다시 외출에 나선다. 하지만 뭔가를 발견하면 다른 맹렬한 림프구 무리를 모아 항원의 근거지를 찾아가 공격한다. 이 반응을 염증이라고 부른다.

염증으로 사망할 수도 있고 목숨을 구할 수도 있다. 그 차이는 주어진 노출에 림프구가 언제, 얼마만큼 공격적으로 반응할지 판단할 수 있도록 면역체계를 지속적으로 보정하는가에 달려 있다. 이는 끊임 없는 훈련이 필요하다. 소아과 의사가 공룡을 좋아하는 아이에게 설명한다고 치면 아마 이렇지 않을까. 면역체계는 특정 대상을 공격하도록 훈련할 수 있는데 그 방식은 영화 〈쥬라기 월드〉에서 배우 크리스 프랫이 벨로시랩터(이하 랩터)를 훈련한 방식처럼 공룡들 앞에 목표물의 살점 한 덩어리를 매달아두면 된다. 이렇게 제한적인 노출이 백신 접종의 기본 개념으로 면역세포가 침입자인 적을 알아보고 싸우도록 예비 훈련을 시키는 것이다. 그러면 훈련된 면역세포는 영화 속 훈련된 랩터처럼 쥬라기 공원(몸)을 누비며 목표물을 찾고 가차 없이 잔인하게 적을 사냥하지만 움직인다고 아무거나 죽일 정도로 악의적이지는 않다.

랩터와 일해본 사람은 누구나 알겠지만 이는 끔찍하게 잘못되기도 쉽다. 인간의 면역체계는 랩터와 마찬가지로 강력해서 결정적인 힘을 기꺼이 사용한다. 훈련이 (목표로 정해진 항원뿐 아니라 그렇지 않은 온순한 항원에도 노출되면서) 적절하게 이뤄지지 않으면 면역체계는 해롭지 않은 침입자나 우리 몸속 정상 세포까지 공격할 가능성이 커진다. 공룡 공원에 있는 포식자들이 서로 죽이기 시작하면 우리는 스릴 있는 영화를 한 편 본 것이지만 면역체계가 자기 몸을 공격하기 시작하면 우리는 자가면역질환에 걸린 것이다.

이 질환들은 유전적 경향과 인생을 살면서 겪은 노출이 영향을 끼치며 발생한다. 아무리 애를 써도 자가면역질환에 걸릴 사람은 걸리겠지만 그 가능성만은 적어도 (크게 결정되는 것은 아니라 해도) 면역체계를 훈련시키는 노출에 영향을 받는다. 그렇기에 어린 시절 노출이 중요한 열쇠다. 아이의 마이크로바이옴은 만 3~4세까지 자리를 잡고 면역체계는 대부분의 훈련을 마친다. 성인이 될 때까지 자가면역질환이 안 생긴다 해도 염증 반응의 토대는 태어나서 몇 년 안에 마련된다고 본다.

오늘날 부유한 나라에서는 사람들이 실내에서 90% 이상 생활한다. 가족과 친구들은 손을 씻거나 손소독제를 바르지 않으면 아이를 만질 수 없다. 실내 공기에는 과거 우리 면역체계를 완화하던 풍부한 세균 입자가 존재하지 않는다. 우리는 고도로 가공되고 세척된 음식을 먹고 자연적으로 세균이 듬뿍 담긴 신선한 과일과 채소는 적게 먹는다. 보통 사과 한 개에는 미생물이 1억 마리나 들어 있다. 우리가 자신과 사랑하는 사람들을 질병에서 보호하고 변함없이 꼼꼼하게 '청결'한 모습을 보이려고 선의로 취해온 여러 대비책이 생각지도 않게 면역체계에 변화를 가져왔다.

이 같은 견해는 이미 수십 년 전에 등장했지만 이목을 끄는 데는 시간이 걸렸다. 1980년대 전염병학자로 당시 런던위생열대 의학대학원에서 연구하던 데이비드 스트라챈David Strachan은 천식의 원인이 곰팡이 노출 때문이라는 가정하에 연구를 시작했다. 그는 곰팡이 한 종류가 집 안에 우글거리는 것보다 더 복잡한 원인이 있다는 것을 곧 깨달았다. 미생물이 존재해서 발생하는 질병이 있는 것처럼 미생물이 존재하지 않아서 발생하는 질병도 있었다.

영국에서 전국적으로 실시한 아동 대상 조사를 바탕으로 스트라챈은 형제자매가 많은 가정에서 태어난 아기가 그렇지 않은 가정의 아기보다 습진과 건초열에 덜 예민하다는 사실에 주목했다. 첫째로 태어난 아기 중 약 10%는 알레르기가 있었던 반면, 셋째로 태어난 아기는 알레르기를 일으킬 확률이 절반으로 줄었다. 형제자매가 넷이나 그 이상 있는 사람은 그 확률에서 또 반이 줄어들었다. 그 말은 첫째 아이가 다섯째로 태어난 아이보다 알레르기가 생길 가능성이 네 배 더 크다는 것이다. 아이들과 지내는 사람은 누구나 알겠지만 그들은 걸어 다니는 바이러스 세균 배포기나 다름없다. 스트라챈은 집에 아이가 더 많다는 것은 공유될 세균이 더 많다는 것을 의미한다고 가정할 때 유아기 때 감염됐던 사람은 성인이 되면 알레르기질환에 잘 걸리지 않을 것이라고 주장했다.

곧 유명해질 그의 '위생가설'은 선진국에서 최근 증가하는 알레르기 질환까지 뜻하지 않게 설명하면서 많은 과학자의 연구 근거가 됐다. 선진국에서는 가족 구성원이 점점 줄어들어 그마저도 뿔뿔이 흩어지고, 유아 전염병 비율은 떨어지고, 대다수 사람은 인류사에서 이제껏 본 적 없는 수준으로 위생과 청결을 실천하고 있다. 항생제는 혁명이라고 할 만큼 건강을 개선했고 우리에게 한때 사형 선고나 다름없던 감염병을 견딜 수 있게 했다. 그렇지만 항생제는 지난 100년간 사망과 장애의 주원인을 암, 심혈관계질환, 당뇨, 비만 및 운동 부족으로 발생하는 여러 대사성질환으로 크게 바꾼 계기이기도 하다. 동시에 어떤 만성질환은 오늘날 우리가 세상에 충분히 노출되지 않아서 더 심각해지기도 한다.

자세히 말하면 우리 면역체계에 제대로 작동하는 법을 알려줄 순한 미생물과 접할 기회가 거의 사라지면서 면역체계가 과거보다 더 우리 몸을 공격하게 됐다. 이것은 땅콩 알레르기와 글루텐 불내증(곡류에 들어 있는 불용성 단백질인 글루텐을 소화하지 못하는 증상-옮긴이)이 눈에 띄게 급증하는 상황까지 설명한다. 오늘날 아이 네 명 중 한 명이 습진인 나라도 있다. 한때 건초열은 하도 드물어서 신분과 재력의 상징이었으며 상류층 질병으로 알려졌었다. 그런 질환은 거의 고립돼 지내는 상류층의 전유물이었던 반면 꽃가루에 더 많이 노출됐던 농부들은 거의 걸리지 않았다. 1950년대 이후 건초열은 다발성경화증, 크론병, 음식 알레르기, 제1형 당뇨병, 천식과 함께 발생률이 세 배나 상승했다.

　면역과 알레르기질환은 의심할 여지없이 산업화와 함께 증가해왔다. 오늘날 미취학 아동에게 음식 알레르기가 발생하는 확률은 서방 국가에서 10%에 달할 정도고 중국처럼 빠르게 성장하는 나라에서도 오름세를 보인다. 제1형 당뇨병은 다른 나라보다 유럽과 북아메리카에서 훨씬 흔하고, 질환을 앓는 아이들의 비율은 유럽 전역에서 1년에 3% 이상 증가하고 있다. 궤양성대장염과 크론병은 동유럽보다 서유럽에서 두 배는 더 흔하게 발생한다.

　2008년 고립화와 산업화가 이런 질병에 미치는 영향을 확인하기 위해 유전적 배경은 가깝지만 알레르기와 제1형 당뇨병의 발생률에서 확연한 차이를 보이는 세 나라를 골라 어린이의 성장을 따라가는 획기적인 실험이 있었다. 세 나라는 선진 공업국인 핀란드(두 질환의 비율이 모두 높음), 빠르게 발전하고 있는 에스토니아(비율이 증가하고 있음), 그리고 러시아(두 질환이 비교적 드묾)다. 연구진은 생후 3년 된 아이들 200여 명에게서 받은 대변 시료를 매달 검사했다. 그들은 핀란드와 에스토니아 아기들이 러시아 아기들과 달리 특유의 장내 미생물 개체군을 보유하고 있다는 것을 발견했고 이로써 차이점은 유전이 아니라 누적된 노출에서 발생한다고 설명할 수 있었다.

다양한 증거가 등장하는 와중에도 몇몇 전문가들은 위생 관념이 지나치다는 인식이 퍼질 것을 우려했다. 그중 샐리 블룸필드**Sally Bloomfield**는 자칭 위생 옹호자다. 데이비드 스트라챈이 '위생가설' 이론을 펼쳤던 런던위생열대 의학대학원에서 명예교수로 재직 중인 블룸필드는 내가 그 이론을 언급하자 전화 너머에서 들릴 정도로 몸서리를 쳤다. 그녀는 그 용어가 위생 실천은 모두 나쁘다는 의미로 잘못 받아들여질 수 있고, 사람들에게 산업화 이전 시대로 돌아가야 한다고 부추기며 오늘날 흔하지 않아도 여전히 범유행으로 번질 수 있는 감염병이 발생할 확률을 높일지도 모른다고 우려했다.

위생을 연구하는 많은 과학자처럼 블룸필드도 유니레버에 고용돼 포트 선라이트에서 7년을 보내며 업계와 공동으로 작업한 적이 있다. 역겨움 학자를 목표로 한다고 소개했던 발 커티스도 연구 몇 건은 업계에서 자금을 지원받았고 손 씻기 캠페인을 벌일 때는 프록터 앤드 갬블, 콜게이트파몰리브, 유니레버와 함께 작업했다. 내가 이 말을 하는 이유는 투명성을 위해서다. 서로 도움을 주는 관계에서는 진실을 말하는 법이 없다고 슬쩍 이르려는 것이 아니다.

블룸필드는 질병 확산 방지에 가장 효과적인 방법에 집중하는 전략, 즉 자신이 '선별적 위생'이라 부르는 접근법을 내세웠다. 예를 들어, 그녀는 자주 손을 씻으라고 조언하고 손 닦는 수건도 매일 빨도록 권하지만 목욕과 샤워가 절대적으로 필요한 것은 아니라고 인정한다. 그녀는 우리가 무엇에 노출되고 무엇에 노출되면 안 되는지, 무엇을 닦아내고 무엇을 받아들여야 하는지 알아내는 첫걸음을 뗐을 뿐이라고 시인한다. 문제는 더 많이, 혹은 덜 하는 것이 아니라 건강하게 균형을 이루는 것이다. 블룸필드는 전반적으로 인간 수명이 증가했으며 사람들이 세대를 거치며 더 건강한 삶을 누리고 있다고 언급함으로써 현대인들이 과도하게 청결한지 묻는 내 말에 반박한다. 우리가 과하게 청결을 유지해서 어떤 문제가 발생한다 해도 정말 중요한 건 오래 사는 것이 아닌가.

◆ ◆ ◆

나는 아미시 마을을 떠나 시카고 근교에 있는 비밀스럽고 경비가 삼엄한 시설, 아르곤국립연구소Argonne National Laboratory로 향했다. 이곳은 거대한 정부 산하 기관으로 400구역, 500구역 등으로 표시된 건물이 모여 있으며 맨해튼 프로젝트Manhattan Project(미국 핵무기 개발 프로젝트로 여기서 만들어진 원자폭탄이 일본에 투하됐다-옮긴이)의 일환으로 1942년에 설립됐다. 무장한 경비 요원이 정문에서 찾아온 용건을 물었다. 나는 호기심 많은 납세자라고 소개를 했지만, 그녀는 웃지 않고 경비실로 돌아가 허가증을 받아오라고 했다. 내 렌터카를 수색하고, 마침내 문을 열어 미로 같은 구내에 들어오도록 허락했다. 나는 이 정도로 보안이 필요한 정부 음모가 뭐가 있을까 알아내려고 계속 주위를 둘러봤다. 인간형 로봇의 장기가 든 여행자 가방, 운동장에서 헛돌고 있는 주인 없는 군용 호버보드(전동 바퀴가 달린 보드-옮긴이), 멀리서 들리는 미친 과학자의 키득거리는 웃음소리 같은 것 말이다.

오랫동안 진행된 비밀스러운 핵 작업 외에도 아르곤에 있는 화학자들은 99번 원소와 100번 원소를 발견했고 처음으로 중성미자를 시각화했다는 사실을 나는 나중에야 알게 됐다. 연구소는 물리학자들이 아원자입자(원자보다 작은 입자-옮긴이)를 추적할 때 사용하는 제로 그래디언트 싱크로트론Zero Gradient Synchrotron이라고 불리는 양성자 가속기와 사용 후 핵연료를 재처리할 수 있어서 방사성 폐기물을 줄이고 체르노빌과 스리마일 섬Three Mile Island(미국 펜실베이니아에 있는 이 섬의 원자력발전소에서 냉각장치가 파열되며 핵연료가 누출되는 사고가 있었다-옮긴이) 같은 2차 재앙을 피하도록 하는 첫 원자로가 만들어진 장소다. 아르곤 연구소의 연구원들은 지금도 생화학 테러와 사이버 공격에 대한 방어체계를 구축하는 등 국가 안보 업무도 맡고 있다.

잭 길버트Jack Gilbert가 사람 피부와 장에 서식하는 미생물을 연구하는 곳도 이곳이다. 나는 그의 연구실과 사무실이 있는 창고형 건물로 가는 길을 찾아냈고, 안으로 들어서자 DNA 이중 나선 구조와 바이러스 도해로 장식된 기다란 복도 끝에서 길버트가 나를 불렀다. 그가 손을 흔들며 내 쪽으로 달려왔다. 그런 순간이 있다. 누군가에게 인사를 너무 일찍 건넨 나머지 다음에 무슨 말을 할지 모르거나 눈을 마주칠 때 생기는 침묵의 순간이. 그는 청바지, 운동화, 갈색 티셔츠 차림에 면도는 안 했고 머리는 헝클어져 있었다. 두드러지게 나쁜 냄새는 안 났고 건강이 나빠 보이지도 않고 그냥 자신이 어떻게 보일지 관심조차 없었다. 그보다 더 중요한 작업이 걱정돼서 잠에서 깬 순간부터 계속 일에만 몰두했기 때문이다. 그는 다시 말하면 과학자다.

길버트는 마이크로바이옴 분야에서 천재로 통한다. 우리가 만날 당시 마흔한 살이었던 그는 시카고대학 정교수로 아르곤에 있는 연구소 하나를 포함해 미생물학 연구소 다섯 곳을 감독하고 있었다. 그는 마크 홀브라이시와 에리카 폰 무티우스가 이끄는 아미시 알레르기 연구에도 참여했다.

"저는 샤워를 합니다." 그가 바로 본론을 말했다. "샤워의 잠재적 영향을 아는데도 샤워를 합니다. 매일 하지는 않고 할 때도 비누를 많이 사용하지 않습니다. 가끔 샴푸로 머리를 감기도 하지만 아주 아주 약간만 사용합니다."

길버트는 우리가 샤워하는 중에도 계속 미생물에 덮여 있다고 했다. 피부에서 미생물을 제거하면 병원균을 비롯해 많은 미생물이 살 수 있는 공간이 열린다. 피부를 집이라고 치고 (사람들이 하는 것처럼) 손님들을 초대해 며칠씩 함께하며 파티를 벌이려는데 집에는 20명 정도를 수용할 공간이 있다. 그러면 우리는 웬만큼 좋아하는 사람들만 20명을 초대하고 안 좋아하는 사람들, 예를 들어 밤늦게까지 놀고 다음 날 아침 식사를 챙겨달라고 조르고 화장실을 엉망으로 쓰고 냉장고를 몽땅 비우더니 결국 집을 홀랑 태울 것 같은 사람들이 머물 공간은 별로 만들고 싶지 않을 것이다.

우리가 혼자 살고 아무것도 만지지 않아도 우리는 계속해서 세균을 받아들인다. "우리는 모두 미생물을 들이마시고 있습니다." 그는 설명했다.

"주변에 스모그가 끼면 사람들은 그런 공기 입자 표면에서 자라는 전혀 다른 세균과 균류를 얻습니다. 그 미생물이 독감 같은 질병을 일으키지 않는다 해도 (실제로도 잘 일으키지 않는다) 그들은 몸의 면역체계를 예민하게 만들 수 있습니다."

그가 설명하길 베이징에서 스모그가 발생할 때 창문을 연다면 부유면지에서 자라는 세균과 균류는 병원성을 띠거나 질병을 일으킬 가능성이 있다. 몸에 낯선 미생물을 다량 흡입하면 사람들은 자가면역 발적, 즉 음식 알레르기와 함께 발생하는 일종의 과민반응을 일으킬 수 있다. 세균과 균류는 화석 연료를 태워서 공중에 퍼진 미세먼지에서 잘 자란다. 길버트는 대기오염 때문에 미생물을 들이마시는 것은 "우리 조상들에게 익숙하던 미생물 노출 방식이 절대 아니다"라고 언급했다.

내가 이곳에 도착하기 바로 전, 길버트는 가정 내 공기질 향상 대책을 마련하기 위해 협력 중인 프록터 앤드 갬블과 통화하고 있었다. 아무도 스모그를 흡입하고 싶지는 않겠지만 그렇다고 흡입할 미생물이 아예 없는 고도로 여과된 생활도 이상적이라고 볼 수 없다. 길버트는 균형을 주장한다.

"아이들이 세상을 빨리 떠나기를 바라지 않아서 백신 접종을 시켰어요. 사람 간에 전염되는 바이러스성 질병이나 세균성 질병을 대비해 아이들에게 화장실 다녀와서는 꼭 손을 씻으라고 시킵니다. 하지만 요리할 때마다 주방 조리대 전체를 소독할 필요가 있을까요? 닭고기를 썰었다면 따뜻한 비눗물에 손을 씻을 수는 있겠지만 그렇다고 소독까지 할 필요가 있을까요? 아닙니다."

그는 조리대 위에 세균을 모두 죽이고 싶다면 락스 같은 살균소독제품으로 조리대를 닦은 뒤 10분 동안 두라고 설명한다. 보통 사람들이 사용하듯이 빨리 닦아내기만 하면 제품은 '99.9% 세균을 박멸'하지 않는다. 제품의 개념과 사용법을 모두 잘못 알고 있었다. 그리고 제품이 우리

삶에 미치는 영향이 얼마나 중요한지 점차 분명해지기 시작했다.

◆ ◆ ◆

"라이프보이Lifebuoy(비누 브랜드로 구명용품이라는 뜻이다-옮긴이) 아시죠?"

비누 전문가 루이스 스피츠는 본격적으로 설명하기 전에 내가 알 거라 생각하며 가볍게 물었다 내가 모른다고 답하자 그는 그러면 안 된다는 뜻으로 코앞에서 손가락을 흔들었다.

"라이프보이를 아셔야죠! 아니, 비누에 관련된 책을 쓰는 의학박사라면서 라이프보이를 모른다는 게 말이 됩니까?" 그는 질책했다. "그러면 안 되죠."

스피츠는 황급히 나를 데리고 비누 수집품이 무질서하게 놓인 지하실을 지나 시내 전차 표지판이 일렬로 진열된 장소로 갔다. 1800년대 후반 전차에는 창문에 금속으로 된 홈이 있어서 제품을 광고하기 위한 표지판을 꽂았다(오늘날 뉴욕 지하철에 퍼펙틸이나 그 외 광고가 있는 것과 유사하다). 전차에 실린 라이프보이 건강 비누 광고는 의학적인 문구를 써서 다른 광고와 구별된다.

"라이프보이를 사용하는 가정은 감기와 열병에 잘 안 걸립니다."

광고 문구 옆에는 한 가족이 웃으며 서 있다. 열이 지금보다 훨씬 치명적이었던 항생제 이전 시대에 이 문구는 비웃을 것이 아니었다. 다른 광고에서는 한 여성이 아이를 보며 말한다.

"내 아이는 식사 전에 반드시 손을 깨끗이 씻어야 합니다."

스피츠의 설명에 따르면 라이프보이는 다른 어떤 브랜드보다 비누가 약품이라는 개념을 대중에게 불어넣었다. 라이프보이의 상징으로 구명구를 사용하는 것과 더불어 독특한 광고 문구로 비누에 '건강'이라는 세상을 끌어들였다. 세균 원인설이 여전히 생소한 개념이었을 때 등장한 라이프보이와 뒤이어 등장하는 다른 비누 브랜드들은 과학계에서 발표한 어떤 성명보다도 열심히 그 이론을 홍보하려고 앞장섰다.

레버 브라더스는 1894년 라이프보이를 영국에 처음 선보였다. 비누의 유효성분인 석탄산은 석탄 타르에서 얻은 화합물로 영국 의사 조셉 리스터Joseph Lister(이 의사의 이름을 따서 리스테린Listerine이 만들어졌다)는 이 비누를 수술실에서 소독제로 사용할 수 있다는 사실을 알아냈다. 석탄산 때문에 라이프보이는 독특한 빨간색을 띤다. 라이프보이는 곧 미국에서도 비누를 제조하기 시작했고, '건강을 챙겨주는 친구'와 '인명구조원'으로 홍보했다.

1915년 라이프보이는 건강 비누로 브랜드 이미지를 새롭게 했다. 당시 비누 광고에는 (내가 최선을 다해 찾아본 바로는) 지금은 흔한 '피부 건강'이라는 표현이 처음으로 등장했다. 1918년 미국에서 독감이 크게 유행하며 약 5,000만 명이 목숨을 잃는 상황과 맞물리면서 비누 매출은 큰 폭으로 증가했다. 비누와 건강이 강력히 연관성을 맺은 덕분에 라이프보이는 (현재 비누 성분에서 석탄산이 빠졌고 미국에서는 판매되지 않지만) 세계에서 가장 잘 팔리는 비누로 남아 있다. 라이프보이는 인도에서는 유니레버의 대표 브랜드로 손꼽히며 위염, 눈병, 호흡기 감염병을 일으키는 병원균을 막아준다고 홍보한다.

브랜드를 세상에 알리며 보건과 병원균 퇴치를 약속했던 광고 문구는 오늘날에도 여전하지만, 1926년 탈의실 사건은 브랜드에 오래도록 오명을 남겼다. 소문에 의하면 어느 더운 날 골프 경기를 마치고 당시 레버 브라더스 사장의 남자 형제가 탈의실에 들어왔는데 스피츠의 말로는 그가 "그곳에 퍼져 있던 냄새를 몹시 싫어했다"고 한다. 이것이 바로 '아하! 하는 깨달음의 순간'이며, 해결책이 필요하다는 사실을 부인할 수 없을 정도로 감각기관이 끔찍한 뭔가에 압도되는 순간이었다. 라이프보이의 첫 '땀 냄새' 광고가 바로 공개됐다. 용어는 곧 '체취Body Odors'로 널리 알려지고 그러다가 'BO'로 간단하게 쓰였다. 스피츠의 설명에 따르면 그때나 지금이나 여전히 광고에 쓰고 있는 'BO' 개념을 널리 알린 것은 라이프보이에 책임이 있지만 그 덕분에 라이프보이는 성공한 브랜드들이 모인 빅 리그에 진출하게 됐다. 1926년에서 1930년 사이 판매량은 네 배나 뛰었다. 용어는 꽤 그럴싸했고 광고에서 주는 메시지가 너무 강력해서 체취가 없는 사람들도 예방 차원에서 제품을 구매했다. 불안과 두려움을 기반으로 한 이런 홍보 방식은 이후로 업계에 널리 퍼졌다.

라이프보이가 사용한 용어 '데오도란시Deodorancy(체취방지)'는 나중에 '데오도란트Deodorant(체취방지제)'라는 제품으로 탄생하며 사람들이 비누로 씻고 나서도 매일 바르는 필수품이 됐다. 체취는 세균이 만들어내기 때문에 냄새를 방지하기 위해서는 살균 물질을 함유한 비누가 필요하다는 것이 브랜드가 내세운 주장이었다. 이는 과학적 개념이 아니라 순전히 홍보를 위한 개념이었고 소비자는 몰랐어도 다른 기업가들은 알아차렸다.

라이프보이가 인기를 끄는 모습을 보면서 시카고에 본사가 있는 육류 가공 회사인 아머Armour 또한 체취방지제 사업에 뛰어들기로 했다. 아머는 몇 년 전부터 남는 동물성 지방으로 비누를 만들어왔다. 아머는 비누에 헥사클로로펜Hexachlorophene(살균 소독 작용을 하는 페놀화합물-옮긴이)을 넣어 냄새를 줄이는 효능을 시험했다고 주장했다. 그렇게 1948년 다이얼Dial이 소개됐다. 다이얼은 시계 문자판을 떠오르게 하는 이름으로 사용자들에게 '24시간 내내 산뜻하게' 유지해준다고 약속했다. 첫 광고 문구는 "냄새가 나기 전에 막으세요"였다. 스피츠에 따르면 다이얼 비누는 출시되고 나서 3년 후 라이프보이를 넘어서며 가장 인기 있는 항균비누로 자리 잡았다. 아머는 광고에 거액을 들였고 처음 2년간은 300만 달러나 손해를 봤지만 1953년에는 400만 달러의 이익을 냈다. 병균을 죽인다는 약속에 현혹돼 미국인들은 다이얼을 전국에서 가장 잘 팔리는 비누로 만들었다.

다이얼 비누는 심지어 첫 '우주 시대 비누'로 선정됐다. 우주 비행사 앨런 셰퍼드Alan Shepard는 1961년 미국 역사상 첫 유인 우주 비행에 나설 때 다이얼 비누를 가져갔다. 이제 과거로 돌아갈 수 없었다. 사람이 우주에 가는 시대가 도래했고 우리는 샤워하면서 몸을 깨끗이 소독하는 줄 알았다.

뒤이어 프록터 앤드 갬블이 규모가 점점 커지는 체취방지 비누 분야에 참가했다. 1963년 회사는 세이프가드 뉴 체취방지 항균 비누Safeguard New Deodorant and Antibacterial Soap를 출시했다. 이 비누는 트리클로카반Triclocarban이라는 항균 물질을 함유하고 있었다. 항균 물질을 매일 사용하는 것이 괜찮은지 의구심을 제기하는 사람은 거의 없었지만 헥사클로로펜 비누와 체취방지제를 사용하는 사람들의 피부에 화학물질이 축적됐다는 연구 결과가 잇달아 발표됐다. 1970년대까지 발표된 많은 연구에서 헥사클로로펜이 피부를 통해 몸에 흡수돼 신경계에 영향을 미칠 수 있다고 밝혔다. 1972년 FDA는 헥사클로로펜을 0.75% 이상 포함한 소비자 제품의 리콜을 발표했지만 어떤 제품에 성분이 포함됐고 또 얼마나 포함됐는지 확인할 기록이 없었다. 당시에는 FDA에 성분을 공개하는 것이 의무가 아니었고 오늘날도 여전하다. 역사학자에 따르면 FDA가 조치를 취할 때까지 헥사클로로펜 화합물 약 1,800톤이 매년 의료용과 미용 제품에 사용되기 위해 제조됐다.

이 사건 이후, 헥사클로로펜 제품은 트리클로산Triclosan이라는 다른 항균 물질로 대체됐고 헥사클로로펜 무첨가를 언급하면서 기존 제품과 똑같이 홍보했고 사업은 여전히 계속됐다. 트리클로산은 라벨에 '항균 성분'이라고 표시된 액체비누를 포함해 의류, 주방용품, 가구, 장난감 등 많은 소비자 제품에 공통적으로 사용되는 성분으로 자리 잡았다. 우리는 수십 년 동안 손을 씻으며 트리클로산을 배수관으로 흘려보냈고 우리의 천연자원인 물과 땅에 쌓았다. 트리클로산이 특정 호르몬의 작용을 방해한다는 가설이 동물 연구로 속속 밝혀지면서 사람에게 미치는 영향에 관한 우려도 제기되고 있다. 2014년 저명한 학술지인 〈미국국립과학원회보Proceedings of the National Academy of Sciences〉에 게재된 한 연구에 따르면, 특정 항균 비누를 사용하면 간 종양 성장을 촉진할 우려가 있다고 발표했고, 범인은 트리클로산으로 보였다. 당시에는 이미 트리클로산이 아이들에게 발생하는 알레르기와 유방암, 갑상선 기능 장애, 체중 증가에 영향을 미치는 호르몬 교란과 연관이 있다고 알려져 있었다.

2014년이 될 때까지도 트리클로산이 위험하다는 사람이 별로 없었고, 제품이 이미 널리 쓰이는 상황에서 누군가에게 노출을 피하라고 알리는 일도 너무 늦었다. 사실 사람들은 그때까지도 항균 비누를 사느라 돈을 더 쓰면서 좋은 제품을 사고 있다고 생각했다. "여기서 주목해야 할 것은 트리클로산이 곳곳에 너무 많다는 사실입니다." 수석 연구원이자 캘리포니아대학 샌디에이고 캠퍼스 교수인 로버트 투키Robert Tukey는 말했다. "트리클로산이 없는 곳을 찾기가 힘들 지경입니다." 트리클로산이 포함된 제품이 오랫동안 매우 널리 사용된 탓에 트리클로산은 주변 개울가에서 가장 흔히 검출되는 화학물질이었다. 2009년에 발표된 국민 건강 조사에서, 미국질병통제예방센터Centers for Disease Control and Prevention 연구진은 그들이 검사한 인원 중 거의 4분의 3이 소변에서 트리클로산이 발견됐다고 밝혔다. 2014년 또 다른 연구에서는 브루클린에서 검사받은 임신부 전원의 소변에서 트리클로산이 검출됐다고 발표했다. "트리클로산이 암을 일으킨다고 말하는 것이 아닙니다." 투키는 매우 조심스럽게 말했다. "그저 지속적으로 노출되면 어디에나 존재하는 이 환경호르몬이 종양 생성을 촉진할 수 있다는 것입니다."

2013년이 돼서야 FDA는 항균 비누 제조사에 항균 세정제의 효능을 입증할 자료를 요구했다. 기관은 성명을 통해 "소비자가 이런 제품들이 병균 확산을 막는 데 도움이 되는 효과적인 도구라고 본다고 해도 현재는 항균 비누가 일반 비누보다 병을 예방하는 데 더 효과적이라는 증거는 없다"고 발표했다. 비누 제조사는 증거 자료를 거의 제출하지 않았다. 오래 신중히 절차를 거친 뒤 FDA는 트리클로산, 헥사클로로펜과 그외 '항균' 성분 17종을 (유해하다는 증거가 차고 넘친다는 점을 감안할 때) 안전 증거 불충분으로 소비자가 사용하는 비누에 첨가하지 말 것을 지시했고, 2017년에 이 성분들은 시장에서 모두 사라졌다.

문제는 항균 성분이 있다고 주장하는 제품에 국한되지 않는다. 우리는 우리 몸과 환경을 항균성을 지닌 방부제에 노출시켜왔다. 예를 들어

합성 방부제 파라벤은 1950년대부터 체취방지제, 색조화장품, 치약, 샴푸 같은 위생용품과 미용 제품을 포함해 여러 포장 식품에 폭넓게 사용됐다. 파라벤은 메틸파라벤Methylparaben, 에틸파라벤Ethylparaben, 프로필파라벤Propylparaben, 부틸파라벤Butylparaben 등으로 라벨에 표시된다. 다양한 파라벤을 음식과 위생용품에 첨가해 상온에서 더 오래 보관할 수 있게 만들면서 전 세계 사람들이 부담 없이 손쉽게 제품을 구입할 수 있었다.

개념만 보면 칭찬할 만하지만 그 결과 우리의 혈액에는 파라벤이 흐르고 있다. 제품을 따로따로 살펴보면 파라벤은 FDA가 정한 '안전 기준치' 이내로 들어 있고 뚜렷한 위협을 주지 않는다. 문제는 무수히 많은 제품을 수년, 수십 년에 걸쳐 사용하면 노출이 누적된다는 것이다. 환경위생전문가들은 파라벤이 우리 몸에 과적되면 여러 가지 문제를 일으킬 수 있다고 우려를 표시해왔다. 유해 정도를 확실히 측정하기는 불가능하지만 여러 연구 결과 파라벤이 에스트로겐의 효과를 모방하기 때문에 내분비계 교란으로 유방암과 생식 독성의 위험을 증가시킨다는 연관성을 발견했다.

파라벤은 계획적으로 만든 항균 화합물이다. 다양한 세균과 균류를 죽인다. 이런 제품을 일상적으로 사용하면 사람의 마이크로바이옴과 면역체계에 영향을 미치는가를 묻는 단계는 이미 지났다. 요점은 그 영향이 얼마나 문제가 되느냐다. 미국립알레르기·감염병연구소 연구진은 파라벤이 포함된 제품이 건강한 피부에서 로세오모나스 무코사Roseomonas mucosa의 성장을 막을 수 있다고 밝혔다. 이 세균은 피부장벽 기능을 개선한다고 알려져 있고 습진이 발생하면 급증하는 황색포도상구균Staphylococcus Aureus을 직접 죽일 수 있다. 2018년 연구진은 이 결과를 토대로 파라벤이 습진 발생을 부추길 수 있다는 우려를 제기했다.

그렇지만 파라벤이 우리 미생물 개체군을 어떻게 바꿔왔는지 정확히 파악하는 것은 불가능하다. 마이크로바이옴이 너무도 다양하고 복잡한 데다 누구도 파라벤에서 자유롭지 못해 비교 대상을 찾을 수도 없다. 공중보건 지지자들은 미국에서 파는 제품에 파라벤을 금지하도록 FDA에 압력을 가하고 있다. 유럽연합은 2012년에 이를 승인했지만 미국에서는 업계의 경제적 영향을 우려해 아직 조치를 취하지 못하고 있다. 파라벤 같은 항균성 방부제는 수많은 식중독을 예방하고 음식폐기물을 줄여왔기 때문에 부정적 영향만 끼친 것은 아니다. 하지만 주위 환경을 해치는 것은 말할 것도 없고 우리가 몸에 항균 제품을 바를 때마다 그 영향이 계속 누적될 것이다.

◆ ◆ ◆

영국 유니버시티 칼리지 런던의 의학 미생물학 명예교수인 그레이엄 루크Graham Rook는 우리 몸 안팎에서 서식하는 생물 다양성을 사람들에게 알리고 올바르게 이해하도록 하는 작업에 앞장서고 있다. 2016년 그는 저명한 면역학자와 감염병 전문가 다섯 명과 함께 이제는 '위생가설'이라는 용어를 버려야 한다고 선언했다. 그들은 대체어로 '오랜 친구' 아니면 '생물다양성 가설'을 제안했다. 그러면서 많은 미생물이 우리의 적이 아니라 그저 우리 몸에 존재할 뿐이고, 존재 이유도 아마 다른 미생물을 지지하는 역할을 할 것이라고 강조했다. 미생물은 우리와 함께 진화했고, 우리의 친구가 아닌 미생물도 아마 친구의 친구거나 친구의 친구

의 친구쯤 될 것이라고 전했다.

생물다양성 가설은 위생이 나쁘다는 것이 아니라 다른 종류의 미생물을 잃으면 나쁜 결과를 얻을 수 있다고 말한다. 인간에게 필요한 미생물, 즉 병원균을 비롯해 유익하거나 무해한 미생물에 대한 노출이 부족해 현대인이 염증성질환과 자가면역질환을 일으킨다는 것이다. 그리고 항균 제품을 사용해 몸을 씻는 것만이 아니라 우리가 다른 사람과 교류하지 않고 살균 소독에 집착하며 너무 '깨끗'한 세상에서 사는 것 모두 그 원인이라고 말한다.

루크는 커피를 마시며 나와 화상통화를 하면서 어린 나이에 미생물에 자주 노출되면 면역체계가 위협에 적절하게 반응할 수 있도록 훈련된다고 설명했다.

"선진국 아이들이 어릴 때 충분한 감염을 겪지 않아서가 아니라 미생물에 노출되는 빈도가 이전보다 훨씬 줄었기 때문입니다." 어머니의 미생물은 분만 중에 아기의 장으로 이주하고 면역세포는 모유수유로 전해진다. 어린아이는 밖에서 흙을 만지고 놀면서, 개가 핥으면서, 친구와 장난감을 갖고 놀면서 집단 구성원과 접촉할 때마다 미생물 무리를 계속 축적한다. 모든 미생물은 면역체계가 발달하는 데 중요한 역할을 하며 출생 후 몇 년 동안이 가장 발달이 잘 이뤄지는 시기다. 마치 갓 압출돼 나온 따뜻한 비누가 쉽게 모양이 변하는 것과 같다.

제왕절개로 태어난 아이는 알레르기와 천식이 발생할 위험이 높다고 알려져 있는데 반려동물을 기르면 발병률이 줄어들 수 있다. 어릴 때 항생제(병원균보다 다른 세균을 훨씬 더 많이 죽이는)를 사용하면 천식, 우유 알레르기, 염증성 장질환, 습진에 취약해진다. 루크의 주장에 따르면 청결도 문제기는 하지만 섬유질이 부족한 식습관도 장내 미생물 개체군을 바꾸고 항생제 사용으로 몸 안팎에 존재하는 미생물에 변화가 생긴다고 한다.

오랜 친구를 찾아야 한다는 의미는 위험한 감염병에 노출되라는 뜻이 아니다. 최근 몇 년간 여러 모임이 우후죽순 생겨나 면역체계를 자극하고 자가면역질환을 이상적으로 치료한다면서 기생충 따위에 일부러 감염되는 방법을 사용하고 있다. 흥미로운 생각이기는 하지만 어떤 공식 의료 기관도 그 방법을 보증하지 않는다. 위험은 확실하고 혜택은 가설일 뿐이다. 마찬가지로 다른 사람 얼굴에 대고 재채기를 해서도 안 된다. 하지만 모두 알다시피 재채기를 들이마시는 것은 우리가 호흡기 바이러스에 걸리는 주된 요인도 아니다. 독감이나 다른 바이러스들은 세계적으로 수백만 명 인구를 사망에 이르게 하지만 간단한 손 씻기로 전염 고리를 끊어냄으로써 상당수는 예방할 수 있다. 하지만 계속 홀로 지내고, 너무 꼼꼼히 씻고, 비누와 항생제를 과다하게 사용해서 생기는 해로움은 있다. 지금 할 수 있는 최선의 조언은 위생을 약품과 비슷하게 생각하는 것이다. 어떤 상황에서는 너무도 중요하지만 지나치게 사용하기도 쉽다는 점 또한 인식해야 한다. 미생물에 노출되는 것도 마찬가지다. 역사적으로 노출은 과하게 씻기보다 훨씬 큰 위험이었다. 오늘날 세계 곳곳에서는 반대 현상이 벌어진다. 그렇다면 무엇이 건강한 노출일까? 안전을 위협받지 않으면서 건강하게 미생물에 노출되기 위해서 무엇을 해야 할까?

옌니 레흐티마키Jenni Lehtimäki는 피부 마이크로바이옴 연구의 떠오르는 스타다. 그녀는 미생물이 환경과 인간의 관계를 어떻게 중재하는

지 자세히 설명하는 데 중점을 두고 연구한다. 핀란드 헬싱키대학에 있는 그녀의 연구진은 피부 표면의 미생물 개체군이 몸에 더 널리 퍼진다는 증거를 제시한 초기 연구를 진행했다. 레흐티마키가 쥐를 방선균Actinobacteria이라는 세균에 노출하자 면역 반응에서 작지만 주목할 만한 결과를 확인할 수 있었다.

레흐티마키는 본래 생태학자이자 진화생물학자이다. 그녀는 피부 미생물이 알레르기와 주위 환경과 관련이 있다는 것이 분명해지자 집중적으로 피부 미생물에 파고들기 시작했다. 최근 연구에서 그녀와 동료들은 핀란드의 도시 개와 시골 개를 연구해 시골 환경에 사는 개들이 알레르기 증상의 위험도가 낮다는 것을 알아냈다. 단지 장소가 중요한 것 같지는 않았다. 개들이 야외에서 시간을 얼마나 보내는지, 다른 동물들과 어울리는지 같은 생활 방식이 알레르기 발병률과 관련이 있었다.

레흐티마키에게 생물다양성 가설이란 인간 면역체계가 형성되는 과정에서 미생물이 핵심적인 행위자라는 것을 의미한다. 초기 연구를 살펴보면 사람의 마이크로바이옴을 영구적으로 바꾸는 것은 매우 어렵지만 일시적인 노출에도 영향을 받는다는 사실을 보여준다. 미생물은 영구적으로 우리 곁에 머물지는 않아도 피부와 장 내막에 접촉해서 우리의 면역체계를 자극한다.

이 발견은 건강한 노출과 건강한 면역체계를 유지하는 것이 끊임없이 이어지는 활발한 순환이라는 점을 나타낸다. 공기가 정화되는 고층 건물에서 고립된 삶을 살고 매일 영양제 한 알을 챙겨 먹으면서 다양한 마이크로바이옴이 유지되리라는 생각은 버리는 것이 좋다. 레흐티마키의 연구로 막연히 건강에 좋을 것 같다고 오래 생각은 했지만 이유가 확실하지 않았던 특정 생활 방식의 이유가 설명된다. 반려동물을 기르고 사람들과 함께 살아가고 주변 환경과 접촉하는 등 자연에 노출되면 우리의 마이크로바이옴은 서로 영향을 받고 본질적으로 자연의 일부가 된다.

같이 사는 사람들끼리는 마이크로바이옴도 공유한다. 함께 살거나 따로 사는 커플들의 피부에서 표본을 채취한 2017년 워털루대학의 연구에 따르면 공동 생활을 하는 동반자들은 유사한 생물군계를 가진다. 수석연구원인 조시 뉴펠드Josh Neufeld는 기계 학습법을 사용해서 커플들의 마이크로바이옴 특성에 근거해 동거하는 커플을 86%의 정확도로 가려낼 수 있었다. 그는 발 미생물이 가장 유사한 경향이 있다면서 아마 마룻바닥에 서식하는 같은 종의 미생물을 밟기 때문이라고 추측했다. 반려동물을 기르고, 술을 적게 마시고, 운동을 더 많이 하는 사람들처럼 동거하는 사람들 역시 일반적으로 더 많은 미생물 다양성을 보인다.

아미시 연구의 공동 집필자인 마크 홀브라이시가 말했다.

"원주민 부족들을 살펴보면 그들의 마이크로바이옴은 도시인들과는 매우 다릅니다. 그런데 원주민을 도시로 데려오면 수일 내에 마이크로바이옴이 변합니다. 모든 가족이 변하고, 집이 변합니다. 마이크로바이옴은 생기가 넘치는 장기인 셈입니다."

레흐티마키는 미생물에 노출을 늘리기 위해 가정과 사무실에 있는 미생물 무리를 조정하는 작업에 착수했다. 그녀의 접근법은 꽤 실용적이다. "사람들은 보통 게으르고 까다로운 방법을 원치 않기 때문에 좀 더 간단하게 미생물을 집으로 가져오는 방법을 연구 중입니다." 어떤 연구원들은 '좋은 미생물'을 카펫에 담아 사람들의 집이나 아파트로 보내려고 연구 중이다. 그중에는 걷고 사랑하는 능력을 지닌 카펫도 있다. 바로 개다. 레흐티마키가 핀란드에서 진행한 개에 관한 연구를 보면 개에게 알레르기가 있을 때 주인도 역시 같은 알레르기를 보일 확률이 다른 사람보다 높다는 사실을 발견했고 이로써 서로 미생물 환경을 공유한다는 것이 밝혀졌다.

자연환경에 많이 노출되면 건강에 더 크게 영향을 주는 것으로 알려져 있다. 수많은 연구에서 사람들이 녹지 공간에서 활동하는 시간이 길수록 건강이 좋아졌다고 자각하거나 출산 환경이 개선되거나 질병이 줄어드는 효과가 있었다고 보고됐다. 2018년 기존 연구 자료를 분석하는 메타분석법을 통해 통계적으로 살펴본 결과, 녹지 공간에 노출되면 혈압, 심박동수, 코르티솔Cortisol(부신피질 호르몬 중 하나로 항염 작용이 있다-옮긴이) 수치, 제2형 당뇨병 발병률, 심혈관질환으로 인한 사망률을 낮추는 데 큰 도움이 된다는 사실이 밝혀졌다.

야외에서 운동하면 실내 헬스장에서 얻지 못하는 혜택도 얻을 수 있다. 영국에서 다이애나 볼러Diana Bowler와 동료 연구원들이 이 분야에 대해 많은 연구를 진행해왔는데, 그들은 '실제 자연' 환경과 '인위적으로 만든' 환경에서 운동 효과를 비교했고 야외에서 걷거나 뛰기는 "인위적으로 만든 환경에서 같은 활동을 할 때보다 더 큰 건강 혜택이 있을 수 있다"고 밝혀냈다. 걷기 동호회를 메타분석법으로 살펴보니 야외에서 걷는 사람들이 실내에서 걷는 사람들에 비해 혈압과 체지방률이 훨씬 개선됐는데, 연구진은 "녹지나 자연적인 환경에서 걷기는 도시 환경이나 트레드밀에서 걷기 이상으로 건강 혜택을 제공하는 것으로 보인다"고 결론 내리게 됐다.

연구 결과를 설명하는 데 다양한 이론이 활용됐고 그중 야외에서 시간을 보내면서 얻을 수 있는 정서적 고양도 포함된다. 하지만 레흐티마키는 미생물에 노출되는 것이 이런 결과를 만들어내는 원리를 더 자세히 알고 싶다고 했다. 과학적으로 이해되지 않는 부분이 여전히 너무 많다. 어쨌든 그녀는 자연에 노출되기 위해 최선을 다하고 항균 제품은 잘 사용하지 않는다. 체취방지제를 거의 쓰지 않고 손소독제도 멀리한다. 여느 미생물학자처럼 샤워는 하지만, 그 말은 그냥 간단하게 한다는 뜻이다.

7장

휘발성 화학 신호,
냄새의 역할

◇◇◇◇◇

VOLATILE

자동차 짐칸이 열렸지만 클레어 게스트Claire Guest가 기르는 노령의 골든 리트리버 데이지는 평소처럼 차 밖으로 뛰어내리지 않았다. 대신 짐칸에 가만히 앉아 고개를 갸우뚱하며 젊은 과학자를 빤히 올려다봤다.

"데이지는 저를 약간 경계했어요." 게스트는 그날을 회상했다.

"뭔가 당황한 것처럼요."

2009년 맑았던 어느 오후였다. 그날도 여느 때와 같이 런던에 있는 집 근처 공원을 산책하는 것으로 하루를 시작했다. "데이지가 내 눈을 바라보길래 '왜 그래?' 하고 물었죠." 당시 서른세 살이었던 게스트는 의학연구원으로 근무하며 잘 알려지지 않은 분야를 탐구하고 있었다. 개가 냄새로 암을 감지할 수 있다는 가설을 연구 중이었는데 등장한 지는 오래됐지만 밝혀진 연구 결과는 별로 없는 가설이었다. 그녀는 주인이 병에 걸리면 그 주위를 맴돌며 평소와 다르게 행동하는 반려동물의 일화 같은 보고를 연구했다. 생물학자로서 개가 정말로 암을 감지할 수 있다면 무슨 원리인지 자세히 알고 싶었다. 데이지는 연구 프로그램에 참여해 지난 1년간 클레어와 함께 지냈고, 다른 개들도 전부 자원봉사자나 가족의 집에서 지냈다.

데이지의 반응을 보고 게스트는 순간 가슴이 철렁했다. 며칠 전 게스트는 가슴에서 덩어리가 만져졌지만 젊은 나이라서 별로 신경 쓰지 않았다. 순간 감이 왔다. 조직검사 결과 유방암으로 밝혀졌다. 사실 게스트는 데이지가 자신의 몸에 있는 종양을 찾아내리라고 전혀 기대하지 않았다. 그런데 막상 데이지가 암을 찾아내자 게스트는 학구적 관심을 품었던 분야에 본격적으로 매진하게 됐고 현대 의학에서 실종된 요소가 무엇인지 알아내려 애썼다.

암 치료를 끝낸 게스트는 현재 암이나 다른 질환의 징조를 알아차릴 수 있는 개들과 함께 계속 연구를 진행하고 있다. 그녀는 '의료 탐지견Medical Detection Dogs'이라는 연구 기관을 설립했다. 이곳에는 개인에게 채취한 표본에서 특정 질병을 탐지하는 생체 탐지 부서와 사람과 지내면서 위급한 의료 상황을 알리도록 개를 훈련하는 지원 부서가 있다.

"이 방식을 과학으로 인정받는 것이 가장 힘들었습니다."

게스트는 사람들이 '털옷을 입고 꼬리를 흔들며 생체를 탐지하는 존재'를 받아들이기 바란다며 고충을 털어놨다. 인간과 비교하면 개는 감각수용기가 훨씬 많고 뇌에서 후각을 담당하는 부분이 더 크다. 인간의 뇌가 개와 유사한 구조라면 우리는 개인이 끊임없이 뿜어내는 수천 개의 휘발성 화학물질을 고스란히 느낄 수 있을 것이다. 그리고 그 화학물질을 개들은 이미 감지할 수 있다. 짧게 '휘발성 물질Volatiles'이라 부르지만 정식 용어는 휘발성유기화합물Volatile Organic Compounds, VOCs이다. 간단하게는 탄소를 포함한 화학물질을 뜻하지만 공중에 떠 있는 CO_2보다 복잡한 구조를 띤다. 휘발성 물질은 사람이 내쉬는 호흡부터 점액이나 소변까지 몸에서 배출되는 모든 것에 함께 따라 나오고 피부가 정상적으로 작용할 때도 생성된다. 이 물질들이 모여 개개인의 고유한 화학적 지문, 즉 우리의 '볼라톨롬Volatolome(휘발성 물질 volatiles+집단, 덩어리를 의미하는 접미사 -ome)'을 형성한다(유전자 집합인 게놈Genome이나 미생물 집합인 마이크로바이옴Microbiome에서의 옴ome도 같은 의미로 사용된다).

볼라톨롬에서 나타나는 미세한 차이로 개는 군중 속에서 자신에게 익숙한 사람을 찾아낸다. 그 익숙한 볼라톨롬에서 작은 변화만 일어나도 개는 뭔가 잘못됐다고 감지한다. 그리고 우리 몸이 건강이나 질병 상태를 반영하는 화학 신호를 생성한다는 것은 거의 확실하다. 사람이 특정 질병에 걸리면 평소 내뿜는 휘발성 물질에 독특한 패턴으로 영향을 받게 되는데, 개들은 그 사람의 평소 냄새를 모른다고 해도 이처럼 뭔가 다른 냄새를 찾아내도록 훈련할 수 있다.

예를 들어 개는 당뇨병이 있는 사람에게서 고혈당 수치를 감지해낼 수 있다고 증명했다. 면역체계가 부신을 공격하는 자가면역질환인 애디슨병을 감지하는 데도 성공했다. 이 병은 인체의 코르티솔 수치를 뚝 떨어뜨려 생명 유지에 필수인 대사 과정이 제대로 이뤄지지 못하게 만든다. 코르티솔 수치가 높아지는 정반대 상황도 많은 질병에서 나타난다. 게스트는 개가 이런 상황을 감지하고 스트레스가 높다고 알려줌으로써 사람들에게 발생할 수 있는 공황장애나 심장마비, 뇌졸중까지 겪지 않기를 바란다.

"영국에서는 의사들이 이 방식을 매우 의심스럽게 생각합니다."

게스트는 토로한다.

"하지만 직접 와서 개를 보고 눈으로 효과를 확인하면 거의 할 말을 잃습니다."

파킨슨병의 냄새를 탐지하는 것도 가능한데, 이는 개만 가능한 것이 아니다. 게스트는 개에게 질병을 감지하도록 훈련하는 데 시간을 하도 많이 쓰다 보니 이제는 자신도 파킨슨병 냄새를 감지할 수 있다고 믿는다. 실제로 몇몇 간호사들은 말기 단계의 암을 냄새로 알 수 있다고 주장한다. 최근까지 사람들이 무엇을 감지할 수 있을지 과학자들은 짐작도 못 했기 때문에 이런 주장을 온전히 받아들이기는 힘들지만 피부 마이크로바이옴이라는 신과학이 한몫을 할 수 있을 듯하다.

100년 전 파킨슨병은 피지 변화와 연관이 있다고 보고됐다. 피지 변화는 마이크로바이옴에 변화를 주고 더불어 마이크로바이옴이 생성하는 휘발성 물질에도 변화가 나타나리라는 가설도 충분히 세울 수 있다. 내가 게스트에게 이 이론에 관해 묻자 그녀는 얼굴이 환해졌다.

"저도 피부 마이크로바이옴의 매력에 푹 빠졌어요!"

그녀는 피부 마이크로바이옴이 향후 연구에서 중심이 되리라 믿는다고 했다. 피부와 입에 서식하는 미생물이 볼라틸롬에 기여하는 원리는 알기 어렵지만 우리가 분비하고 미생물이 대사 작용하는 인체 대사 부산물들이 서로 섞이면서 볼라틸롬이 만들어진다는 것은 거의 확실하다. 우리가 방출하는 화학물질은 미생물과 우리 신체 기능이 함께 만들어낸 결과물이다.

게스트는 예상한 듯 말했다.

"파킨슨병이 냄새가 난다기보다 신경전달물질의 변화가 마이크로바이옴의 변화로 이어지면서 그로 인해 다른 냄새가 난다고 해도 놀랄 일이 아닙니다. 개들이 감지하는 것이 사실 질병과 연관된 세균의 변화라고 해도 전혀 놀랍지 않고요."

이런 견해를 뒷받침하는 증거가 속속 등장하면서 적어도 시도해볼 가치가 있다고 생각한 연구원들이 게스트에게 연락하기 시작했다. 이 방법은 조기에 발견돼야만 치료할 수 있는 질병에 특히 효과가 있다. 2018년 멕시코 연구진은 여성들이 사용한 생리대를 분석했는데 자궁경부암에 걸린 여성에게서 비뇨생식관의 볼라틸롬이 변화한다는 사실을 발견했다. 질병이 생기면서 질내 마이크로바이옴에 변화가 생겼든 혹은 변화가 생겨서 질병이 생겼든 화학적 분비물에 변화가 생긴다고 판단된다. 화학적 분비물에 생기는 변화는 사람의 코로는 감지할 수 없지만 기계로는 가능하다. 이는 개가 반응하는 원리와 거의 흡사하다.

"이 개념은 낡은 속설로 여겨져 오랫동안 방치됐지만 사실 그렇지 않습니다." 영국 더럼대학교 공중보건곤충학자인 스티브 린지Steve Lindsay는 말한다.

"개들은 사람의 기분이나 몸짓 언어보다 훨씬 더 많은 것을 감지합니다. 실제로 우리가 발산하는 화학물질을 바탕으로 우리가 건강한지, 질병이 있는지 판별할 수 있습니다. 가끔은 과학계에서 가장 인정받는 검사법보다 개들이 더 낫습니다."

린지는 곤충이 인체 건강에 미치는 영향을 연구한다. 모기가 서로 소통하고 사람을 찾아 감염시키려고 사용하는 화학적 신호를 연구하던 중 사람 피부에 서식하는 박테리아가 내뿜는 냄새에 호기심이 생겼다. 그와 동료들에게는 요즘 골칫거리가 생겼다. 말라리아 감염과 그에 따른 사망률이 급격히 줄어든지 10년이 넘게 지났는데 최근 2년간 전 세계에서 미미하게나마 감염과 사망률이 증가세를 보이고 있기 때문이다.

말라리아는 복잡한 순환으로 퍼진다. 모기가 사람에게 기생충을 옮기면 사람이 다시 모기에게 기생충을 옮기는 식이다. 전염된 기생충으로 발병하는 말라리아의 진단법을 개발 중인 과학자들은 기생충이 변이를 일으키면서 차질을 겪고 있다. 새로운 말라리아 중에는 말라리아를 탐지하기 위한 특정 단백질을 생성하지 않는 유형도 있다. 그래서 건강해 보여도 지역 모기 개체군에 기생충을 전파할 수 있는 무증상 보균자를 찾아내야만 질병 발생을 막을 수 있다.

2018년 뉴올리언스에서 열린 미국 열대의학 및 위생학회American Society of Tropical Medicine and Hygiene 연례 회의에서 다국적 연구진이 예전이었다면 말도 안 된다고 여겼을 조사 결과를 발표했다. 감비아에서 작업 중인 영국 연구진은 말라리아 기생충을 확인하기 위해 학생 수백 명을 조사하면서 그들에게 양말을 한 켤레씩 나눠 주고 밤새 신고 있도록 했다. 그런 다음 양말을 수거해서 아이의 감염 여부에 따라 양말을 분류한 뒤 런던으로 다시 보내 몇 달간 냉동고에 보관했다.

연구진은 보관한 양말을 꺼내 말라리아에 걸린 아이와 걸리지 않은 아이의 양말을 섞었다. 그들은 의료 탐지견 기관의 개들에게 양말을 보여줬고 개들은 각 샘플의 냄새를 맡았다. 개가 말라리아를 탐지하면 그 양말 앞에서 꼼짝도 안 하고 있을 테고 탐지하지 않으면 다음 양말로 이동할 것이다. 개들은 말라리아에 감염된 아이의 양말을 70% 찾아냈고 세계보건기구가 정한 빠른 진단 검사에서 요구하는 기생충 기준치보다 적은 수치로 감염된 아이들도 감지해낼 수 있었다.

개들이 일반 혈액검사를 대체할 수는 없지만, 우리가 말라리아나 혹은 다른 병원체에 감염되면 탐지할 수 있는 화학적 신호를 풍긴다는 증거를 발견했다는 사실은 획기적이었다. 린지는 인체에서 방출된 특유의 화합물이 피부 마이크로바이옴의 변화로 생성된다는 원리를 믿고 있다. 그는 연구소 내 실험 접시에 담긴 감염된 혈액도 기생충에 감염되기 전과 다른 화학적 신호를 내보낸다는 사실에 주목한다.

그는 말라리아 증상을 전혀 보이지 않지만 여전히 병을 옮길 수 있는 사람들을 진단하는 중요한 수단으로 개들이 언젠가 활약하리라고 믿는다. 다만 개를 싫어하는 사람들도 있기 때문에 진단에 제한이 있을 수도 있다. 많은 이슬람교 문화에서는 예로부터 광견병이 전염될 수 있다고 믿으면서 개의 침을 '더럽다'고 여기는 것처럼 문화적으로 신중하게 고려할 사항도 있다. 사실 개의 침은 사람이나 다른 동물의 침과 마찬가지로 미생물로 가득한데, 이 미생물들은 개가 음식을 소화하고 이빨을 보호하는 건강한 입속 마이크로바이옴을 유지하는 데 도움을 주는 한편 누군가를 물면 혈류로 들어갈 수 있다. 그래서 개에게 물리면 위험한 것이다. 처음에는 살짝 물린 상처처럼 보여도 항생제가 없으면 물린 사람은 수일 내에 사망할 수도 있다. 동물에게 물린 상처는 세계 어느 나라든 응급실에서 매우 심각하게 받아들인다. 린지의 표현을 그대로 빌리면 어떤 백인도 아프리카 어느 마을에 개 한 마리를 데리고 들어간다면 주민들이 반기리라 기대해서는 절대 안 된다.

말라리아가 거의 근절되고 있는 나라들의 국경 검문소에 이런 개들이 배치된다면 좋을 것 같다. 잔지바르 군도처럼 본토에서 방문객이 끊임없이 들어와 말라리아를 근절하려는 노력이 이어지기 힘든 곳에서는 개들이 공항과 여객선터미널과 기차역을 돌아다니며 말라리아 기생충을 옮기는 감염자들을 감지할 수 있을 것이다.

냄새 기반 진단을 장기적으로 이어가려면 개들이 자기 삶을 살도록 두고 '전자 냄새 검출기', 혹은 이름이 길어 시간이 낭비되는 것이 싫은 사람들이 부르는 '전자 코'를 사용하는 방법을 찾아야 한다. 사실 현재 나와 있는 시제품은 전혀 코처럼 안 생겼고 신용카드처럼 생겼다. 게다가 '코'가 암이나 말라리아를 감지하는 데 사용된다는 점이 직감적으로 이해되지 않기 때문에 이름이 이상하게 들린다. 하지만 나는 이미 제품 홍보 모드라 마음이 너무 앞서가고 있다. 이 제품이 출시되거나 의사에게 (혹은 환자에게 직접) 팔리기 전에 과학자들은 개들이 탐지하는 물질이 정확히 무엇인지 알아내야 한다.

변하는 것은 피부의 화학적 성질만이 아니다. 우리가 내쉬는 숨도 마찬가지며, 숨 쉴 때 나는 냄새는 대부분을 입이나 목에 있는 미생물에서 나온다. 말라리아 기생충이 침입하면 무슨 원리에서인지 사람이 자연스레 내쉬는 (혹은 다른 방식으로 배출하는) 화합물을 개조시킨다. 2017년에 열린 미국 열대의학 및 위생학회 연례 회의에서 세인트루이스 워싱턴대학교의 생체공학 전문가들은 말라리아에 걸린 사람들이 독특한 '숨 지문Breath Print'을 내쉰다고 보고했다. 이를 활용한 검사법을 개발해 예비 검사 단계에서 말라리아 환자를 83% 찾아내는 성과를 보였고 말라위 아이들을 진단하는 데도 사용했다.

생체공학 전문가들은 말라리아에 감염된 사람의 숨에는 보통 사람의 숨에서 감지되는 여섯 종의 화합물이 비정상적 수치로 나타난다고 밝혔다. 이는 기생충이 특정 대사 과정 하나만 바꾸는 것이 아니라 체계의 균형을 통째로 무너뜨리려는 것으로 보인다. 또한 전문가들은 기생충에 감염된 아이들의 숨에서 생각지도 못한 물질을 발견했다. 테르펜Terpene으로 알려진 두 종의 화합물인데 보통 소나무 같은 침엽수가 풍기는 강한 향과 관련이 있다. 그중 한 종은 식물이 자신의 꽃꿀을 먹도록 모기를 유인하기 위해 만들어내는 물질로 알려져 있다. 연구진은 기생충이 냄새에 이끌리는 모기의 본능을 이용해 모기가 감염된 인간을 물도록 조장한 뒤 사람 몸에서 빠져나와 다른 숙주로 이동하는 식으로 질병을 확산시킨다고 판단했다.

"기생충에게 테르펜은 생존 수단일 겁니다."

세인트루이스 워싱턴대학교 의과대학 교수 오드리 오돔 존Audrey Odom John은 당시 이렇게 말했다. 그녀는 그 화합물이 "모기 퇴치기의 효과를 높이는 데 유용할 수 있다"고 제안하기도 했다. 만약 우리가 방출하는 화합물(우리가 옮기는 미생물에 근거한)이 모기를 유인할 수 있다면 이것이 의미하는 바는 말라리아를 넘어선다. 인간의 화학적 신호는 함께 모닥불 앞에 앉아 있어도 누구는 모기에게 제물이 되는데 누구는 거의 신경 쓸 일이 없을까, 라는 아주 오래된 질문에 답을 찾게 할 수도 있다. 독성 있는 화학물질을 몸에 잔뜩 바르고 마당에도 뿌리는 현재의 접근법은 개선돼야 한다. 어떤 연구원들은 우리 피부와 입속에 있는 미생물을 무작정 죽이는 것이 아니라 그들이 내뿜는 모기 유인 화학물질을 감추는 것만으로 문제가 해결되리라고 믿는다.

텍사스 A&M대학교 연구진은 사람 피부에 서식하는 표피포도상구균Staphylococcus Epidermidis의 특성을 변경하면 모기가 우리를 찾을 수 없는 일종의 은폐 모드에 들어갈 수 있다는 것을 알아냈다. 이는 세균이 내

보내는 화학적 신호를 조정하는 복잡한 과정을 거친다. 아주 조금이지만 증명이 된 셈이라 앞으로 이 개념이 벌레 퇴치제 업계에 변화를 일으킬 수 있을 것이다. 곤충학자인 제프리 톰벌린Jeffery Tomberlin은 다음과 같이 말했다.

"사람들은 피부 위 세균이나 피부 자체에 해로울 수 있는 화학물질을 개발하는 대신 방출하는 신호의 내용을 수정해 우리가 좋은 숙주가 아니라고 모기에게 알리는 방법을 선호할 것 같습니다."

◆　◆　◆

우리가 지금까지 배운 인간 진화에 관한 내용이 우리가 사회적 동물임을 나타낸다면, 즉 우리가 생존을 위해 서로에게 의지하고, 때로는 개인의 흠이 공동체 발전에 유용하게 작용할 수 있으며, 그 공동체에서는 구성원 모두가 공부는 잘하지만 아무도 변기를 고칠 줄 모르는 것보다 기량과 자질이 다양한 사람이 모인 것이 더 낫다면, 왜 우리는 나쁜 냄새가 나도록 진화한 것일까? 남에게 적극적으로 혐오감을 주려고? 자리에서 내쫓으려고? 몸이 아픈 것도 아닌데도?

냄새가 나지 않는 안정적인 상태가 되려는 노력이 별 의미가 없다는 주장도 있다. 냄새를 만들어내는 세균이 우리 생활에 도움이 되기 때문에 사람 몸에 존재한다는 것이다. 인간은 냄새가 나도록 진화하지 않았다. 사람에게 유익한 작용을 하는 미생물과 조화를 이루도록 진화했지만 어쩌다 보니 미생물들이 가끔 나쁜 냄새를 생성하기도 한다.

노스캐롤라이나 주립대학교 응용생태학과 교수이자 피부 진드기 연구의 공동 집필자인 롭 던Rob Dunn이 발을 어떻게 설명하는지 들어보자.

코가 제 기능을 하는 사람으로서 그 역시 발 냄새가 무척 불쾌할 수 있다는 점에 동의한다. "언젠가 적에게 대항하기 위해 냄새나는 발을 무기로 사용할 수도 있다." 같은 난해한 이유로 생존에 이익이 되지 않는다면 발에서 나는 악취는 아무리 애를 써도 진화론적으로 설명이 안 된다. 나는 어떤 역사적 기록에서도 냄새나는 발을 무기로 사용한 예를 찾을 수 없었다. 던은 왜 발에서 냄새가 나는지 내게 제대로 파헤쳐보라고 했다.

어떤 동물은 발 냄새가 직접적으로 도움이 되기도 한다. 예를 들어 호박벌은 개체마다 독특한 발 냄새를 풍긴다. 발 냄새가 자취를 남기면 동료들은 냄새나는 발자국을 따라가 서로에게 이르거나, 먹이가 있는 곳으로 모여든다. 사람의 발 냄새가 그리 이로운 목적을 주지 않는데도 냄새를 생성하는 세균이 존재하는 이유는 아마 다른 면에서 쓸모 있기 때문일 것이다. 던이 주목하는 한 가지 가능성은 인간이 최근까지 맨발로 걸어 다니다 보니 감염을 일으킬 수 있는 발의 상처나 찰과상에 예민했다는 사실과 관련이 있다. 항생제가 등장하기 전에는 경미한 감염도 때로는 치명적이었다. 무좀 같은 곰팡이 감염에 걸리면 대개 위험 수준이 낮아서 골칫거리 정도로 끝나지만 피부가 갈라져 곰팡이가 혈류로 들어가면 상황은 심각해진다. 그래서 진화론적으로 감염을 예방해줄 무해한 미생물종이 발에 서식했을 것이다.

어떤 세균은 항곰팡이 성질을 띤 화합물을 생성한다고 알려져 있다. 우리 발에서 흔히 보이는 미생물종인 고초균Bacillus Subtilis은 무좀이나 발톱곰팡이처럼 발 감염을 일으킬 수 있는 종류의 곰팡이에 치명적인 화합물을 만들어낸다. 안타깝게도 고초균은 냄새가 지독하다. 던은 발에서 풍기는 특유의 고약한 '쓰레기' 냄새가 대부분 이소플라빅산Isoflavic Acid

이라는 화합물에서 나온다고 밝혀냈는데, 이 화합물은 고초균이 우리 땀 속에 있는 아미노산인 류신Leucine을 먹고 에너지를 얻는 과정에서 생성된다. 다른 신체 부위에 비해 발에서 나는 땀에는 류신이 많이 포함돼 있다. 던은 이것이 우리와 피부 미생물이 서로 영향을 주며 진화한 결과라고 믿는다.

이런 특정 사례는 아직 가설일 뿐이지만, 류신 같은 화합물이 어떤 역할도 하지 않으면서 발에서 쏟아져 나올 리 없고 고초균도 순전히 우리를 짜증 나게 하고 창피하게 만들려고 발에 존재하지는 않을 것이다. 인간의 발은 류신을 함유한 땀을 많이 만들어 곰팡이를 죽이는 특정 세균에게 먹이를 주고 발 감염의 위험성을 줄이도록 진화했을지도 모른다. 그래서 썩은 내가 나는 발은 잠자리 상대를 찾는 데는 장애물이 됐을지는 모르지만 이로 인해 고통받는 사람은 발 곰팡이로 패혈성 쇼크가 와서 사망한 사람 대신 종족 번식이라는 혜택을 누렸다.

우리 피부의 체계, 피부 분비물, 피부 미생물은 공생 생태계를 이루기 때문에 도대체 미생물을 얼마나 씻어내야 하는지 의문을 가지게 한다. 던이 말하는 이론으로는 고초균처럼 유용한 물질대사 능력을 지닌 세균을 줄이려는 어떠한 행동(씻는 것 등)도 곰팡이 감염의 위험성을 증가시킬 수 있다. 비정상적인 발 마이크로바이옴은 오늘날 곰팡이 감염이 왜 그렇게 흔한지 이유를 설명해준다. 그와 동시에 누구도 끔찍한 냄새가 나길 원치 않는다. 그렇다면 남은 문제는 올바른 균형을 유지하는 법이다.

우리 몸의 여느 기능처럼 냄새 또한 우리에게 '체취'가 나는지, 안 나는지로 나뉘는 이분법적 상황이 아니다. 우리는 다양한 상황에서 다양하게 나타나는 냄새의 여러 조합이 있을 테고, 그런 조합으로 우리는 목소리 억양이나 얼굴의 미묘한 뒤틀림에 못지않게 복잡한 방식으로 자신을 표현할 수 있다. 많은 사람이 자신이 사랑하는 사람에게서는 좋은 냄새가 난다고 하면서 애인이 안정적인 상태일 때 나는 냄새를 언급하기도 하는데 사회 규범상 함께 경험할 수 없어서 확인된 바는 없다.

하나하나 알아갈수록 이 부유 화합물(그리고 그 냄새)이 무엇인지, 냄새가 나서 우리가 무엇을 얻게 될지, 냄새를 씻어내서 우리는 무엇을 잃게 될지 호기심이 생겼다. 우리가 쓰는 온갖 비누와 향수가 아무리 '내추럴' 하다 한들 우리 몸에서 어떤 역할을 하는 신호를 바꾸거나 가린다면 괜찮을까? 직접 방출하면서도 감지하기 힘든 수백 종의 휘발성 화학 신호는 우리가 이제 겨우 이해하기 시작한 대로 타인(그리고 다른 종)과 소통하는 데 역할을 할 것이다.

◆ ◆ ◆

사람들 사이에서 일어나는 화학반응은 낭만적인 것만도 아니고 건강함과 병약함을 알리기만 하는 것도 아니다. 모니터 화면이나 글로는 복제할 수 없는 물리적 존재가 분명히 있다. 수많은 잡지 표지나 책, 학술 논문에 따르면 고립감과 단절감은 이제 우리 시대를 규정하는 용어가 됐다. 그저 노트북을 켜고 앉아 듣기 싫은 음악을 참으며 (화장실 다녀올 동안 노트북을 봐달라고 옆 사람에게 부탁할 때 빼고) 다른 사람을 아는 체도 안 할거면서 끌리듯이 커피숍에 가는 것과 같은 이치로 타인이라는 물리적 존재와의 사소한 접촉이 우리에게 살아가는 힘을 준다. 아마도 우리 모두가 내뿜는 화학물질이 어느 정도 원인으로 작용할 것이다.

벤 드 레이시 코스텔로Ben de Lacy Costello가 사람의 대변, 소변, 침에서 발견한 휘발성 물질을 이미 연구했으니 우리가 다시 할 필요는 없다. 그는 스트레스와 불안이 우리가 내뿜는 화학물질에 영향을 끼친다는 사실이 증명됐다고 설명한다(만약 질병 탐지기를 만든다면 이는 중요한 교란 변수가 될 테니 기기 뒷면에는 다음과 같은 경고문이 붙을 수도 있겠다. 경고: 불안하면 사용하지 마세요. 검사 결과가 거짓 양성으로 나올 수 있어 더 불안해질 수 있고 그 결과 실제로 사망에 이르게 하는 스트레스라는 악순환에 빠질 수 있습니다. 이런, 지금 스트레스를 받고 있지 않나요? 지금 읽은 경고문은 그냥 잊어버리세요).

나는 2016년에 감정의 전염에 관한 기사를 쓰기 위해 코스텔로를 인터뷰하면서 그의 연구를 알게 됐다. 기후학자들이 이산화탄소로 가득한 인간의 숨이 기후변화에 영향을 미치는지 확인하기 위해 연구에 착수했다는 소식을 접하고 기사를 써야겠다고 마음먹었다. 수석 연구원인 조너선 윌리엄스Jonathan Williams는 독일 막스플랑크 화학연구소의 대기화학자다. 윌리엄스는 식물과 동물이 발산하는 기체가 기후에 미치는 영향을 연구할 때 아주 자그마한 변화도 감지하는 정교한 기계를 사용한다. 그의 연구팀은 세상에서 가장 변덕스러운 환경으로 꼽히는 장소에 이 감지기를 가져갔다. 바로 유럽 축구 경기장이었다.

과학자들이 검출한 이산화탄소 양은 놀라울 정도로 미미했지만 과학인의 시선으로 살펴보니 뭔가 흥미로운 것이 발견됐다. 인터뷰를 하던 중 윌리엄스가 이야기를 멈추자 나는 외계 생명체였냐고 물었다. 그는 외계인은 아니었지만 사람들에게서 평소와 다른 이상한 화학적 신호가 나오고 있었다고 했다. 그 화학 신호는 경기 중 여러 시점에 나타났다가 사라졌다. 윌리엄스는 대기 감지기의 요동치는 측정값을 가만히 살펴보다가 문득 그 신호들이 감정과 관련이 있을 것 같다는 생각이 들었다고 했다.

축구 경기 동안 관중은 희열과 분노, 기쁨과 슬픔의 단계를 겪는다. 윌리엄스는 호기심이 들었고 그때 떠올랐던 온갖 질문을 인터뷰하는 내게도 물었다. 사람들은 감정을 느끼면 기체를 방출하나? 혹시 서로 소통하기 위해서? 그러면 다른 종과도 소통할 수 있나? 만약 그렇다 해도 전례 없는 일은 아니다. 식물은 장미 꽃다발에서 풍기는 향기부터 훨씬 더 감지하기 힘든 신호까지 끊임없이 휘발성 물질을 내뿜는다. 식물은 자기를 잡아먹으려는 동물에게 '공격당한' 후에 화학물질을 방출하는 것으로도 유명하다. '초식동물을 유인하는 식물 휘발성 물질'로 오랫동안 알려진 이 화학물질은 그 지역에 포식자가 나타났다고 인접한 식물에게 경고하는 역할이라고 과학자들은 생각했다.

최근 들어 연구원들은 식물이 위협을 받거나 대책을 마련할 때 서로 소통하며 내뿜는 신호가 무수히 많고, 그 신호들은 은은한 '정보 전달 화학 물질망'으로 덮여 있다는 사실을 알게 됐다. 물질망의 기능은 벌을 유인하는 꽃처럼 교과서에 나오는 예시를 훨씬 뛰어넘는다. 나무도 자기 신분 정보를 실어나르는 화합물을 내뿜는다. 예를 들어 나무에서 잎을 몇 개 떼어내도 화학 신호를 방출한다.

숲으로 걸어 들어가기만 해도 피부에 닿는 공기에서 변화가 느껴지며 어느 정도는 좋은 효과를 얻을 수 있다. 우리가 '신선하다'라고 표현하는 공기에는 오염물질(대기 오염물질로 매년 700만 명이 조기사망에 이른다)이 없을 뿐 아니라 식물과 동물에서 나온 화학 신호가 가득하다. 신선한 공기는 그저 나쁜 물질이 없는 공기를 의미하지 않는다. 신선한 공기는 좋은 물질이 포함된 것을 의미한다. 이는 야외 활동에서의 건강 효과를 설명한다.

짝짓기 행동에 구체적으로 영향을 주는 화학물질인 페로몬Pheromones이 공기 중에 존재한다는 발상은 보통 사이비 과학으로 치부된다. 특히 이 개념은 인간의 매력을 기체 형태로 캔에 담아 팔려는 상술 탓에 확실히 왜곡돼왔다. 하지만 화학적 끌림이라는 기본 발상은 볼라톨롬의 존재로 뒷받침된다. 개를 비롯해 동물 대부분은 배란기인 암컷이 몇백 미터 떨어진 곳에서 풍기는 화학 신호를 감지할 수 있는데, 인간이라고 호르몬 변화에 맞춰 화학 성분을 방출하는 능력이 없을 것 같지는 않다. 비록 우리의 코가 상대적으로 열등해서 휘발성 화학 신호를 대부분 감지할 수 없어도 우리가 내뿜는 전반적인 기체 혼합물은 성적인 맥락이든 아니든 분명히 타인에게 신호를 보내고 있다.

코스텔로는 볼라톨롬에 담긴 화학 성분의 수가 대략 수만 개에 달한다고 믿는다. 개개인이 주고받는 신호들은 그 성분이 서로 결합하고 교체되면서 수조에 이르는 변형이 생기고 그러면서 겨드랑이, 입, 그 외 몸 곳곳에서 미묘하게 달라진다. 이런 부유 혼합물이 혹시라도 복제에 성공해서 병에 담겨 사람을 끌어당기든지 말든지 확실한 것은 우리가 발산하는 화합물이 우연히 만들어지지 않는다는 사실이다. 그래서 그 화합물을 억제한다는 것이 가능한 일인지 의문이 생긴다.

◆ ◆ ◆

이 책을 쓰던 중 나는 코네티컷에 있는 중독 치료소에서 2주 동안 일하며 중독 전문가와 환자들을 만났다. 비교적 새로운 분야인 중독의학은 현재 아편유사제 중독에 크게 주력하고 있는데, 보통 의학 치료제로 사용했다가 중독에 이르는 부작용이 생긴다. 환자들의 표현을 빌리면 이곳에는 '깨끗'해지려고 시도하는 환자부터 100번째 시도 중인 환자까지 다양했다.

이곳에서 쓰는 '깨끗'의 의미가 내가 이제껏 들은 어떤 쓰임새보다 적절하다는 느낌이 든다. 중독 치료소에서 깨끗함이란 독성 오염물질 제거하기부터 정신적 순수성 찾기까지 포함한다. 중독 치료의 목표는 그저 약물 사용을 중단하는 것이 아니라, 약물 없는 삶을 새로 꾸려가는 것이다. 그러려면 지속적으로 세심하게 주의를 기울이고 방심하지 않고 집중해야 한다. 많은 사람은 이 과정을 제2의 전성기, 즉 다시 태어나 자신을 완전히 재구성하고 새로 시작하는 기회로 받아들이는 데 도움이 된다고 말한다.

내가 근무했던 주정부 지원 시설은 아편유사제가 급속히 확산되며 큰 타격을 입은 곳으로, 창문이 거의 없는 환경에서 환자들이 하는 활동이라고는 보는 사람도 없이 켜진 작은 TV 앞에서 조용히 앉아 있는 것뿐이었다. 이곳 거주민 대부분은 마약 입수나 마약 입수를 위한 자금 마련과 관련해 경범죄 혐의로 체포돼 법원 명령을 받았다.

치료소에서 보내는 시간은 꽤 지루한 편이다. 하지만 진짜 힘든 것은 시설을 떠난 후에도 깨끗하게 살아가는 것이다. 사회적 환경이 변하지 않고 이전처럼 중독을 부추기는 주변인이 있다면 재발 가능성은 거의 100%다. 어디로 갈지, 약물을 사용하지 않고 무엇을 할지, 구체적으로 계획하지 않는다면 재발은 불가피하다.

이런 의미에서 깨끗해지려면 스스로 고립되거나 벽을 세우는 것이 아니라 정반대 행동이 필요하다. 다시 말해 열린 자세로 새로운 노출에 발을 디뎌야 한다. 보통은 새로운 사람을 만나 깊고, 의미 있고, 솔직한 관계를 만들어가는 것을 의미한다. 주정부 지원 프로그램에서는 이 사람들이 새로운 인간관계를 형성할 수 있는 환경으로 내보내도록 지원했어야 한다. 약물중독자 모임Narcotics Anonymous 같은 프로그램을 지속해서 소모임과 멘토링을 제공하지만 누군가에게는 좋은 결과로 이어지기도 했고 철저하게 정직하도록 요구하다 보니 중독으로 뇌가 수년간 통제된 사람들은 힘겹게 느끼기도 했다.

약물을 끊은 뒤 수십 년이 지나고, 담배 한 개비조차 손에 대지 않는다 해도 많은 사람은 평생 자신을 중독자라고 여길 테고 이런 생각에서 벗어나지 못해 계속 자제하려고만 한다. 내가 여러 중독자에게 들은 깨끗해지기 비결은 오로지 새로운 정체성으로 새롭게 삶을 대할 때만 효과를 보인다. 새로운 사람, 새로운 취미, 새로운 습관으로 다시 살아가는 것이다.

행동과학은 알고 있다. 오래된 습관을 멈추는 것은 어렵고 시도해도 실패하기 쉽다. 그렇지만 뭔가 다른 것을 시작해보거나 지금까지와는 다른 사람이 되겠다는 마음가짐은 동기 부여를 효과적으로 이끌어낼 수 있다. 피부 위생을 위해 항균제를 사용하는 것처럼 무작정 제거하려고만 하면 효과가 없다. 깨끗해지겠다고 수도승처럼 고통스럽게 소외되고 결핍을 참는다면 지속하기는 힘들다. 오히려 변화를 받아들이고 새로운 관계를 형성하는 과정이 훨씬 더 효과적이다.

저스틴 맥밀렌Justin McMillen은 현대 유행병을 다룰 때도 그런 식의 개념이 필요하다고 봤다. 각진 얼굴에 각진 어깨를 한 건장한 운동선수 스타일인 맥밀렌은 짧게 깎은 머리에 짧게 턱수염을 길렀다. 그는 어릴 적 '벌목 환경'에서 자랐고 숨 한번 들이마시고 18미터나 잠수할 수 있다고 했다. 로스앤젤레스에 사는 젊은 목수였던 그는 헤로인에 중독됐다.

2008년 주택 시장이 무너지면서 재산을 대부분 잃었고 상황이 안 좋았을 때는 차고에서 생활하기도 했다. 수년간 육상 대회에 참가하면서 맥밀런은 몸을 극한으로 밀어붙이는 게 좋았다. 도전과 고통 속에 하루하루 살다 보니 목수로서 일하면서 편안한 아파트에서 사는 삶이 지루해졌다. 그가 원했던 안정적인 삶이지만 몸과 마음을 다그치지 않으면 다른 방식으로라도 자극하고 싶었다. 그래서 다시 활성화하고 싶다고 안달하는 도파민 회로를 자극하기 위해 약물을 복용하거나 주입하기에 이르렀다.

그는 캘리포니아대학교 로스앤젤레스캠퍼스 마음챙김 연구센터Mindful Awareness Research Center의 공동 창립자인 신경학자 댄 시겔Dan Siegel의 연구 작업을 바탕으로 중독을 전전두엽 피질의 기능이 무너진 것으로 개념을 잡고 보상 체계를 바꿔봤다. 시겔의 연구에서는 전전두엽 피질이 대인관계에 중요하다고 강조한다. "전전두엽 피질에서 조절 기능이 무너지면 인간관계는 힘들어집니다." 맥밀런은 설명한다. 혼자라는 느낌을 받을수록 자극을 갈구하게 된다. "악순환이 반복됩니다."

맥밀런은 중독에서 회복하며 남성들이 특히 고립감을 느낀다고 깨달았고 오리건주 포틀랜드에 '나무집 회복실Tree House Recovery'이라는 소규모 남성 중독 프로그램을 개설해 사람들에게 관계 맺는 법을 가르쳐주기 시작했다. 대개 신체 접촉을 이용한다. '신체 증진 책임자'는 집중 의료 책임자와 협력해 참가자들이 서로 믿고 의지하도록 신뢰 쌓기에 특화된 운동을 잘해나가는지 감독한다. 참가자들은 포틀랜드 해안가에 자리 잡은 여느 단층집과 똑같이 생긴 집에서 지내지만 프로그램은 부분적으로는 입원 시설로 간주되고, 여러 건강보험에도 가입돼 있다. 프로그램을 홍보하면서 맥밀런은 보통 사람에게는 낯선 남성 간 신체 접촉을 공개적으로 지지하고 '혈압을 낮추고, 면역체계를 강화하고, 기억력을 개선하고, 고통을 줄여준다'며 효과를 내세운다. 그가 지역 방송에 출연해 남자 앵커와 리포터와 함께 직접 행동을 선보이자 사람들은 어색하다는 반응을 보였고 싫어하는 사람도 있었다. 맥밀렌은 등을 가볍게 토닥이는 정도로 단순한 접촉도 괜찮다고 강조한다. 그도 남성들이 친구와 손을 잡으리라고는 기대하지 않았다.

"문을 나서면서 '이봐요! 서로 껴안으라니까요'라고 해봤자 안 통했겠죠." 그가 말한다. '적나라하게 감정을 표현'하는 건 관계를 만들어가는 단계에서는 받아들이기 쉽지 않다. 그래서 맥밀렌은 수년에 걸친 시행착오 끝에 사람들이 순수하게 신체 접촉을 받아들이려면 너무 깊게 생각하지 않고 스스로 시도하도록 해야 하고 익숙한 상황에서 처음으로 한 행동이 마중물이 되면 다음에도 계속 이어질 수 있다는 것을 알게 됐다.

신체 접촉을 낯설게 여기더라도 운동 경기, 특히 레슬링이나 권투를 할 때는 어색함이 사라지기 때문에 스포츠는 남성에게 다른 남성을 만져도 괜찮다는 것을 가르쳐주는 방법으로 사용된다. 그렇다고 해서 맥밀렌은 프로그램에 참가한 남성들에게 실제로 서로 때리라고 시키지는 않는다. 그는 '동작 기반 유도 치료'를 개발했는데, 혼합 무술처럼 보이지만 목표는 오직 남성들이 순수한 접촉을 경험하도록 만드는 것이다. 야생성을 느끼고 싶은 남성들을 위한 영화 〈파이트 클럽**Fight Club**〉 같은 시나리오가 떠오르던 차에 그는 "참가자들끼리 서로 두들겨 패는 상황은 결코 아닙니다"라고 말하며 나를 안심시켰다.

"우리는 상대와 같은 행동을 함으로써 신뢰를 쌓고 신체 접촉을 쉽게 늘려갈 수 있습니다. 행동 자체가 충분히 '남성'다우니까요." 그는 말했다.

"수업이 끝나면 참가자들이 자연스럽게 접촉하며 경계라는 사회적 개념이 사라지는 것이 보입니다."

우리가 악수하고 껴안으며 인사하는 이유는 신체 장벽을 깨트리면 즉각적으로 다른 장벽을 손쉽게 통과할 수 있다는 보편적인 믿음 때문이다. 나는 최근 팜스프링스에서 열린 '건강 페스티벌'에 관해 기사를 쓰면서 이를 직접 경험했는데 이곳 참가자들은 대부분 자신을 중독자라고 밝혔다. 회의장 한곳에서는 사람들을 두 줄로 세우고 서로 마주 보라고 했는데, 얼굴 사이 거리는 고작 30센티미터도 안 됐다. 그러고는 절대로 눈을 피하지 말고 자신이 가장 심각하게 여기는 불안 요소를 말해보라고 했다. 나는 처음에는 지시 사항을 듣기만 해도 어색했는데 앞 사람과는 가깝고 옆 사람과는 나란히 서 있자니 꼬인 호스가 풀리는 듯한 기분도 들었다. 그렇게 서 있는 1분 동안 나는 친구에게 말했다면 한 시간은 될 만큼 많은 내용을 낯선 사람에게 쏟아냈다. 친구였다면 나는 눈동자를 가만히 두지 못하고 팔짱을 끼고 심리학자의 시선에서 보면 관계를 거부하는 것처럼 보이는 온갖 잠재의식적 행동을 했을 것이다.

접촉(어떤 관계도 드러내지 않는 순수한 접촉)이 지닌 효과는 자세히 기록돼 있다. 2019년 나는 이 분야 연구의 선구자인 티파니 필드Tiffany Field를 인터뷰했다. 필드는 발달심리학자로서 마이애미대학교 의과대학에 접촉 연구소를 세웠다. 필드는 수십 년 동안 사람들이 서로 더 많이 만지도록 노력해왔다. 사람의 손길로 미숙아의 몸무게가 빠르게 늘었다는 사실을 발견하면서 연구를 시작했고 그 결과 접촉을 경험한 미숙아가 평균적으로 병원에서 빨리 퇴원했고, 병원비도 3,000달러나 적게 들었다는 것을 밝혀냈다.

이로써 '접촉 결핍'이 아이들에게 미치는 영향이 문서로 기록됐다. 기록에는 아이들이 영구적으로 신체 및 인지 장애를 일으킬 수 있고 살면서 사회적으로 위축될 수 있다고 밝혔다. 필드는 임신한 여성, 만성 통증이 있는 성인, 요양원에 있는 사람에게 접촉이 주는 효과를 연구해 유사한 결과를 발표했다. 신체 접촉은 다 큰 어른도 더 크게 키워준다고 알려지지는 않았지만 짧게 매일 15분씩 접촉하는 것만으로도 혜택은 무수히 많다고 알려져 있다.

꺼안기가 면역체계에 도움을 준다고 대대적으로 보도된 최근 연구에서 카네기멜론대학교 심리학 교수 셸던 코언Sheldon Cohen이 이끄는 연구진은 호텔에 400명을 격리하고 그들을 감기 바이러스에 노출시켰다. 서로 응원해주는 인간관계를 쌓은 사람들은 감기 증상이 별로 안 나타나거나 경미했다. 그리고 그 효과의 3분의 1 정도가 신체 접촉(특히 꺼안기)으로 설명된다고 연구진은 결론을 내렸다. 무슨 원리인지는 밝혀지지 않았지만 면역체계를 강화하는 엔도르핀Endorphin과 여러 화학물질을 발산하도록 뇌를 유도하는 촉각 수용체Touch Receptor가 핵심이 아닐지 막연히 추측하고 있다. 설득력 있는 가설로는 접촉하는 사람끼리 미생물을 공유해서 효과가 나타났다는 주장도 있다.

내가 이제껏 다룬 주제 때문에 나는 후자를 간절히 믿고 싶다. 많은 직업이 그렇듯 오늘날 글을 쓴다는 것도 대개는 디지털 소통을 가리킨다. 이메일을 보내고 트위터로 교류하고 문자를 보내고 화면으로 사람들과 대화하면서 하루하루를 보낸다. 우리는 끊임없이 서로와 연결된 것처럼 이미지와 언어를 가공하고 있지만 실제로 한 사람과 하루를 보내는 것보다 더 외롭기도 하다. 흔히 말하는 현대인의 고통이다. 접촉과 화학반응의 교류는 단어만으로는 효과를 설명할 수 없다.

　학계에 보고된 신체 접촉의 효과가 촉감에서 오든, 동물이 공중에 보내는 화학 신호에서 오든, 곁에 사람이 있을 때 공유하는 미생물에서 오든, 우리의 몸은 혼자일 때보다 함께일 때 더 강한 공동체의 일부로 보는 것이 마땅할 것이다.

8장

프로바이오틱의
위생 혁명

PROBIOTIC

볼티모어에서 판자로 막힌 연립 주택들을 지나 몇 블록만 가면 돌연 지평선이 펼쳐진다. 늘어선 노점에서는 콜라겐 음료를 팔고 가벼운 운동복 차림을 한 인플루언서들은 무리 지어 도시의 웅장한 컨벤션 센터로 향한다. 이곳에서 4일 동안 세계 최고의 건강 통상 연례 회의인 자연건강식품 박람회Natural Products Expo가 개최된다. 상점, 건강 휴양지, 페스티벌 같은 장소가 소비자를 위한 곳이라면 이곳은 소매업자와 유통업자가 건강식품의 다음 동향을 살피고 상품 목록을 채우려는 곳이다.

인디 뷰티 박람회처럼 자연건강식품 박람회의 판매자들도 공식적으로 합의된 적 없는 용어를 너도나도 쓰고 있다. 히말라야 소금과 숯 치약을 판매하는 고가 브랜드 부스 옆에는 귀리 우유와 콜라겐 분말을 취급하는 대형 유통회사 부스가 있다. 탄산수 브랜드 라크로이LaCroix는 거대한 부스를 차지하고 있고, 맥앤치즈 제조사 애니스Annie's도 그에 못지않다. 애니스는 마케팅이 대성공을 거둔 사례로, 출시된 지 50년이 된 크래프트의 맥앤치즈를 가져다가 성분을 약간 바꿔서 재포장했고 라벨에 '천연 성분'이라는 표시를 달았다는 이유로 두 배 가격에 제품을 팔았다. 닥터 브로너스도 자리를 잡고 에탄올, 정제수, 글리세린, 페퍼민트 오일을 함유한 새로운 손소독제를 제공한다. 병에는 '99.9% 살균 효과'라고 쓰여 있다. 데이비드는 피부 미생물을 받아들여야 한다는 내 이야기를 듣고도 기존 틀을 깰 만큼 자극을 받지는 않았나 보다.

나는 4년 전 자연건강식품 박람회에 처음 참석했는데, 변화는 확연히 드러날 정도다. 피부를 위한 프로바이오틱Probiotic(장내 미생물 균형을 맞춰주는 유익한 균-옮긴이) 제품을 비롯해 장, 구강, 질을 위한 프로바이오틱 제품에 이르기까지 각종 프로바이오틱 제품이 새로운 범주를 이루고 있었다. 이제 시장은 그간 지배해온 위생 혁명을 뒤집으며 오히려 미생물을 몸에 더하는 것이 여러 질병을 예방하거나 완전히 치료할 수 있다는 개념을 중심으로 몸집을 폭발적으로 불려가고 있다.

저스트 스라이브Just Thrive라는 회사의 부스에서 한 남자가 약병을 쥐고 슬그머니 다가온다. 빌리 앤더슨Billy Anderson은 폴로 셔츠를 청바지 안에 넣어 입고 있었다. 제약 회사에서 영업사원부터 시작해 임원까지 지낸 뒤 퇴직했다는 그는 폐장 시간이 다가왔지만 내게 구매를 권유하려고 이야기를 시작할 분위기다.

"이 미생물들은 우리가 살던 땅, 우리가 먹던 음식, 우리가 마시던 물처럼 주위 환경에서 풍부하게 발견됐었습니다. 하지만 땅에서 농사를 반복하고 그때마다 살충제, 제초제, 항생제를 사용하면서 미생물이 고갈됐죠."

여기까지 말을 마친 그가 아직 발견되지 않은 영역으로 방향을 틀면서 그의 알약이 여러 질환 중에서도 자폐증을 치료할 수 있다는 식으로 넌지시 말했다.

"부모들은 아이를 의사한테 데려갑니다. 그러면 의사들은 이러겠죠. '세상에, 놀랍군요. 어떻게 하신 거죠? 수치도 그렇고 전반적으로 아주 좋아졌는데요.' 부모는 말하죠. '아이에게 저스트 스라이브를 먹였어요' 라고요."

앤더슨의 아내인 티나도 제약업계에서 일하다가 앤더슨과 함께 자연에서 진정한 프로바이오틱이라고 불릴 만한 프로바이오틱을 열심히 찾아다녔다. 달인 수준이 아닌 제품을 파는 데 라벨은 달인급이다. "비유전자변형식품non GMO으로 대두, 유제품, 설탕, 소금, 옥수수, 견과류, 글루텐 무첨가(자체 강조) 제조." 박람회에 나온 여러 제품처럼 이 제품도 채식Vegan, 구석기Paleo, 키토Keto(저탄수화물 고지방—옮긴이) 식단을 하는 사람에게 적합하다고 쓰여 있다. 작은 병 하나에 49.99달러에 판매한다(배송비 4.99달러 별도).

제품의 효능은 라벨만큼 확실치 않다. 박람회에 등장한 다른 제품 라벨에서, 또는 매장 판매대에서 보이는 '프로바이오틱'이라는 용어는 '몸에 유익하다'와 동의어처럼 쓰이는 것 같다. 홍보 문구에는 복잡한 신경학적 증상 치료부터 일반적인 건강 관리까지 다양한 효능이 있다고 나와 있다. 근처 다른 회사 부스에서는 프로바이오틱 세정제와 프로바이오틱 체취방지제를 판매한다. 박람회장 한곳에는 거대한 간판에 '진정한 프로바이오틱'이라고 쓰여 있고, 그 아래에는 핑크색으로 '여성용'이라고 적혀 있다. 제품 라벨에는 '요로 건강을 증진하는 질 건강 프로바이오틱'이라고 표기돼 있다.

내가 견본품을 하나 집으려고 하자 영업사원이 "어! 안 돼요"라면서 바구니를 치웠다. "손님은 일반용 가져가시면 돼요." 하지만 사원이 느리게 움직이는 바람에 알약 두 개가 담긴 자로도필러스^{Jarro-Dophilus} 여성용 견본품 하나를 챙겼다가 나중에 별 거리낌 없이 제품을 복용해봤다(눈에 띄는 효과는 없었다). 제품은 어차피 경구용 프로바이오틱이었다. 질을 가진 사람이든 아니든 삼키는 것만으로는 세균이 질까지 도달하지 않는다. 가설에 의하면 세균이 위장관에서 요로나 질관에 도달할 수 있는 유일한 길은 혈류를 통하는 것이다. 하지만 실제로 이런 일이 벌어진다면 그야말로 긴급한 응급 상황일 것이다.

알약 안에 든 세균은 모두 락토바실러스^{Lactobacillus}(유산균의 일종-옮긴이)로 대개 요구르트에 들어 있는 부류다. 요구르트에는 확실히 살아 있는 세균이 들었지만 이 제품을 비롯해 다른 프로바이오틱처럼 알약 형태는 변동이 심하다. 세균은 대부분 장기간 상온에 보관할 수 없어서 프로바이오틱 제품은 주로 냉장 보관을 해야 한다(자로도필러스 여성용은 예외였다). 프로바이오틱 보충제 속에 실제로 세균이 얼마나 살아남았는지 확인하기는 힘들다. 더구나 위산을 통과해 장에 머무는 세균이 얼마나 될지는 파악하기가 더욱 힘들다. 프로바이오틱 건강 보조제에 붙은 라벨에는 알약이나 캡슐에 포함된 생존 가능한 세균의 양을 목록으로 명시해야 하지만 식품이나 의약품 성분과는 달리 이 세균들은 살아 있기 때문에 정확하게 표시하는 데 어려움이 따른다.

FDA에 따르면 프로바이오틱이라는 이름으로 제품이 출시되기 위해서는 세균이 반드시 살아 있어야 한다. 예를 들어 콤부차^{Kombucha}는 프로바이오틱이다. 육안으로 음료 위에 떠 있는 미생물을 볼 수 있는데, 이들이 차에 들은 설탕을 알코올로 바꾸며 활발하게 발효한다. 이 덩어리를 스코비**SCOBY**(Symbiotic Culture of Bacteria and Yeast의 머리글자, 세균 및 효모균의 공생 배양균을 일컬음)라고 부른다. 이 미생물은 계속 활발하게 설탕을 발효하고 심지어 냉장고 안에서도 활동하기 때문에 가끔은 완성된 콤부차의 알코올 수치가 병마다 꽤 차이가 난다. 때에 따라 예상 알코올 수치보다 너무 높게 만들어지는 경우도 생겨서 콤부차 제조자나 규제 기관은 각 병에 담긴 미생물이 일정하게 활동하도록 유지하는 방법을 찾느라 고심하고 있다.

살아 있는 세균을 담은 다른 제품도 제조자와 이용자에게 비슷한 문제를 제기한다. 동결건조와 같이 새로운 보존법으로 제품에 이상 없이 배송할 수 있는 가능성이 없진 않지만 미생물 보존과 배송 기술은 아직 표준화되지 않았다. 더 복잡하게 살펴보자면, '프로바이오틱'이라고 홍보하는 제품 중에는 '세균 용해물**Bacterial Lysate**'이 들어 있는 것도 있다. 이는 세균이 용해됐다는 뜻으로 가열되거나 사멸되거나 분리된 것을 의미한다.

용해물을 먹거나 바르는 것이 무슨 효과를 낼지는 불분명하지만 살아 있는 생물을 쓰는 것과는 확연히 다르다. 연구진은 사멸한 세균 일부도 면역체계에 어느 정도 효과를 줄 수 있다는 가설은 가능성이 있다고 말한다. 어찌 됐든 사멸한 바이러스 일부분을 백신으로 만들어 면역체계를 활성화시키는 데 사용하고 있으니 아예 불가능한 건 아닐 것이다. 하지만 기존 마이크로바이옴에 용해된 세균 일부를 넣음으로써 프로바이오틱의 효과를 기대하기란 베이컨이 돼지 농장에서 잘 지내기를 기대하는 것과 같다.

'프로바이오틱'이라는 용어는 인디 뷰티 박람회에서도 등장하기 시작했다. 라플로어**LaFlore**라는 회사는 내게 '프로바이오틱 클렌저(42달러)'

와 '프로바이오틱 세럼 컨센트레이트(140달러)'를 써보라고 줬다. 두 제품은 거의 오일과 허브 추출물로 만들어졌고 근처 부스에서 선보이는 제품들과 다를 바가 없었지만 성분표 중간쯤에 락토바실러스 발효물과 더불어 락토코쿠스Lactococcus(유산균의 일종) 용해물이 표기된 점이 달랐다. 이런 성분의 효과는 학술 논문에서도, 내가 제품을 실험해본 결과에서도 그다지 확실하게 드러나지 않는다. 라플로어는 제품에 표기된 세균 성분이 내 피부에 어떤 역할을 하는지 결정적인 언급은 회피한다. 대신 실험 실용 흰 가운을 입은 사업주는 무척 친절했다. 그녀는 제품 성분이 소박하고 자연 그대로라는 것을 보여주려고 직접 유리그릇에다 세럼을 만들어보라고 했다. 여러 가지 분말을 더할 때마다 색이 만들어지는 모습을 보자니 황홀했다. 유치원에서 원색 물감을 섞으며 빨강과 노랑을 주황으로 만들던 기억이 떠올랐는데 내게는 아직도 그 모든 것이 마술 같다. 넋을 놓고 있자니 회사 관계자 같아 보이는 사람이 내 모습을 찍었다. 아마도 인스타그램에 올리려나 보다.

인디 뷰티 박람회에서 알게 된 바이오밀크 프로바이오틱 스킨케어BIOMILK Probiotic Skincare라는 회사는 '당신의 피부를 내부와 외부의 공격에서 보호'하는 '프로바이오틱 데이크림'과 '프로바이오틱 나이트크림'으로 '강한 프로바이오틱 보호'를 제공한다. 제품 포장에는 우유를 기본으로 사과, 브로콜리, 그 외 슈퍼푸드가 그려져 있다. 메시지만 보면 미생물 생태계를 씻어내는 대신 육성하자고 주장한다. 창립자 밸러리 카사그랜디Valerie Casagrande는 존슨앤드존슨Johnson and Johnson 영업부에서 근무했다. "프로바이오틱은 몇 년 전 코코넛 워터처럼 반짝하는 유행이 아니다. 업계를 근본적으로 뒤엎을 것이다"라는 깨달음을 얻고 그는 바이오밀크를 설립하게 됐다고 했다.

다른 회사들은 '프리바이오틱Prebiotic'이라는 용어도 사용한다. 미생물 개체군에게 '먹이'를 공급하거나 성장을 촉진하려고 만들어진 화합물을 뜻하며, 제품 자체에 미생물이 들어 있지는 않다. 이것은 프로바이오틱보다 더 뜬구름 잡는 소리다. 어떤 생성물이 사람의 피부 마이크로바이옴에 (자신의 피지 외에) 먹이를 공급할지 아무도 모르기 때문이다. 그렇다 해도 내세우는 주장이 하나같이 그럴듯하다. 나는 스마티피츠Smartypits라는 체취방지제 브랜드의 창립자 스테이시아 구조Stacia Guzzo와 이야기를 나눴고, 그녀는 자사 제품이 겨드랑이 마이크로바이옴을 새롭게 바꿀 수 있다고 주장했다. 엄밀히 따지면 모든 체취방지제가 그런 역할을 하지만 그저 세균들을 죽이는 대신 세균에게 먹이를 주고 새롭게 바꾼다고 제품을 마케팅하는 발상은 이론적으로 옳고 시대에도 앞서간다.

박람회에서 느껴지는 온갖 희망과 에너지에도 불구하고, 소규모 인디 판매자들이 피부 프로바이오틱을 대중에게 알릴 만한 제품을 내놓을 것 같지 않다. 그러려면 발상의 전환이 필요한데 과거를 되새겨 볼 때 마케팅과 홍보에 엄청난 노력을 기울여야 했기에 지금까지 다국적 기업만이 해낼 수 있었다. 거대 제약 업계와 비누 기업이 피부 프로바이오틱 사업에 본격적으로 뛰어들기만 한다면 이런 제품들은 비누, 샴푸, 컨디셔너, 로션, 데오도란트와 함께 가정집 욕실 선반에 나란히 설 수 있다.

그리고 그런 움직임은 이미 시작됐다.

◆ ◆ ◆

내가 피부 마이크로바이옴에 '집착'하게 된 계기는 내게 처음으로 미니멀리스트 처방에 관심을 가지도록 한 사람의 역할이 크다. 바로 줄리아 스콧Julia Scott으로 베이에어리어에서 활동하는 과학 언론인이다. 스콧은 2014년 〈뉴욕타임스〉에 피부에 좋은 세균을 스프레이 병에 담아서 파는 에이오바이옴AOBiome이라는 회사를 다룬 흥미로운 기사를 썼다. 실제로 사람들은 이 새로운 개념을 받아들였다. 나는 스콧과 그 이야기를 나누려고 그녀의 아파트에 방문했다가 눈에 띄게 황량한 샤워실을 보게 됐다. 그녀가 가끔 사용한다는 비누 외에는 어떤 제품도 없었다.

전년도에, 유명한 뉴욕대학 미생물학자인 마리아 도밍게즈벨로Maria Dominguez-Bello와 동료들은 베네수엘라 오지에 동떨어져 사는 야노마미족Yanomami이 인간에게 발견된 미생물 중에 가장 뛰어난 종 다양성을 보유한다는 연구 결과를 발표했다. 이 연구는 아미시 알레르기 연구처럼 자연에서 멀어진 산업혁명 이후의 생활 방식이 사람의 장과 피부에 변화를 줬다는 주장을 뒷받침했다. 이 개념은 재빨리 상품으로 만들어졌다. 매사추세츠공과대학(이하 MIT) 출신 화학공학자 데이비드 휘틀록David Whitlock은 배우자와 함께 15년 넘게 샤워하지 않았다고 알려진 인물로, 에이오바이옴을 설립해 몸에 있는 세균을 대하는 대중의 사고방식을 바꿔보겠다고 목표를 세웠다. 회사는 제품을 만들면서 자연으로 복귀한다는 원칙에 근거를 두고 작업했다. 에이오바이옴의 첫 프로바이오틱 스프레이는 처방전 없이 살 수 있는 마더 더트Mother Dirt라는 제품 라인으로 니트로소모나스 유트로파Nitrosomonas Eutropha라는 세균이 피부에 다시 서식할 수 있게 계획됐다. 홍보는 이런 식이다. 이 암모니아 산화 세균은 원래 우리 피부 마이크로바이옴의 일부였고 체취를 만드는 다른 세균 반응 과정에서 생성되는 냄새나는 부산물을 없애는 역할을 했다. 하지만 우리가 계면활성제를 사용해서 피부를 닦고 생활 환경이 바뀌면서 세균을 우리 몸에 서식하게 할 접점인 흙을 멀리했고 니트로소모나스는 거의 자취를 감췄다.

이 세균을 몸에 다시 살게 하면 피부 건강이 향상되고 여드름 같은 피부병이 줄어든다고 회사는 주장한다. 마더 더트 주력 상품은 다음과 같이 선전한다.

"에이오플러스 미스트AO+Mist는 사용한 지 2주 안에 현대인의 위생 관념과 생활 방식으로 잃어버렸던 필수 박테리아를 다시 되돌리면서 민감함, 부스럼, 거칠기, 유분, 건조함, 체취를 포함해 피부 조직을 전반적으로 개선한다."

휘틀록은 이 제품을 사용하고 있고 덕분에 샤워할 필요가 없다고 말했지만 다른 사람들은 그가 샤워를 해야 한다고 내게 불만을 털어놨다.

나는 2015년 〈디 애틀랜틱〉에 실을 기사를 작성하던 시기에 샌프란시스코에 있는 에이오바이옴 연구소에 방문했는데, 그곳에서 근무하는 과학자 래리 와이스Larry Weiss가 내 얼굴에 세균을 뿌렸다. 그가 미리 양해를 구했지만 계속 재채기가 나올 것 같았다. 근본적으로 좋다 나쁘다 말할 만한 변화도 느끼지 못했다. 하지만 친구나 방송에서 추천했다거나 매장에서 포장이 멋있다고 구매한 세정제를 써서 피부를 엉망으로 만드는 대신 피부 마이크로바이옴을 생각하고 어떻게 일궈나가야 할지 고민하게 됐다.

나는 샤워를 그만두고 이 책을 쓰면서 매사추세츠 케임브리지에 있는 에이오바이옴 본사를 찾아갔다. 에이오바이옴은 이제 자사를 '염증성질환, 중추신경계질환, 그 외 전신 질환을 다루는 치료법'에 중점을 둔 '임상 단계 마이크로바이옴 회사'라고 표현한다. 본사 사무실에서 드디어

휘틀록을 만났다. 그는 샤워하지 않고 거의 20년을 지냈다고 하는데 악수를 나누면서 불쾌하지 않았다. 근대 이전 시대의 피부로 되돌리기 위해 세균 제품을 개발한다는 장소치고는 일어서서 작업할 수 있는 스탠딩 데스크나 쥐 죽은 듯 조용한 열린 구조 사무실, 다용도실 조리대 위에 반쯤 먹다 만 생일 케이크가 전혀 어울리지 않았고 그저 평범한 벤처 회사 같은 분위기를 풍겼다.

아마도 이곳이 진짜 제약 회사이기 때문일지도 모른다. 회사는 현재 총 6단계 임상 프로그램을 운영 중으로 장과 폐 질환을 목표로 한 초기 프로그램을 비롯해 세균 스프레이로 여드름, 습진, 주사(코와 뺨이 빨갛게 되는 염증 질환), 알레르기비염을 치료하는 시험 프로그램도 포함한다. 새로운 CEO인 토드 크루거Todd Krueger는 사업 개발 전문가다. 노스웨스턴 대학교에서 경영학 석사학위를 취득한 뒤 베인앤드컴퍼니에서 근무했고 유전체학 관련 제품의 사업 전략 개발에도 착수했다. 그에게 신생 벤처 기업을 돕는 기술 인큐베이터 프로그램까지 설명을 듣고 나서 우리는 MIT 근처 카페 아트사이언스Café ArtScience에 가서 점심식사를 했다.

"사람들이 샤워를 포기하지 않을 것 같아요." 크루거가 프렌치프라이를 먹으며 살짝 의심의 눈으로 날 보며 말했다. "저희는 사람들에게 샤워를 하지 말아야 한다고 말하지는 않을 겁니다. 당연히 화학물질로 샤워하는 것이 최선의 해결책은 아니라고 생각하지만요. 보존제가 첨가된 제품은 사람의 마이크로바이옴 어딘가에 손상을 줄 겁니다."

비누를 겨냥한 말일까?

"음, 비누도 안 좋습니다. 순수 비누는 정말 안 좋습니다(독자 여러분, 이것은 구매를 유도하는 발언이었지만 저는 끝까지 들어보고 싶었습니다)."

"솔직히 우리가 얻는 세균은 거의 다 동물 배설물에서 나옵니다." 그는 회사 제품이 아니라 인간을 전반적으로 언급하면서 말했다.

"아기가 태어날 때, 혹시 이걸 연구하셨나 모르겠지만 어머니한테서 얻는 세균은 출산길을 통해 받는 게 아니라 아기가 항문 주위에 있는 세균을 받는 거예요. 근본적으로 따지면."

질과 장 마이크로바이옴에 서식하는 많은 종이 서로 유사하지만 이들이 아기에게 어느 정도로 옮겨지는지는 불확실하다. 하지만 둘 다 임신 중에 변화가 일어나는 것으로 알려져 있고 아이가 태어나자마자 맞는 일종의 접종처럼 작용한다. 예를 들어 산모의 질에 포도상구균이 존재하면 아기가 만 5세에 천식이 있을 가능성이 있다고 밝혀졌다. 자연분만할 때는 보통 장을 비운다. 제왕절개로 태어난 아기는 자연분만으로 태어난 아기보다 마이크로바이옴에서 다양성이 부족하다는 연구 결과가 있다. 여성이 임신 중에 항생제를 복용하면 배 속 아기의 마이크로바이옴도 다양성이 줄어들 가능성이 있다. 모든 추측이 실제로 어떤 영향으로 나타날지는 앞으로 계속 지켜봐야 한다. 제왕절개는 때에 따라서는 생명을 구하는 필수 수단이다. 제왕절개 후 아기를 미생물에 노출하는 적절한 방법은 꾸준히 연구해나가야 한다. 내가 만난 여러 과학자는 산모의 질 미생물 표본을 채취해 아기 피부에 바르는 방식을 추천한다. 이 방법이 엄마의 미생물을 아이의 마이크로바이옴으로 이주시키는 가장 '자연스러운' 접근법일 것이다. 그 후에 어떻게 건강한 노출을 유지할지에 대한 대책은 에이오바이옴 같은 회사에게는 기회가 된다. 크루거가 홍보하듯 말이다.

"매일 아침 자신의 마이크로바이옴에 전쟁을 선포하고 샤워를 한 뒤 다시 몸에 뿌리면 되겠죠."

새롭게 일용품으로 자리 잡은 위생용품은 업계에서는 성배처럼 귀한 대접을 받는다. 이제 프로바이오틱 제품이 성배가 되려 한다. 에이오바이옴을 비롯해 유사 기업에 엄청난 벤처 자본이 흘러 들어가는 이유가 바로 이 때문이다. 단일 프로바이오틱 제품은 크루거가 품은 원대한 비전에 비하면 한참 모자라다. 크루거는 이렇게 말한다.

"우리는 오로지 한 가지 세균만 뿌리고 있습니다. 수천, 수만 마리 세균을 뿌리면 안 된다는 의미가 아니잖아요. 저야 그 세균들이 무엇인지 아직은 잘 모르지만요."

가장 큰 걸림돌은 사람들이 몸에 세균을 뿌리고 싶은지, 뿌릴 필요가 있는지 모른다는 점이다. 크루거는 1차 수요와 2차 수요의 차이를 설명했다. 1차 수요는 차가 필요하다고 결정하는 시점이다. 2차 수요는 특정 브랜드 자동차를 사야 한다고 확신하는 시점이다. 1차 수요를 만들어내려면 패러다임이 바뀌어야 하는데 그렇지 못한 탓에 피부 프로바이오틱 시장이 폭발적으로 성장하지 못했다고 판단했다. 패러다임이 바뀌어 사람들이 피부 미생물을 씻어내는 대신 잘 유지하는 데 관심을 가지면 다양한 제품 중에서도 에이오바이옴 같은 제품을 선택하기가 훨씬 쉬워진다. 그 말은 소셜미디어에서 에이오바이옴이라는 회사명이 넘쳐날 것이라는 의미다.

전환은 이미 이뤄지고 있다. 대중이 마이크로바이옴을 조금씩 받아들이기 시작하면서 오랫동안 꾸준히 팔리는 제품의 마케팅에도 영향을 미치기 시작했다. 2019년 가을, 도브는 자사 홈페이지에 '아기의 피부 마이크로바이옴을 위한' 정보 제공 캠페인을 실시했다. 도브는 '유해 세균을 막고 피부 기능을 돕는 중요한 영양 성분, 효소, 지질을 생성해 아기 피부를 건강하게 유지해주는' 마이크로바이옴에 신경 써야 한다고 부모들에게 조언한다. 부모는 베이비 도브 탑투토 워시**Baby Dove Top to Toe Wash**에 '프리바이오틱 보습제'가 첨가돼 있으니 이 제품으로 아기를 씻겨야만 할 것 같은 생각에 빠진다. 제품은 여러 아기용 바디워시처럼 주로 정제수와 글리세린으로 이루어져 있다. '프리바이오틱'이라 주장하는 이유는 피부에 유분을 남기는 바디워시가 다른 비누보다 피부 마이크로바이옴에 자극을 적게 줄 것이란 생각에서 비롯된다. 비누는 나쁘다고 은연중에 내비치면서 비누를 판매하는, 참으로 아슬아슬한 줄타기를 하고 있다. 전 제품을 순하고 건조하지 않은 제조법으로 만들어가면서 거의 자극을 주지 않는 제품 판매에 한 걸음 더 가까이 나아간다. 하지만 회사들에서 자극이 없는 제품을 만들어낸다 해도 도브와 다른 거대 비누 브랜드는 지금의 제품 라인을 유지할 것 같다. 항균**Antibacterial**과 친균**Probacterial** 사이에서 어디에 중점을 두느냐에 따라 크게 수익이 날 수도 아닐 수도 있다.

샤워를 장난처럼 대하며 시작했던 일이 생각지도 못하게 여러 사람을 위태롭게 만들면서 수십억 달러 규모의 미래를 묻는 본격적인 탐구가 됐다. 최신 연구는 자금을 지원받아 진행하거나 혹은 제품 판매 회사의 개발팀에 소속된 연구원들이 진행하는 경우가 있다. 피부 관리 분야에서는 이제 돈이 없으면 전문가에게 말도 붙이기 힘들다.

◆　◆　◆

미국국립보건원**National Institutes of Health** 본부는 다양한 연구소가 완만한 언덕 위 곳곳에 자리를 잡고 세상에서 가장 복잡한 의학적 불가사의를 풀고 있는 세계적인 병원을 둘러싸고 있는 형태로, 마치 과학자와 의사를 위한 캠퍼스 같다. 날씨가 기분 좋게 온화하고 습하지도 않은 날은 메릴랜드주 베데스다에서는 그다지 흔치 않다. 그런 날 나는 이곳에 피부 마이크로바이옴을 처음 지도로 만든 여성, 줄리 세그레Julie Segre를 만나러 왔다. 세그레는 2012년 학술 논문에서 마이크로바이옴을 '우리의 두 번째 게놈'으로 간주하며 우리 속과 겉에 서식하는 미생물이 '유전적 다양성, 질병 변경유전자, 면역 필수요소, 대사에 영향을 주고 약물 작용을 조절하는 기능적 실체를 모두 아우르는 원천'이라는 사실을 강조했다. 많은 연구자가 장 마이크로바이옴에 집중하는 한편 그녀는 피부 마이크로바이옴이 충분히 조명을 받지 못했다고 생각해왔다.

그녀는 본부를 소개하고 피부 연구가 진행되는 장소로 나를 안내했다. 이 시설에는 인간 외 영장류들이 살고 있고 가끔 동물들을 풀어놓기도 해서 추가로 보안 장치가 돼 있다. 시설 내부가 한눈에 내려다보이는 사무실에서 그녀는 피부 마이크로바이옴을 다채롭게 표현한 지도를 꺼냈다. 사람 몸에서 기가 모이는 부위나 침술 요법에서 경락을 표현한 지도처럼 보인다. 세그레와 공동 연구자인 엘리자베스 그라이스Elizabeth Grice가 작성한 이 지도는 내 부족한 지식으로는 그냥 몇백 년 전 세계 지도로밖에 안 보인다. 그녀는 새로운 신체 장기 하나를 막 발견해서 겨우 이해하기 시작한 정도라고 현재 상황을 비유했다. 예를 들어 해부학자들은 아주 오래전부터 우리에게 간이 있다고 알고 있었지만 지금까지도 간 기능을 전부 이해하지는 못한다(다른 건물에서 이를 연구 중이라고 한다). 그녀는 미생물 지도가 좋은 출발점이라고 설명했다.

피부 면적 1제곱센티미터마다 세균이 10억 마리가량 서식한다. 피부 전체로 보면 수조 마리에 달하며 종류도 적게는 수백 가지나 된다. 그들은 우리가 지닌 피부 환경 유형에 따라 보편적으로 세 범주인 지성Oily, 습성Moist, 건성Dry으로 나뉜다. 지성 부분은 이마와 가슴, 습성 부분은 겨드랑이와 팔꿈치, 무릎, 사타구니에서 접히는 부분, 건성 부분은 팔뚝이다. 예를 들어 내 왼쪽 팔꿈치 접히는 곳에 사는 미생물은 내 왼쪽 팔뚝에 사는 미생물이 아니라 오른쪽 팔꿈치 접히는 곳에 사는 녀석들과 가장 유사하다.

습성 부분은 기본적으로 염분이 있고 땀이 나는 축축한 환경이라 깨끗하게 씻어낸다고 해도 어쩔 수 없이 동일한 미생물이 정착하게 된다. 보통 이런 신체 부위는 피부 환경 탓에 채취 생성 세균이 지배한다. 대신 팔뚝이나 복부에는 이런 세균이 서식하지 않기 때문에 결과적으로 다른 부위보다 덜 씻거나 안 씻어도 된다.

줄리의 표현을 빌리면 사람의 촉촉한 주름에 자리 잡은 미생물들은 가슴 부위에 있는 미생물과는 완전히 다르다. 피부 표면에서 세균 생물량이 가장 높은 곳은 겨드랑이로, 미생물 집단은 겨드랑이의 아포크린 땀샘이 공급하는 식량 자원을 곧바로 먹을 수 있다. 전반적으로 보면 피부는 미생물에 그다지 많은 영양분을 제공하지 않는다. 세그레가 설명했다.

"세균이 먹을 식량을 끊임없이 공급하는 장과는 다르니까요."

피부에서 가장 흔한 세균류는 포도상구균, 코리네박테리움Corynebacterium, 프로피오니박테리움Propionibacterium, 마이크로코쿠스Micrococcus, 브레비박테리움Brevibacterium, 연쇄상구균Streptococcus이다. 줄리가 꺼낸 지도에는 지성 부분에 프로피오니박테리움 아크

네 **Propionibacterium Acne**가 많았고 이름에서도 알 수 있듯(아크네^Acne^는 여드름을 뜻하는 단어-옮긴이) 여드름이 발생하는 장소와 관련이 있지만 인과관계는 여전히 명확하지 않다. 습진은 팔꿈치 접히는 쪽과 무릎 뒤쪽처럼 굴곡진 주름에 주로 발생한다. 발적은 포도상구균 증가와 관련이 있다.

"이런 질환들이 적어도 미생물 불균형과 관련 있다는 것은 확실합니다." 세그레는 설명했다. 이러한 질환을 외래종이 원인이라고 판단해 기존 감염처럼 항생제로 뿌리 뽑을 수 있다고 믿은지 수십 년이 흘렀는데 이제야 진짜 문제가 불균형이었다고 드러나고 있다. 얼마 전까지만 해도 이 모든 미생물의 DNA 배열 순서를 밝히는 기술이 없었지만 최근에는 조금씩 사실을 파악할 수 있게 됐다.

세그레는 이런 역량을 타고난 1세대 과학자로 화이트헤드/MIT 게놈연구센터에서 근무했다. 그녀는 이 분야에 오게 된 이유를 말했다. "저는 커다란 데이터 집합을 체계적으로 정리하는 것을 정말 좋아합니다." 그리고 그렇게 분석에 기반을 둔 학문이 유전체학이다. 피부 위 미생물이라는 세상이 존재를 드러내자 피부는 때마침 수많은 데이터 집합을 생성해냈다. 그녀는 피부 줄기세포 연구로 2008년 국가과학훈장을 받은 시카고대학 일레인 퓨크스^Elaine Fuchs^ 교수 밑에서 박사후과정을 거치면서 피부 생물학을 처음 접했다. 퓨크스의 연구는 그녀의 박사후고문이었던 MIT의 하워드 그린^Howard Green^ 교수의 연구를 이어받은 것으로 그는 1975년에 인간 피부를 성장시키는 원리를 알아냈다. 펀치를 사용해 아주 자그맣게 2밀리미터 크기 피부조직을 채취해 줄기세포(우리가 계속해서 벗겨내는 피부 세포를 대체할 수 있게 해주는 세포)를 분리해내면 연구진은 그 세포를 키워 모든 피부 구성 층으로 분화하도록 만들 수 있다.

연구실에서 사람의 피부를 한겹 한겹 키워내기는 순수하게 보면 학문적 활동은 아니다. 하지만 화상 치료로 피부 이식이 필요한 사람에게는 자기 피부 조직을 사용하기 때문에 면역체계가 거부할 가능성이 극히 낮아 효과가 있다. 연구실에서 키운 피부는 화장품이나 의약품, 또는 미생물이 어떤 영향을 주는지 실험하기에 이상적이다. 세그레의 연구실에서는 이미 이런 방법으로 연구를 진행하고 있었다. 그녀의 연구팀은 실험에 필요한 줄기세포 대부분을 포경 수술과 갖가지 축소술 후에 사람들에게 기부받는다고 한다(실제 사람 피부 줄기세포를 온라인으로 살 수 있다. 프로토셀**ProtoCell**이라는 회사는 음경 포피에서 얻은 섬유아세포 50만 개들이 한 병을 489달러에 판매한다. 하지만 세포를 피부로 키우는 법을 모르면 아무 쓸모도 없다).

세그레의 연구팀은 연구실에서 세포를 직접 기르고 3D 프린터로 출력한 피부를 이용해 미생물로 가득한 정원을 만들고 연구한다. 연구팀은 그녀가 '미생물 대 미생물 시합'이라고 부르는 가상 조합을 실험하고 다른 종끼리 어떤 상호작용을 하며 피부에는 어떤 영향을 미치는지 확인할 것이다. 미생물의 수와 피부 변동성을 고려하면 이 시합은 라운드가 수백만 회에 달할 것으로 예상된다. 게다가 비용도 엄청나게 든다. 제품 판매보다 생태계를 우선하고 진정으로 이해하려는 사람에게 투자하려면 자금이 엄청나게 든다. 그녀는 컴퓨터에 있는 이미지를 빠르게 훑으면서 자신이 오바마 대통령과 잭 길버트, 그 외 여러 과학자와 함께 찍은 사진을 보여줬다. 오바마 대통령은 마이크로바이옴에 관해 알고 싶다며 그들을 백악관으로 초청했다고 한다. 과학 분야에서 정부 투자는 무척 중요하다. 대통령이 그렇게 공개 선언을 하지 않았다면 나 역시 이 책을 위한 모든 정보를 업계와 업계가 투자 지원한 연구에서만 얻었을 것이다.

세그레는 자신에게는 피부 마이크로바이옴이 이렇게나 흥미로운데 아직 대중의 이목을 끌지 못했다는 사실을 이해하지 못하면서 서운한 마음을 표현했다.

"왜 사람들이 자신의 장에 사는 미생물과 피부에 사는 미생물에 그렇게 다른 잣대를 들이대는지 잘 모르겠어요." 그녀는 불만을 드러냈다. "다들 요구르트를 마시고 장에는 세균을 채우려 하면서 소독제를 써야 한다고 생각한다니까요."

현재 그녀의 전망은 프로바이오틱(엄밀히 말하면 프로바이오틱은 미생물 그 자체다)이 아니라 프리바이오틱, 즉 '미생물 정원에 비료가 될' 다양한 제품이다. 정상적이고 유익한 미생물들은 이미 대부분 갖고 있다. 우리는 어쩌면 미생물을 더할 필요가 없을지도 모른다. 내가 이야기를 나눴던 프로바이오틱 복용자들 다수는 프로바이오틱이 항생제와 대립하는 존재로 개념을 잡고 있었다. 하지만 항생제의 정반대는 사실 프리바이오틱이다. 항생제는 미생물 군집에 있는 무엇인가를 억제하고, 프리바이오틱은 군집에 있는 무엇인가를 촉진한다. 프로바이오틱은 아예 다른 개념으로 집주인이 처음부터 가지고 있지 않던 외부 유기체가 몸 안으로 들어온 것이다.

프리바이오틱을 이해하고 실험하고 파는 것은 간단하다. 앞서 언급했던 점토 성분 체취방지제같이 이미 출시된 많은 제품은 아마도 프리바이오틱으로 작용할 것이다. 시중에 나와 있는 제품 중에 세라마이드Ceramide가 있다. 이것은 지질의 일종으로 피부장벽에 작용하며 윤활 역할을 하는데, 피부에서 자연적으로 생기기도 하지만 피부 관리 제품으로도 만들어졌다. 미생물은 세라마이드를 먹이로 섭취하고 피부에 신호를 보내 더 생성하도록 한다. 적어도 두 주장은 이미 제품 홍보에 사용되고 있다. 더 많은 연구가 이뤄진다면 이 화합물이 정확히 피부의 미생물 개체군에 어떤 영향을 미치는지, 그 화합물이 어떤 용도로 사용되는지에 따라 어떤 효과를 얻을지 알게 될 것이다.

"이런 크림에 들어가는 성분은 제 생각에 전부 프리바이오틱일 것 같습니다." 세그레가 말했다. "저도 알고 싶네요. 특정 미생물이 크림 성분을 정말 탄소원으로 사용할까요? 성장하는 데 필요한 영양분으로? 제 생각에 사람들은 자기 피부에 직접 실험을 해보고 있는 것 같아요. '전 이 크림이 좋아요. 저건 별로고요.' 이렇게 말하면서요."

이제 의무적인 질문이 된 개인위생에 관해 묻자 그녀는 항상 비누와 물로 손을 씻고 손 씻기의 가치를 가볍게 보지 않도록 늘 당부한다고 했다. 독감이나 콜레라처럼 유행병이 발생하면 손 씻기만으로도 생명을 구할 수 있기에 손 씻기의 가치는 특히 중요하다.

"한편으로는 남용하게 되겠죠. 항균 비누를 남용하고, 남용하다 보니 피부가 건조해지고 잠재적으로 피부장벽이 무너져 습진 염증 과정을 일으키게 될 것입니다."

습진이 있는 아이들은 보통 성인이 되면 증상이 사라진다. 하지만 세그레는 말했다. "부모는 대개 '아이가 지금은 괴로워도 크면 괜찮아질 거야'라고 생각하는데, 제가 만약 '습진'이 아이의 삶에 평생 영향을 줄 것이라고 말하면 어떨까요? 그렇다면 부모들은 내가 바라는 것처럼 실제로 자극을 받겠죠." 여기서 그녀는 음식 알레르기, 습진, 그 외 여러 과민증이 함께 나타나는 아토피 행진을 언급했다.

아토피 행진을 멈추고 이전 상태로 돌아가는 것은 많은 이들의 궁극적인 목표다. 그를 위해서는 미생물을 최대한 많이 접하는 것이 도움이 되며 특히 어릴 때 시작할수록 예방 효과가 있다고 밝혀졌다. 피부 미생물에 노출되는 것은 알레르기에 영향을 미친다. 2017년 캘리포니아대학교 샌프란시스코 캠퍼스의 티파니 샤르슈미트Tiffany Scharschmidt 교수가 진행한 연구에서 생후 첫 주에 특정 계통 표피포도상구균에 노출된 쥐들이 나중에 같은 세균에 노출됐을 때 체내 조절 T세포가 그 세균을 알아차릴 수 있다는 사실을 밝혀냈다. 만약 쥐가 이전에 그 세균에 노출되지 않았더라면 알레르기 반응을 일으켰을 것이다. 땅콩을 받아들이도록 면역체계를 훈련하려면 생후 몇 년이 중요하다. 미생물 노출은 사람에게 평생 영향을 미치겠지만 특히 태어난 지 얼마 안 돼 영향을 더 쉽게 받는 면역체계는 마치 막 부은 콘크리트 같다. 이후로 사람은 미생물을 받아들이기도 하고 잃기도 하지만 밑바탕은 늘 한결같다. 성인의 기본적인 피부 마이크로바이옴을 영구적으로 바꾸기는 훨씬 더 어렵다고 알려져 있다. 세그레는 그 과정을 이렇게 설명했다. 먼저 사람을 인력으로 가능한 만큼 무균 상태로 만든다. 그러려면 클로르헥시딘Chlorhexidine이라는 소독제로 몸을 씻어야 하는데, 보통 병원 중환자실에서 환자가 고통이 극에 달하고 면역체계가 약해져 단순한 질병 유발균조차 못 이겨낼 때 시행하는 방법이다. 그런 다음 그 상태에서 제대로 작용하는 마이크로바이옴을 이식한다. 이 과정은 장 마이크로바이옴에서는 성공적으로 진행됐다. 피부 마이크로바이옴이 장에 비해 미생물 수는 적지만 피부 생리를 비롯해 신체 부위에 따라 피부 마이크로바이옴이 다르다는 사실이 난제로 작용한다.

뉴욕주 보건부 면역학자 수잔 웡Susan Wong은 세그레가 설명한 과정을 직접 연구했고, 마이크로바이옴이 사람의 모공 깊숙한 곳에 서식하기 때문에 극단적으로 치료를 한다 해도 피부에 일시적인 영향만 준다고 말했다. 치료를 마친 환자가 회복해서 퇴원하자마자 피부는 유아기 때까지 확립된 마이크로바이옴으로 다시 채워지기 쉽다. 이 연구 결과로 보면 세균 스프레이가 성인이 된 사람을 치료하는 효과적인 방법이라는 주장은 신빙성이 떨어지지만 어린아이에게는 가능성이 있다. 하지만 세그레는 "아이에게 살아 있는 미생물을 바르기 전에 먼저 해결해야 할 문제가 있다"고 말했다. 의약품이라면 약물이 몸에서 빠져나가는 데 걸리는 시간을 어렵지 않게 산출할 수 있다. 그 수치로 복용량과 부작용을 어느 정도 판단할 수 있다. 게다가 결국에는 몸에 약물 성분이 남아 있지 않으리라는 사실도 보장된다.

"살아 있는 유기체라면 몸에서 완전히 빠져나가는 것을 보장할 수 없습니다."

다른 연구 또한 가능성을 확인할 차례다. 2018년 습진에 프로바이오틱을 이용한 치료가 처음으로 성공을 거뒀다는 기사가 나왔는데, 습진은 오래전부터 황색포도상구균이 과도하게 증식해서 발생한다고 알려져 있다. 정확히 말하면 이 세균에서 나오는 염증단백질이 발적을 일으키고 계속 긁게 만들어 증상을 악화시키는 지독한 가려움증을 유발하는 것으로 보인다. 문제의 세균을 근절하려고 시도하는 대신 국립알레르기·감염병연구소 연구진은 환자들에게 다른 세균을 뿌렸다. 수석 연구원 이안 마일스Ian Myles에 따르면 로세오모나스 무코사를 팔꿈치 안쪽에 일주일에 2회, 6주 동안 바르자 환자 대부분은 발적과 가려움이 줄어들며 증상이 개선됐다. 어떤 사람들은 이 '세균 요법'을 멈췄는데도 국소 스테로이드 사용을 줄일 수 있었다. 마일스 팀은 그 뒤로 아이들에게도 실험을 진행했고 동일한 결과를 얻었으며 추가로 아이들 피부에서 황색포도상구균이 감소한 것도 확인했다.

"건강한 제공자에게서 얻은 세균을 아토피성 피부염 환자의 피부에 발라 증상을 완화하고 치료 기간을 줄여 부담을 줄일 수 있도록 환자의 피부 마이크로바이옴을 바꾸는 것을 목표로 하고 있습니다."

당시 마일스는 이렇게 말했다. 그는 향후 임상 연구에서 이 전략이 효과적이라고 입증된다면 마이크로바이옴에서 생긴 변화는 기존보다 오래 지속돼 매일 제품을 바르지 않아도 될 것이라고 덧붙였다.

피부 마이크로바이옴 바꾸기는 새로운 개념의 접근법이지만 사람들이 오랫동안 해왔던 방법일 수도 있다. 누군가가 습진에 걸리면, 요즘은 기본 치료로 항생제, 스테로이드, 피부연화제(피부가 정상적으로 분비하는 유분을 흉내 낸 보습제, 보습크림, 또는 로션)를 처방한다. 세그레는 피부연화제가 피부장벽만 복원하는 것이 아니라 로세오모나스 무코사나 코리네박테리움처럼 자원을 충분히 얻지 못해 포도상구균에게 밀렸던 미생물의 성장을 촉진한다고 믿는다. 하지만 이 같은 치료법은 효과가 있다 해도 체감하려면 시간이 걸린다. 많은 사람은 하루에도 몇 번씩 제품을 발라야 한다.

급격히 재발하고, 스테로이드를 바르고, 항생제를 복용하는 악순환의 고리를 깨고 싶다면 가설이기는 하지만 프로바이오틱을 순환의 일부로 만들어 피부에 서식하도록 하는 방법도 있다. 이는 습진이 있는 아이의 피부에서 발적이 나지 않은 부분을 국소 이식하는 방식으로 시도됐다. 문제는 특정 미생물 군집과 습진으로 인한 변화를 이해하는 것이다. 아이가 언제 발적을 일으킬지 파악해서 예측만으로 치료에 착수할 수 있을까? 이런 꿈같은 이야기가 가능하다면 심신을 무너뜨리는 발적이 나타나 악순환을 시작하기 전에 예측 가능하도록 피부를 주기적으로 검사할 수 있을 것이다.

캘리포니아대학 샌디에이고캠퍼스의 리처드 갤로 교수도 한 아이의 피부 마이크로바이옴을 신체 한 부위에서 다른 부위로 부분 이식하는 데 어느 정도 성공했다. 2017년 2월 〈과학중개의학지Science Translational Medicine〉에 발표된 논문에서 그의 연구팀은 황색포도상구균을 막아주는 항균 펩타이드를 생성하는 '착한 세균'인 스타필로코쿠스 호미니스Staphylococcus Hominis와 스타필로코쿠스 에피더미디스Staphylococcus Epidermidis(표피포도상구균)를 따로 떼어내 성장시켰다고 보고했다. 연구팀은 화합물을 분리해서 피부 크림으로 만들어 습진 환자의 팔뚝에 발랐고(혹은 '이식했고'), 환자들은 증상이 개선됐다.

갤로는 이렇게 말했다. "건강한 사람에게는 이제까지 알려지지 않았던 항균 펩타이드를 생성하는 세균이 많이 서식한다는 사실을 발견했습니다. 하지만 아토피성 피부염을 앓는 사람의 피부에서는 세균이 같은 일을 하지 않습니다." 그는 항생제 개발에 아무리 노력을 기울인다 해도 정상 피부 세균이 만들어내는 화학물질이 피부 미생물의 불균형을 바로잡을 최선의 도구라고 설명한다. 갤로 교수 연구실의 프로젝트 수석 연구원인 데루아키 나카츠지Teruaki Nakatsuji는 이런 이식법을 '천연 항생제'라고 부르며 이로써 무고한 주변 세균을 죽이고 항생제를 남용해 내성이 생기는 상황을 피할 수 있다고 주장했다. 습진이 발생했을 때 황색포도상구균의 증가를 누그러뜨리는 여러 '천연 항생제' 중에는 햇빛도 있다.

노르웨이 연구진은 사람들이 4주간 꾸준히 중파장 자외선UV-B을 쐬자 피부 미생물 군집이 정상 수준으로 돌아왔다고 밝혔다.

세그레는 피부 미생물을 새로운 치료법에 이용하거나 기존 치료법을 설명할 때 사용하는 것 말고 예측 도구로도 유망할 것이라고 믿고 있다. 사람마다 반응하는 대상이 다르고 누구에게 어떤 미생물이 효과를 줄지 예측하기 어렵다. 피부 관리 제품에 관해 열심히 의견을 나누는 온라인 커뮤니티에도 제품을 쓰는 것이 돈과 시간 낭비라고 큰소리치는 사람들이 있다.

피부질환을 치료하는 과정이 매번 사람을 좌절시키거나 해를 끼치는 시행착오만 반복되지는 않는다. 앞으로 몇 년 안에 피부과 전문의들은 개개인의 피부 마이크로바이옴을 정리해서 습진이 발생했을 때와 그렇지 않을 때의 마이크로바이옴 차이를 구별할 수 있을 것이다. 습진 외에 다른 질환이 원인이라고 해도 환자에게는 무엇이 발적을 일으키고 있는지 정확하게 확인하는 방법으로 사용될 것이다. 그러고 나면 목표에 더욱 집중한 접근법을 사용해 피부를 정상 상태로 되돌릴 수 있다. 때로는 항생제 대신 프로바이오틱이나 프리바이오틱을 사용할 수도 있다.

한편 세그레 같은 과학자들은 인류에 닥친 긴급 위협에 한정된 예산을 쏟아붓고 있다. 그녀가 제일 신경 쓰는 대상은 치명적인 '슈퍼곰팡이'로 그것을 이해하기 위해 애를 쓰고 있다. 10년 전만 해도 그런 종이 존재했는지 아무도 몰랐지만 이제 미국질병통제예방센터의 최대 관심사로 손꼽히고 있다. 이 곰팡이는 칸디다 오리스Candida Auris라고 불리며 그야말로 세그레의 마음을 '사로잡았다'.

2009년 연구원들은 일본인 환자의 외이도에서 새로운 변종 균류를 발견했다고 보고했다. 몇 년 후 인도 병원 곳곳에서 나타난 원인 모를 혈류 감염 사례와 이 균류가 연관이 되면서 세계적으로 다양한 종류의 칸디다 오리스가 등장하기 시작했다. 칸디다 오리스가 사람 피부에 전염되면 간호사가 정맥 주사를 놓을 때 혈류로 들어간다. 현재는 전문요양시설과 장기급성기요양병원 등에서 감염 사례가 간간이 보고되는 실정이다. 칸디다 오리스는 2013년에 미국에서 처음으로 발견됐고, 2019년 4월 〈뉴욕타임스〉에서 이를 주요 기사로 다루며 미 전역에서 2013년 이후로 최소 587건의 감염이 확인됐다고 보도했다. 같은 해 10월까지 총 감염자 수는 900명을 넘어섰다. 새로운 변종은 기존 치료제인 항진균제에 내성이 있어서 슈퍼곰팡이로 불린다.

나와 이야기했던 모든 미생물학자는 위생 관념 자체보다 항생제 남용이 사람의 피부와 장내 마이크로바이옴을 엉망으로 만든 주원인이라는 점에 동의했다. 샤워를 줄인다고 마이크로바이옴이 크게 달라지지는 않을 것이다. 하지만 미생물은 나쁘다는 생각에서 벗어나 현재 지구상에서 미생물이 아닌 생명체 전부를 위협하는 '슈퍼버그' 미생물을 만들어내는 항균 제품을 덜 쓰는 계기가 될 것이다. 우리가 생각하는 청결이라는 개념은 우리가 지나치게 자만해서 생긴 결과다.

우리는 초유기체Superorganism(개미나 벌처럼 각 구성원이 맡은 일을 하면서 군락을 하나의 생명체처럼 이끈다는 개념-옮긴이), 즉 온갖 미생물이 우리 속과 겉에 서식하고 있기 때문에 우리가 무엇을 먹고 바를지 결정을 내릴 때 미생물을 고려해야 한다는 발상에 대중이 빠져드는 것은 전반적으로 잘된 일이다. 2013년까지만 해도 연구원들이 〈뉴잉글랜드의학저널〉에 클로스트리디움 디피실Clostridium Difficile이라는 때론 치명적인 장 질환 치료에 대변 이식의 효과가 확인됐다는 논문을 게재하자 많은 사람은 이런 실험이 진행되고 있다는 사실에 혐오나 분노를 표현했다. 위생을 중요하게 생각하는 의학 정신과 너무 달라서 의사 중에도 대놓고 멸시하는 사람도 있었다.

이제 프로바이오틱은 집집마다 선반과 냉장고를 가득 채우며, 대변 이식은 임상 실습 과정의 일부로 빠르게 자리를 잡아가고 있다. 비록 실습은 여전히 걸음마 단계이고 (평생 군살 없이 말랐던 사람이 갑자기 살이 찌고 비만이었던 사람이 돌연 살이 빠지는 등 새로운 마이크로바이옴이 그들의 기초대사 설정값을 바꾼 듯한 예상치 못한 결과들을 포함해서) 많은 부분이 아직 파악되지 않았지만 어떤 환자들은 기적적으로 생명의 위기를 넘기기도 했다. 의료제도 규모가 세계에서 일곱 번째로 큰 미국에서 최근 가장 획기적인 발견 중 하나가 타인의 배설물을 몸에 집어넣는 것이라니 참으로 재미있다.

우리 둘 다 어중간하게 앞을 응시하고 있는데 내가 말을 꺼냈다. "이제 그만 보내드려야겠는데요." "시간이 벌써 이렇게 됐네요." 세그레는 나와 함께 엘리베이터를 타고 내려가고 나는 보안요원에게 실험실 원숭이는 한 마리도 안 데려간다고 농담을 건넸다. 세그레와 헤어지면서 흥미로운 미생물 화장품을 개발하면서도 속임수 없이 솔직하게 연구하는 사람이 있느냐고 물었다. 세그레는 줄리아 오Julia Oh를 만나보라고 일러줬다. 나는 국립보건원 캠퍼스에서 빠져나와 국가 기금을 지원받은 기초과학이 어떻게 기업 이익으로 전환되는지 그 현장을 찾아 북쪽으로 향했다.

◆ ◆ ◆

코네티컷 파밍턴에 있는 잭슨유전체의학연구소Jackson Laboratory for

Genomic Medicine에서 줄리아 오는 피부 프로바이오틱을 현실로 만들고 있다. 오는 피부 미생물에 매진하기 전에 하버드에서 진균화학유전체학을 공부했고 스탠퍼드에서 포도주 효모의 유전체학을 공부했다. 그녀는 포도주가 사람에게도 중요하지만 피부에는 훨씬 더 중요하다고 판단했다. 그리고 피부 마이크로바이옴이 '피부 건강을 다지는 데 근본이자 유효한 역할'을 한다고 확신했다.

문제는 미생물이 피부 세포와 어떻게 상호작용을 하는가다. 오는 2017년에 미국립보건원으로부터 '새로운 혁신상New Innovator Award(혁신적이고 인상 깊은 프로젝트를 제안하는 창의성 넘치는 젊은 연구자를 후원하는 상)'을 수상해 280만 달러를 연구기금으로 받아 다양한 피부 및 감염질환에 맞춰 프로바이오틱 치료를 변형하는 방법을 연구했다. 앞으로 출시할 제품에 현재 피부에서 발견되는 종은 물론 피부에서 사라졌거나 한번도 서식한 적 없는 종까지 포함해 미생물의 힘을 직접 다루고 활용하리라는 것을 알려준다.

그녀가 받은 보조금은 프로바이오틱 계통이 기존 미생물 군집에 어떻게 통합되는지 추가로 연구하고 파악하는 것을 전제로 한다. 그녀의 연구실도 실험 모델링과 수학 모델링을 사용해 피부 마이크로바이옴이 어떻게 구성되는지, 환경 변화에 얼마나 회복력이 있는지, 외래 미생물이 기존 생태계에 잘 통합될지 결정하는 요소에는 무엇이 있는지 알아가려고 한다. 내게는 피부 관리가 사람을 화성에 착륙시키기와 맞먹는 것처럼 어렵게 들리지만 오는 자신만만하다. 오는 프로바이오틱이 피부 감염이나 피부질환을 효과적으로 근절할 수 있도록 면역 환경을 조성하거나 불필요한 염증을 줄임으로써 우리가 기존에 다뤄오던 방식을 바꿀 것이라고 내다본다.

면역체계를 조율하고 조정하는 미생물을 더할 때 문제점은 특정 미생물을 피부에 머무르게 해야 한다는 것이다. 오의 연구팀은 한 실험에서 일주일에 3회, 20주 동안 쥐를 미생물에 흠뻑 적셨고 실험이 끝난 뒤 확인한 새로운 미생물은 쥐의 총 피부 마이크로바이옴에서 고작 2%밖에 안 됐다. 이에 연구자들은 추가된 새 미생물에 선천적인 능력이 있어서 피부 마이크로바이옴에 편입하게 됐다고 확신했다. 어떤 미생물종은 한 쥐에서는 서식하지만 다른 쥐에서는 그렇지 않았다. 이것은 그저 공간의 문제일까? 모낭에 있는 미생물들이 ('이 자리 주인 있어요'처럼) 생태계가 이미 꽉 찼기 때문에 이주를 막는 것일까? 한정된 자원이 문제일까? 아니면 면역 반응으로 내쫓기는 것일까?

사람의 피부 마이크로바이옴을 예측하고 안전한 방식으로 바꾼다는 말은 이 모든 세력이 어떻게 협력하는지 이해하는 것을 의미한다. 포도상구균 같은 특정 미생물은 다른 미생물의 서식을 막는 미분자를 분비할 수 있다. 어떤 미생물은 자기 동료들이 살기 더 힘들게 만들며 피부 면역체계를 작동시킬 수도 있다. 또 어떤 미생물은 피부 기름기를 따라다니면서 들이마신 뒤 피부의 pH 지수를 낮추는 산을 분비한다. 이런 사례만 보더라도 겉보기에 화학작용을 일으키지 않는 비활성 미생물조차 생태계에 더해지면 예상치 못한 방식으로 모든 것을 순식간에 날려버릴 수 있다.

이런 상호작용을 파악해가면서 오와 동료들은 다른 접근법도 착실하게 밀고 나가고 있다. 개체군을 바꾸려는 대신 이미 사람에게 존재하는 미생물이 피부에 약물을 운반하도록 활용하는 접근법이다. 연구진은 미생물을 차체로 보고 면역 반응을 고칠 여러 치료제를 운반하게 할 생각이다. 그러려면 먼저 어떤 미생물이 어떤 유형의 면역세포를 활성화할수 있는지 연구해야 한다. 오는 피부 미생물과 면역체계 사이에 알려진여러 상호작용을 분류하고 있다. 이 목록과 사람들의 미생물 유전자 지도를 비교 분석하면 이론상 개인이 어떤 증상을 느끼든지 원인을 파악하는 데 사용될 수 있다.

또한 오는 크리스퍼CRISPR(Clustered Regularly Interspaced Short Palindromic Repeat의 머리글자로 일명 유전자 가위로 알려져 있다–옮긴이)를 기반으로 유전자 편집 도구를 개발해 세균의 역할뿐만 아니라 그 세균의 어떤 형질이 면역체계를 실질적으로 변화시키는지 알아내고자 한다. 오는 이 접근법을 피부병 치료에 적용하기 위해 생화학자 출신 벤처 투자가 트래비스 휘트필Travis Whitfill과 함께 작업해왔다. 휘트필은 아지트라Azitra라는 생물 공학 회사의 공동 창립자로 '피부병을 치료하기 위해 피부 표면에 서식하는 좋은 세균을 강화'하려는 취지에서 400만 달러 기금을 모았고 2018년에 포브스 선정 '30세 이하 리더 30인'에 선정됐다. 2019년 말까지 회사는 2,000만 달러가 넘는 기금을 마련했다.

아지트라의 목표는 세균을 세상에서 가장 작은 약물 중개인으로 활용하는 것이다. 피부마다 거의 존재하는 종(그래서 환자에게 쉽게 보낼 수 있는)인 표피포도상구균을 이용하는 방법으로, 오와 동료들은 이 세균이 다양한 면역 조절 물질을 분비하도록, 휘트필의 표현을 빌리면 '정보제공자'가 '치료와 관련된 단백질'을 분비하도록 유전적으로 개조할 수 있게 됐다. 그는 이런 세균이 다양한 피부병과 그 증상을 치료하는 데 도움이 되기를 바란다. 아지트라는 이런 단백질이 의도한 효과를 보이는지, 사람에게 적절한 투여량을 어느 정도인지 확인하기 위해 실험하고 있다. 휘트필은 이 연구로 특정 단백질이 없어지는 희귀한 유전성 피부질환을 치료하기를 기대한다. 현재 이런 질환의 치료는 하루에 수차례 크림을 바르거나 신체의 다른 장기에 영향을 줄 수 있는 약을 복용하는 정도다. 그에 비해 피부에 약물을 분비하는 미생물을 이주시키면 지속적으로 치료를 공급할 수 있을 것이다.

예를 들어 네더턴Netherton증후군을 가진 아기는 피부가 비늘 덮인 듯이 자라는데 잘 부스러지고 특히 구멍이 많다. 진액이 샐 수 있어 탈수 증상을 일으키며 생명을 위협하는 혈류 감염을 일으킬 수 있는 미생물이 침입하기도 쉽다. 성인까지 살아남은 사람들은 평생 발적을 달고 살며 때로는 스트레스로 증상이 심해지기도 한다. 대부분 음식 알레르기, 건초열, 천식 같은 면역 관련 질환을 앓는다. 모든 단계적 반응은 효소가 과하게 활동해 피부가 망가지면서 시작되는 것으로 보인다. 실험실에서는 이 효소를 렉티LEKTI라는 단백질로 차단할 수 있다고 밝혔고 2019년 오와 동료들은 렉티를 분비하는 표피포도상구균 종을 만들었다고 발표했다. 이론상 환자들의 피부에 이 세균을 주입하면 증상 개선에 도움이 될 수 있을 것이다. 현재 임상 시험을 실시하고 있다.

아지트라가 소유권을 가진 또 다른 세균종은 습진 치료를 돕는다는 목표가 있다. 이 세균에 필라그린Filaggrin 단백질을 생성하는 유전자를 장착시키는 방식으로, 필라그린 단백질은 케라틴 섬유Keratin Filament를 엮는 성질이 있어 외부의 침입을 막기 위해 피부를 메우는 데 도움을 줄 수 있다. 필라그린이 결핍되면 피부가 갈라지면서 염증을 일으키는 항원이 침입한다. 가설에 따르면 습진 발적으로 생긴 갈라짐을 줄임으로써 극심한 가려움과 홍조 같은 예측 불가능한 증상 발현을 멈추거나 예방하는 데 도움이 될 수 있다.

대중에게 유전적으로 조작된 세균을 몸에 바르도록 판매한다는 개념은 제품을 홍보하는 문구로 사용하기에는 석연치 않아 보인다. 과거 청결을 중시해온 사상 대부분과 정반대되는 개념이기 때문이다. 하지만 휘트필은 이런 치료법이 더 널리 쓰이면 사람들이 자신의 피부를 돌아보는 계기가 될 것이라고 믿는다. 아지트라가 현재 개발 중인 치료 요법은 검사를 통과해야 하고 처방약으로 규제도 받겠지만, 회사는 2020년 초 바이엘Bayer과 제휴를 맺고 유전자를 조작하지 않은 표피포도상구균을 담은 화장품 및 개인 관리 용품을 제조할 것이라고 발표했다. 이런 제품은 의약품처럼 까다로운 검사 절차를 거치지 않아도 되기 때문에 훨씬 빨리 출시될 수 있다. 그저 질병을 호전시키거나 낫게 한다고 주장할 수 없을 뿐이다. "제품 라벨에 습진을 치료한다고 표기할 수 없습니다." 휘트필이 설명했다. "하지만 '습진에 취약한 피부를 위한 제품' 정도는 쓸 수 있죠."

이러한 제품이 습진이 있는 사람에게 효과가 있을지 아닐지 모르겠지만 홍보 문구에는 효과가 있다고 넌지시 알릴 것이다. 해결책에 굶주린 거대한 소비자층은 홍보 문구에 반응할 테고 이로써 주류 피부 프로바이오틱 시장과 처방약으로 유사한 제품을 사용하는 사람을 위한 장이 마련될 것이다. 휘트필은 2018년 바이오의약산업 투자자들을 겨냥한 마케팅 팟캐스트와의 인터뷰에서 제품의 기본 개념을 설명했는데, 내용을 정리하던 진행자의 눈에 왠지 달러 표시가 반짝였을 것 같은 순간이 있었다.

"이 제품이 출시되면 화장품이나 미용용품처럼 아지트라에게 유리한 새로운 시장이 열리겠군요. 그 시장에서는 '약'을 생산하는 것과는 경비부터 다르겠죠."

"맞습니다. 요구르트를 만드는 것만큼 싸지는 않지만 그렇다고 아주 크게 차이가 나지는 않습니다." 휘트필이 대답했다.

"건강 관리 제품이나 일반 의약품 등과 같이 잠재적으로 보면 다양하게 운용할 수 있습니다."

'살아 있는 생물학적 제제Live Biotherapeutic Products'라는 새로운 FDA 통로를 이용하면 이런 세균 종은 거의 곧바로 출시될 수 있다.

"사람들은 서서히 마이크로바이옴을 알아가고 있지만 아직 많은 소비자 제품은 마이크로바이옴에 적합하지 않습니다." 휘트필은 말을 이었다.

"이 제품은 마이크로바이옴의 균형을 회복하면서 자연스럽고 안전한 방식으로 마이크로바이옴과 화합할 수 있다는 점에서 다릅니다. 시장 조사를 하면서 우리는 소비자들이 이 제품을 원한다고 확신하게 됐습니다."

내가 이야기를 나눈 사람들은 대부분 자신을 세균에 적신다는 발상에 그다지 들떠 보이지 않았지만, 오랜 시간에 걸쳐 효과가 증명된 홍보 방법을 사용하면 이 같은 신제품 또한 주류로 올라갈 수도 있다. 바로 제품이 '천연 성분'이라거나 '균형을 회복'해줄 것이라는 점을 부각하는 것이다. 물론 사람들이 사고 싶어 하는 제품이라고 해서 반드시 효과가 있고 안전하고 유익한 제품이라는 법은 없다. 게다가 이 같은 제품은 사람에 따라 다르게 영향을 미칠 가능성이 있다. 우리에게는 각자 고유한 피부에 사는 고유한 마이크로바이옴과 고유하게 조정된 면역체계가 있으며 이는 우리 몸에 사는 미생물, 우리가 노출되는 대상, 그리고 우리가 지닌 유전적 소인이 상호작용을 이어가며 만들어왔다. 번식하고 번성할 (그러다 사멸로 온전히 삶의 순환을 구현할) 살아 있는 세균을 사람에게 이주시키려면 투여량을 표준화할 수 있을지가 관건이지만 보장하기는 매우 어렵다.

사람 사이에 존재하는 변수가 무궁무진하고 효과를 볼 만큼 새로운 미생물을 이주시키려면 상당한 시간이 걸린다는 사실을 고려할 때, 낙관적이었던 전제는 돌연 근본부터 복잡해 보인다. 지금 당장 누군가를 돕기 위해 실제로 할 수 있는 일이 무엇인지 생각하려 애쓰면서 (물론 위와 같은 이론적 치료법 개발도 계속 진행돼야 한다) 나는 생물다양성 가설에 다시 끌린다. 유전적으로 강화한 피부 미생물을 증상이 나타난 후에 적용하는 것도 방법이지만 또 다른 방법은 우선 건강한 마이크로바이옴을 만들려고 노력하는 것이다. 면역체계를 최대한 건강하게 만들려면 예전부터 효과가 입증된 방법을 사용하는 것이 답이다. 어린 시절의 다양한 노출을 통해서다. 오가 내린 결론처럼 말이다.

"피부 마이크로바이옴이 병에 걸리면 우리는 치료 표적을 찾아내야 합니다. 하지만 이미 건강한 피부 마이크로바이옴을 보유하고 있다면 앞으로도 더욱 무해함을 추구하며 살면 됩니다."

9장

화학물질 속에서
다시 생기를 되찾으려면

REFRESH

2008년 어느 날 밤, 숀 사이플러Shawn Seipler는 호텔 침대에 누워 존재의 무의미함을 사색했다. 한 회사에서 영업을 담당하던 그는 기술 업체와 제휴를 앞두고 회의 준비를 하면서도 자신이 세상을 위해 생산적인 일을 하지 않는다는 생각에 자책감이 들었다. 그는 출장 중에 발생하는 낭비를 따져보기 시작했다. 전국 곳곳을 누비며 만든 탄소발자국뿐만 아니라 수많은 밤을 호텔에서 머물며 만들었을 작은 낭비까지 신경이 쓰였다. 그는 호텔 프런트에 전화해서 투숙객이 쓰고 남은 비누를 어떻게 처리하는지 물었다. 아니나 다를까, 직원은 비누를 버린다고 답했다. 사이플러는 그 폐기물의 규모를 생각해봤고 일단 미국에 있는 호텔 수만 곱해서 우리가 매일 비누 500만 개 정도를 버리고 있다고 추정했다. 상황을 알고 나니 잠이 오지 않았다.

미국 호텔 경영자들은 1970년대 초반에 투숙객에게 비누를 제공하는 유럽식 발상을 따르기 시작했다. 예나 지금이나 예산을 신경 쓰는 호텔

체인점은 큰 금액을 투자하지 않고도 다른 경쟁자보다 우위에 설 수 있는 수단을 찾으려 애썼다. 투숙객은 호텔 환경이 별 볼일 없어도 (그리고 자외선램프로 확인한다면 불결하다 해도) 화장실에 놓인 작은 비누 하나나 베개 위에 놓인 박하사탕 하나에 배려를 느꼈다. 누가 사용한 비누나 반쯤 남은 대용량 샴푸통이 놓여 있으면 손님을 신경 쓴다는 느낌은 분명 안 난다. 제품은 개별로 포장돼야 하고 주름 잡힌 포장지에 쌓여 있거나 작은 플라스틱병에 담겨 있어야 하며 손님이 떠나면 사용하지 않은 것이 분명해도 그때그때 버려졌다. 쓰레기가 환경에 남길 상처를 의식하는 사람에게 이 같은 사실은 공황장애를 일으킬 만하다(요즘은 '환경 염려증'으로 진단받는 사람들도 있다).

사이플러는 자책하던 마음을 생산적인 방향으로 돌렸다. 새롭게 목적의식을 가지고 재활용 단체를 설립해 호텔에서 쓰고 남은 비누를 녹이고 새롭게 모양을 만들어서 (사용자가 기대감을 갖도록) 새 포장지에 담아 필요한 사람에게 나눠줬다. 이 단체는 '클린 더 월드 Clean the World'라고 불린다.

클린 더 월드의 플로리다 본부에서는 커다란 용기에 담긴 비누를 다시 새로운 비누로 만드는 과정에서 색과 향이 섞이지 않도록 유형에 따라 분리한다. 비누를 작게 자른 뒤 한꺼번에 녹인다. 이 과정을 통해 비누에 남아 있을 인간 노폐물을 살균한다. 최종 결과물은 보기 좋게 다시 비누로 탄생해 전 세계로 보내진다. 단체는 100여 개 나라에 약 5,000만 개 비누를 보냈다고 한다.

이 단체가 들인 노력은 버려진 비누를 처리하는 일보다 훨씬 가치 있었다. 클린 더 월드는 주로 위생과 관련된 감염병 예방에 관심을 두고 있다. 하지만 이는 기본 욕구를 충족하는 인간의 존엄성과도 연결된다. 게

다가 위생용품을 남용하면 항균 물질이나 플라스틱 샴푸통이 바다 위 쓰레기섬에 쌓여가는 것처럼 환경 문제로만 그치지 않는다. 앞에 언급한 자가면역질환, 즉 부유한 나라 사람들이 스스로 야기했을지 모를 습진, 여드름, 천식, 그 외 모든 질환도 문제의 일부다.

세계적으로 많은 나라에서 과잉과 고립의 상황이 증가하고 있지만 그와 동시에 다른 나라에서는 기본 위생을 접할 기회가 없는 20억 인구가 예방할 수 있는 죽음과 감염병으로 고통받고 있다. 2019년 유니세프UNICEF는 전 세계 인구의 3분의 1이 깨끗한 식수를 지속적으로 얻지 못하고 심지어 더 많은 인구가 비누와 물로 손을 씻지도 못한다고 보고했다. 전 세계 위생 문제는 단순히 너무 과하고 너무 부족한 것이 아니라 극단적인 불균형이었다.

클린 더 월드는 유엔UN의 물, 공중 및 개인위생Water, Sanitation and Hygiene(일명 WASH) 프로그램의 일환으로 '극심한 빈곤을 멈추고 불평등을 줄이며 세계적 기후 변화에 맞서기 위해' 노력을 기울이고 있다. 프로그램을 설명하는 가장 중요한 단어는 비누와 물이다. 위생 상태가 좋지 않은 나라에서는 재난 상황 이후에 피해가 훨씬 두드러진다. 2010년 아이티 지진 이후 대략 8,000명이 콜레라로 사망했는데, 이는 깨끗한 물과 위생 개념만 있었어도 예방할 수 있는 질병이었다.

빈곤이 건강에 미치는 가장 큰 영향은 매일 실천해야 할 위생 습관이 제대로 이뤄지지 않는다는 점이다. 2020년 전 세계 5세 이하 어린이의 주요 사망 원인은 여전히 위생 관련 질환인 설사와 폐렴이었다. 이 중 약 90%는 개인 및 공중위생과 깨끗한 물로 예방할 수 있다고 추정된다. 1달러로 한 생명을 살릴 수 있다는 측면에서 볼 때 식수원을 보호하고 화장실 시설과 손 씻는 시설을 마련하는 것보다 더 효율적인 의료 투자는 없을 것이다.

문제가 유난히 심각한 나라 중에 모잠비크가 있는데, 유엔에 따르면 이곳의 인구 절반은 안정적으로 물을 공급받지 못한다. 마흔다섯 살 주부인 멜디나 잘라느Meldina Jalane는 모잠비크에서 가장 인구가 많은 도시인 마푸투에서 자랐다. 그녀는 어린 시절부터 성인이 될 때까지 집에 물을 나르며 일상을 보냈다고 무덤덤하게 말했다. 형제자매와 함께 일주일에 네 번 시추공이 있는 장소까지 힘겹게 걸어 다녔는데 낮에는 너무 뜨겁고 우물이 말라 있는 일도 있어서 주로 밤에 다녔고 물을 길어와 집에 있는 물탱크를 채웠다. 열 살 때는 5리터를 날랐다. 성인이 돼서는 물 나르기 전문가가 돼 건설 현장에서 시멘트를 섞는 데 필요한 물을 한 번에 40리터씩 (머리에 이고) 운반했다.

물탱크에 물을 가득 부어 꽉 차 있어도 바로 마실 수는 없었다. 물을 안전하게 사용하려면 끓여야 했다. 잘라느는 먼저 물탱크 속 물을 정화하기 위해 세르테자Certeza라고 불리는 제품을 넣는다. 포르투갈어로 '확실성Certainty'이라는 뜻의 이 제품은 물에 넣자마자 희석되는 차아염소산나트륨Sodium Hypochlorite(락스의 주성분으로 알려져 있으며 강한 살균력이 있다-옮긴이) 용액이다. 이 제품은 2004년에 출시됐고 민간 부문을 통해 보조금이 적용된 가격으로 팔렸다. 자원을 공동 관리하며 중앙에서 물을 소독해 내보내는 방식이 아니라 각자 제품을 가지고 다니면서 물을 마시기 전에 넣어서 사용하는 개별 차원의 접근법이다. 이 제품은 정부 출자와 국제 지원으로 배포한다. 미국인 브렌다 발데스로블레스Brenda Valdes-Robles와 스티븐 발데스로블레스Stephen Valdes-Robles는 지난 10년 가까이 미국제개발처USAID에서 일하며 마푸투 곳곳에서 이 프로젝트를 비롯해 여러 프로젝트를 담당했는데, 이들은 문제의 범위가 선진국에서는 상상도 할 수 없는 정도라고 묘사한다. 우리 대부분이 당연하다 여기는 안전한 공설 급수는 아직도 많은 나라에서 누리기 힘든 호사일 뿐이다.

잘라느는 최근 난생처음 미국을 방문했다. 그녀는 뉴욕이라는 도시에서 가장 마음에 들었던 부분은 쓰레기를 주기적으로 수거해 간다는 점이라고 말했다. 미국 내에서도 이 도시는 여름만 되면 쓰레기 같은 냄새가 나는 것으로 명성이 자자한 편이다. 그래도 뉴욕시 위생부가 이토록 인구 밀도가 높은 도시에서 더한 악취가 나지 않도록 유지하는 것이 실로 기적적이기는 하다.

물이 그토록 귀중한데도, 어쩌면 물이 귀중해서, 청결한 외모는 잘라느와 그녀의 가족에게 밤새 걸을 가치가 있을 만큼 늘 우선 사항이었다. 사회는 청결을 기준으로 지위가 정해지고 언젠가 신분 상승을 이룰 수 있다는 희망이 있기에 다른 곳으로 눈길을 줄 여유는 없었을 것이다.

◆ ◆ ◆

모잠비크의 상황은 전혀 특별하지 않다. 공중보건 전문가들이 말하는 '세계적 물 부족 현상'을 우리는 과거에도 지금도 계속해서 겪고 있다. 실리콘밸리와 세계 여러 건강 기술 회의에서는 희귀한 대사증후군 치료와 복잡한 암의 병태생리학을 알아내기 위해 온갖 혁신을 이뤄냈다고 당당하게 홍보하지만 의료계는 여전히 단순한 욕구를 다루고자 고심하고 있다. 바로 사람들에게 물과 화장실을 공급하는 것이다.

"위생은 지구상에서 비용 대비 가장 효율적인 건강 증진 정책입니다."

사리나 프라바시Sarina Prabasi는 말한다. "그리고 대개는 비누와 물만 있으면 됩니다."

우리가 대화를 나눌 당시, 프라바시는 건강하려면 물이 필요하다고 말하는 국제 비영리 단체인 워터에이드WaterAid의 CEO였다. 워터에이드는 물 접근성이 취약한 나라에서 빗물탱크, 수동펌프, 우물을 만드는 활동을 한다. 워터에이드에서 추정하기로 전 세계 인구 60%가 '물로 인한 스트레스' 속에 사는데, 그 말은 집 가까이에 마시기 안전하고 깨끗한 물이 없다는 뜻이다. 이는 수십만 명의 아이들이 감염병으로 사망한다는 것 외에도 전 세계 인구 대다수에게 물을 생산해내는 일이 가장 큰 고민거리라는 뜻이기도 하다. 프라바시는 이전에 에티오피아에서 활동하며 충분히 예방할 수 있는, 하지만 그러지 못할 경우 실명에 이르는 트라코마trachoma라는 질환에 맞서 싸웠다.

"제가 본 가장 끔찍한 고통인 것 같아요." 그녀는 속눈썹이 안으로 말려 들어가며 사람을 병들게 만드는 감염을 묘사했다.

"이 질환은 주로 위생과 관련이 있습니다. 얼굴을 씻기만 해도 예방할 수 있어요."

미취학 어린이들 사이에서 흔한 이 감염병은 면역체계로 이겨낼 수 있다. 하지만 감염이 수년간 반복되면 눈꺼풀 안쪽에 흉터가 생기고 안쪽으로 향한 속눈썹이 각막을 긁으며 실명에 이르게 된다. 이 질환은 남성보다 여성에게 네 배는 더 발생하는데 아마도 어릴 때부터 남성과 여성을 동등하게 대하지 않는 관습이 원인으로 보인다. 세계보건기구는 이에 따른 경제적 손실을 연간 약 80억 달러로 추산했다. 이제 현지에서도 트라코마 같은 질환을 문제로 인식하게 된 한편 프라바시는 다루기 가장 까다로운 문제로 인해 많은 사람이 고통받는 상황을 목격하게 됐다. 바로 생리 위생이다. 인간 생물학의 가장 기본 요소를 간과하며 여성에게 기본 교육은 물론 언제든 쉽게 위생용품을 구할 수 있는 상황조차 제공하지 않는 모든 나라(미국도 포함)에서 여성의 처지는 더욱 악화되고 전 세계 경제에도 반향을 일으키고 있다. 세계적으로 수백만 명의 소녀가 생리와 관련된 문제로 매년 학교를 중퇴한다고 한다.

"생리 위생은 수년간 우리 업무에서 큰 비중을 차지해왔습니다."

프라바시는 말했다. 그녀는 생리에 씌운 오명이 특히 네팔에서 강하다는 점에 주목했는데, 이곳에서는 어린 여학생이 생리를 감당할 수 없어 한 달에 4~5일씩 학교를 빠지는 일이 흔하다고 했다.

"대다수 학교에는 사생활도 화장실도 없습니다. 여학생들은 학업에 뒤처지게 되고 그러다 보면 학교를 그만두는 확률도 높아집니다."

모잠비크에서는 시골 학교 네 곳 중 한 곳에만 화장실이 있다. 이렇게 위생 문제로 보건 분야에서 극심한 차이가 생기는 경우에는 아주 약간만 개입해도, 어쩌면 비유전자변형 프로바이오틱 화장품 한 통에 해당하는 비용만으로도 그들 삶의 궤도를 완전히 바꿀 수 있다.

◆ ◆ ◆

이 책을 쓰는 동안 내가 강의를 나가는 예일 공중보건대학원 학장님과 만나서 언제부터인지 기억도 나지 않을 만큼 오랫동안 고민해온 주제인 위생과 피부 미생물로 이야기를 시작하자 그의 눈이 반짝였다. 그는 수십 년 전 잇따라 발생한 사망 사고에 대책을 마련하기 위해 질 세척에 관해 몇 가지 연구를 진행했다고 설명했다. 질을 '깨끗'하게 물과 세정제로 씻어내는 질 세척이 부작용을 일으키는 것은 아마 미생물에 미치는 악영향을 처음으로 세상에 널리 알린 사례일 것이다. 공중보건 캠페인을 진행하면서 질 세척이 필요하다거나 안전하다는 주장은 서서히 사라지고 있지만 사람들은 수 세기 동안 질 세척을 해왔다. 1940년대 라이솔Lysol은 '세균이 닿자마자 죽는 놀라운 세정력이 입증'됐다며 '여성의 매력을 지키는' 수단으로 광고됐고, 제품은 '정말로 질관을 세정'했다. 질 세척을 한 여성들에게서 성병 감염률이 높게 나타난다고 전염병학자들이 보고하기 전까지 많은 의사가 이 제품을 추천하거나 혹은 제품이 무해하다고 판단했다.

제품이 오염되지 않는 한 살균하거나 헹궈내는 행동이 해로울 수 있다는 사실을 대중이 받아들이기는 쉽지 않다. 그런데 여성들이 걸린 감염병은 나도 모르게 어딘가에서 감염되는 종류가 아니었다. 주로 임질과 클라미디아Chlamydia 감염증 같은 성병이었다. 학장 스텐 버먼드Sten Vermund는 2002년 그의 동료인 제니 마티노Jenny Martino와 공동 집필한 논문에서 질 세척으로 인해 질관에서 서식해야 할 정상 미생물이 대폭 줄어든 것으로 판단했다. 정상 미생물들이 씻겨나가면서 공간이 생긴 조직에 성병이 '생태적 지위'를 차지하며 서식하게 됐다.

당시 두 사람이 연구를 진행하던 앨라배마에서는 의사들이 여성 중에서도 특히 아프리카계 미국인과 히스패닉계 여성 사이에서 질 세척을 한 뒤 생명을 위협하는 복막염과 자궁 외 임신을 겪는 사례를 확인했다. 감염은 생식관을 타고 올라가 골반 전체에 퍼졌다. 그 위험성이 몇몇 지역에서 보도됐지만 의료 서비스에 접근성이 낮은 사람들은 잘못된 정보를 받아들이거나 표적 마케팅의 대상이 될 위험이 높았고 1차 진료의 부재로 감염이 많이 진행된 상태에서 발견할 확률이 높았다.

무엇이 문제인지 알아내는 데 시간이 오래 걸렸고 아직까지도 질 세척이 미국을 비롯해 세계적으로 이어지고 있는 이유는 우리가 여성 건강에 관해 거의 말하지 않는 탓이 크다. 이와 유사하게 대중의 반응이 뒤늦게 나타난 사례 중에 악명 높은 독성쇼크 증후군이 있다. 이 증후군은 주로 탐폰 같은 체내 삽입형 생리대를 몸 안에 너무 오래 두어 황색포도상구균이 증식하면서 면역체계가 과열 상태에 빠져 발생하는 치명적인 질환이다. 사람들이 제대로 된 정보를 나누고 위생을 더 자세히 논하고 생리대를 쉽게 구할 수 있는 환경을 조성했다면 심각한 질환과 죽음을 막을 수 있었을 것이다. 그중 탐폰 문제는 잘 다뤄지지 않는 편이다. 탐폰과 여러 생리용품은 필수라고 여겨질 만한 유일한 위생용품에 해당한다. 그런데도 미국 대다수 주에서 생리용품에 적극적으로 세금을 부과한다. 이는 의학적으로 필요한 제품에 과세를 금하는 연방법에 위배된다.

이런 문제가 충분히 연구되지 않고 논의되지도 않는 상황에서 성과 위생에 관한 금기는 항문 위생까지 영역을 넓힌다. 사실 가장 전염성 있는 질환은 화장실 뒤처리를 어떻게 하느냐에 달려 있는데, 화장실을 사용하고 손을 씻는 것만이 혹시라도 남아 있을 배설물 잔재를 없애는 유일한 방법이다. 사람들은 화장실에 비누가 있어도 볼일을 보고 나서 손을 꼼꼼하게 씻지 않거나 아예 안 씻기도 한다. 미시간주립대학 연구진은 2013년 공중화장실에서 철저하게 손을 씻는 사람의 비율을 조사했더니 5%라는 결과가 나왔다.

물론 손만 청결해서는 안 된다. 부유한 나라에서 온 관광객들은 미국 화장실 실태에 충격을 받곤 한다. 시장은 수십 년간 화장지가 지배해왔다. '당신의 엉덩이를 깨끗하게 하는 더 나은 방법'을 위한 광고는 별로 없다. 최근 물티슈가 인기를 끌고 있지만 하수구를 막히게 하는 등 환경 문제가 제기 된다. 게다가 값도 비싸다. 새로운 브랜드는 변기에 바로 버릴 수 있다고 홍보하며 생분해성 제품임을 강조하지만 휴지에 비해 훨씬 비쌀뿐더러 운송에 따른 환경 손실도 따른다. 세계적으로 많은 나라에서 사용되며 지극히 합리적이고 손 쓸 필요 없는 해결책인 비데는 아직 미국인에게 관심받지 못하고 있다.

누군가가 샤워하기를 멈췄다고 하면, 사람들은 보통 볼일을 보고 뒤처리를 어떻게 할지 궁금해하겠지만 직접 물어보는 사람은 별로 없다. 미국에서 비데가 별로 없는 이유는 누군가에게는 샤워하는 이유와 같다. 휴지로는 부족하기 때문이다. 정원을 손질하고 들어온다면 종이타월로만 손을 닦지 않을 텐데 왜 휴지가 배변 잔여물을 닦아내는 표준이 된 것일까? '세상에서 가장 위대한 나라' 혹은 '언덕 위의 빛나는 도시'라고 불리며 온갖 번영과 발명의 혜택을 누리고 있는 미국이지만 정작 항문을 닦아내는 영역에서는 발전이 없다. 미국 자본주의라는 위대한 세력도 이 분야 시장은 거의 손도 대지 않고 남겨두었다. 과거 로마인조차 휴지를 능가하는 도구를 발명했다. 그들은 막대기에 스펀지를 끼워 사용했다.

그래서 나는 이 주제를 반드시 짚고 넘어가야겠다고 결심했다. '항문'이라는 단어가 마음에 들지 않는다면 여기서 잠시 책을 덮고 산책을 하면서 항문을 떠올릴 때 느끼는 두려움을 곰곰이 생각해보는 것은 어떨까? 단어를 큰 소리로 반복하고 점점 더 크게 말하면서 단어가 주는 중압감에서 벗어나보자. 이로써 항문을 효과적으로 세정하는 첫 단계이자 세계적으로는 환경과 보건에 크게 기여할 첫걸음을 내딛게 된다. 항문은 사회에서 멸시받는 상황이 안타까울 정도로 놀라운 신체 부위다.

나는 (주위에서 성능이 뛰어나다고 아무리 칭찬해도) 기능 많은 최첨단 일본식 변기는 물론 평범한 비데조차 사본 적이 없고 스펀지 막대기를 만들어본 적도 없다. 그래도 훌륭한 휴지 사용법을 알고 있다. 비법이라고 할 것도 없이 흔하게 써왔던 방식 그대로 물과 휴지만 있으면 항문 위생도 충분히 해결할 수 있다. 세면대 수전 아래에 휴지를 대고 물에 적신 다음 닦는 것이다. 그거면 된다.

다음 질문은 보통 이런 식이다. "젖으면 안 찢어져요?" 휴지를 물에 흠뻑 적시려고만 안 하면 찢어지지 않는다. 물을 약간 묻히면 마른 휴지로만 닦는 것보다 효과가 더 좋고 비싼 울트라소프트 화장지(어떤 화장지는 보습 성분이 들었다고 광고한다)를 살 필요도 없다. 물 덕분에 닦는 과정이 훨씬 수월해지며 덜 비싼 휴지를 덜 쓸 수 있다. 공중화장실에서는 또 다른 문제가 있다. 뒤처리를 하기 위해 세면대 근처에 서 있는 건 무례한 일이다. 누군가가 휴지 사용법을 제대로 주장하고 인식을 높이려는 게 아니라면 굳이 하지 않아도 된다. 하지만 그보다 더 중요한 사실은 세계적으로 대략 7억 명의 사람들이 지금도 노출된 장소에서 볼일을 본다는 것이다. 마다가스카르, 모잠비크, 나미비아, 짐바브웨에서는 시골에 사는 사람들이 변소를 쓰는 비율보다 '야외 배변'을 하는 비율이 더 높다.

그리고 어디서 일을 보든 손은 반드시 씻어야 한다.

◆ ◆ ◆

피부 생태학자인 옌니 레흐티마키는 2017년 덴마크 코펜하겐의 주택가를 걷다가 아이들로 가득한 놀이터를 발견했다. "진짜 놀랐어요." 그녀는 일반 놀이터와는 달리 소가 있던 그곳을 떠올리며 행복해했다. 주위에는 닭, 염소, 작은 조랑말도 있었다. 그녀는 생태학적으로 다양한 도시를 우연히 만나 들뜬 생태학자의 모습을 고스란히 드러내며 열정적으로 그 장면을 설명했다.

"'여긴 도대체 뭐지?' 이런 생각이 들었어요."

그곳은 동물원이 아니었지만 동물이 있는 소박한 공원이라는 뜻으로 본데고르덴**Bondegården**(농장)이라고 불렀다. 알고 보니 덴마크 정부가 부모들에게 '아이가 여러 동물을 경험하고, 만지고, 볼 수 있다'고 공약한 장소 중 하나였다. 이곳은 아이들이 실제로 동물을 돌보는 방과 후 프로그램도 제공한다. 닭을 울타리로 몰아넣으면서 아이들에게 책임과 용기를 가르칠 뿐만 아니라 인간 외의 미생물을 접할 기회를 주는 정말 유익한 공간이기에 레흐티마키는 이곳이 마음에 들었다. 핀란드에도 이런 장소가 있으면 좋겠다고 털어놓았다(다른 핀란드 사람들도 이 놀이터 이야기를 접하고 다른 나라의 사회 발전에 카타르시스를 느끼며 부러워했다).

자연을 기반으로 한 보육 방식이 점차 확산되고 있다. 핀란드에는 자연 지향적 아이돌봄 서비스를 실시하는 곳이 몇 군데 있는데 그곳에서는 나무 그림을 그리고 책을 읽는 것 외에 다른 활동도 한다. "아이들이 온종일 밖에서 지내기도 합니다." 레흐티마키가 말했다. "심지어 영하 25도까지 내려가는 추운 겨울날에도 밖에 나가요." 야외 활동을 하는 날에는 그날 뉴스에 따라 부모에게 아이 옷을 여러 겹 입히라고 안내한다. 아직 어린 만 3~5세 아이들이 안 하겠다고 불평하더라도 뛰어놀게 만들어야 한다고 말했다. "아이들이 춥다고 움츠리면 어른들이 움직이게 만들어줘야죠." 봄과 가을에는 '텐트 주간'도 있어 숲에서 텐트를 치고 잠을 잔다.

레흐티마키는 이런 돌봄 서비스를 받는 아이들과 일반 돌봄 서비스를 받는 아이들의 마이크로바이옴을 비교하는 연구를 진행했고 놀랄 것도 없이 야외 활동하는 아이들에게서 생물다양성이 더 풍부하게 발견됐다. 미국에서는 자녀가 혹시라도 저체온증으로 사망하게 되면 바로 소송을 걸 태세라서 이런 돌봄 서비스가 정착할 것 같지 않았다. 하지만 자연을 기반으로 한 프로그램들이 미국 여기저기서 생겨나고 있었다. 그중 하나로 브루클린 파크 슬로프에 있는 내 집에서 길을 따라 내려가면 '브루클린 포레스트'라는 이름의 미취학 아동을 위한 부모-자녀 수업이 있다. 이곳은 아이들이 '자연과 야생동물과 뜻깊은 시간을 보내도록 기회를 제공하며 활발히 신체 활동을 하고 영양이 풍부한 음식을 먹고 간단하게 율동하고 노래도 부르며 숲에서 편한 마음을 갖도록 기획됐다'고 한다.

이런 프로그램은 프로스펙트 파크에도 있다. 앞서 프로그램 홍보에 언급된 내용들은 '노래도 부르며' 항목만 제외하고는 150년 전 공원이 만들어질 당시 설계자 프레데릭 로 옴스테드Frederick Law Olmsted가 상상한 미래에 부합하며 공원 취지와도 조화를 이룬다. '조경학의 아버지'로 알려져 있는 그는 맨해튼의 843에어커(3,41만 1,500제곱미터) 면적을 센트럴 파크로 설계하며 선견지명이 있다는 명성을 얻었다. 브루클린 중심부에 센트럴 파크보다 규모가 약간 작은 프로스펙트 파크 또한 옴스테드가 설계했고 그의 믿기 힘든 활동을 담은 역사 게시물이 정자에 붙어 있다. 19세기 중반, 큰 공원은 새로운 개념이었다. '빈곤, 사회 불안, 열악한 위생, 미국 도시를 괴롭히는 유행병으로 시민들이 스트레스를 많이 받는다는 사실을 여러 도시 대표가 수긍했다'고 게시물에 적혀 있다.

"프로스펙트 파크는 건강하고 안정을 주는 자연의 느낌을 모든 브루클린 시민에게 전하고자 만들어졌다."

공원을 설계하는 건 쉽지 않은 일이다. 이 공원을 만드는 과정 역시 오래 걸렸고 비용도 많이 들었다. 프로스펙트 파크를 만드는 비용은 본래 30만 달러로 추산됐지만, 7년이나 걸린 사업에 결국 500만 달러가 넘게 들었다(오늘날 시세로 보면 1억 5,000만 달러에 달한다). 옴스테드와 그의 팀은 커다란 종이에 각 에이커(약 4,047제곱미터)마다 세심하게 지도를 만들고 이상적인 '자연' 풍경을 완벽하게 담기 위해 공간을 설계했다. 프로스펙트 파크의 숲과 목초지를 천천히 둘러보면 자연스레 굴곡진 개천과 수수한 장미 정원, 생각지도 못한 폭포가 눈에 들어오고 그 위로 화려하게 장식된 터널과 다리가 곳곳에 보인다. 이 공원은 마치 처음부터 이렇게 존재했던 것처럼 신중하게 설계됐다. 이 사업은 현대사회에 무엇이 부족한지, 미래에는 무엇이 유행병을 몰고 올지, 그런 사태를 막으려면 무엇을 해야 할지 처음부터 신중하게 고심하며 세운 미래상에 맞춰 진행됐다.

◆ ◆ ◆

1840년대를 살며 이상을 추구하던 자유로운 영혼인 옴스테드는 삶의 의미를 찾으려 직업을 전전하면서 수십 년을 보냈다. 청교도인이며 여러 직업을 시도해볼 만큼 부유한 가정에서 자란 그는 도제 선원으로서 중국으로 항해를 나가기도 했고, 스태튼섬에서 농사도 지었다. 그의 전기문을 보면 그는 "돈 때문에 일을 계속하는 것이 불쾌하다"라고 생각하면서도 세상에 기여할 방법을 찾고 있었다. 그래서 그는 언론인이 됐다. 이후 영화 〈포레스트 검프〉의 주인공처럼 직업이 바뀌는 중에 나라에서 벌어진 중대한 전쟁에서, 여러 주요 도시를 설계하는 현장에서, 진정한 도시의 개념을 찾는 과정에서, 정부가 추진하는 보건 분야 발전 계획에서 중심 역할을 맡게 됐다. 옴스테드는 언론인 시절 초기에는 대개 남부의 노예제도에 관한 신문 기사를 썼지만, 1850년에 영국을 도보로 여행하면서 마침내 진로를 깨달았다. 영국에서 최초로 시민들이 기금을 조성해 만든 버컨헤드 공원이 리버풀 교외에 막 개장했을 때였다. 그는 공원을 방문했고 그의 전기작가가 묘사한 것처럼 공원의 모범 답안이 눈앞에 펼쳐지는 느낌을 받았다고 한다.

옴스테드는 이 공원이 예술과 자연과 그 안에 모인 공동체를 확실하게 하나로 어우러지게 만들었다는 점을 주목했다. 당시 공원 대다수는 사유지거나 맨해튼 그래머시 파크처럼 문이 잠겨 있던 때여서 공원의 아름다움을 '모든 계층이 거의 동등하게' 누릴 수 있다는 사실에 특히 흥분했다.

인종 '용광로'가 되겠다는 것은 표면적인 미국의 방침이지만 현실은 토지 소유자와 가난한 이민자 사이에 선을 그으며 용해가 이뤄질 공간을 주지 않았다. 몇 년 뒤, 옴스테드는 〈퍼트넘스 먼슬리Putnam's Monthly〉 편집자로 출근하면서 남부 맨해튼이 탄생하는 모습을 목격했다. 10년 전만 해도 농지였던 장소가 이제는 냉난방도 제대로 안 되는 좁고 어두컴컴한 아파트를 비롯해 급조한 저층 건물로 미로처럼 얽혀 있다. 이곳은 공동주택으로 알려지게 됐다. 많은 건물은 그 이후로 내부를 개조해 수백만 달러에 팔리고 있지만, 몇 군데는 도시 생활에서 곧 명확하게 드러난 건강상 문제를 기록으로 남겨두려는 의미에서 보존돼 있다. 뉴욕 공동주택Tenement 박물관을 둘러보면 꽤 널찍해 보이지만 안내인의 말에 따르면 한 아파트에 열 명이 옹기종기 모여 살았다고 했다. 내가 구경한 아파트에 살던 사람들은 뒷마당에 변기가 세 개나 있었지만 이 화장실은

1층에 있는 술집 손님들도 이용했다. 다른 아파트는 화장실에 가려면 골목이나 길가로 나가야 했다.

1857년 여름, 맨해튼에서 폭동이 일어났다. 40년 만에 맨해튼섬의 인구는 네 배 이상 증가했다. 많은 사람이 기대했던 공간과 자원은 어느덧 한계를 보이기 시작하면서 곧 부족해지리란 불안감이 엄습했다. 폭동이 수년간 이어지자 도시 지도부는 사회 불안을 해결하려면 대중을 위한 공간이 있어야 한다고 결정을 내렸다. 대중을 위한 첫 공원을 짓기 위해 섬의 한 구역을 따로 떼어놓았다. 부동산 가치가 한때 평방피트당 2,000달러(3.3제곱미터로 환산하면 7만 달러가 넘는다-옮긴이) 가까이 되는 곳이었고 층수를 올려 건물을 높게 세울 수도 있었지만 뉴욕을 선망의 대상이 되는 웅장한 국제도시로 만들겠다는 목표 아래 재정부 우수 인력들이 843에이커를 마련할 수 있도록 완벽히 지원했다.

경쟁심이 강한 미국인 기질에 따라 공원 디자인 공모 대회를 열었다. 옴스테드는 건축가 캘버트 복스Calvert Vaux(여러 이야기에 의하면 실제 업무를 대부분 하고도 공식적으로 덜 알려진 인물)와 함께 참가했다. 이 둘은 1858년에 공원의 기존 개념을 훨씬 넘어선 작품으로 우승했다. 중앙에 고딕 양식으로 성을 배치해 사람들이 방향을 알 수 있도록 하는 예술적이고 문화적인 미래상을 보인 작품이었다. 옴스테드는 산업 스모그로 대기가 오염되면서 거대한 공원이 '도시의 허파'로서 작용해야 한다고 믿었다. 그의 믿음이 옛날 독기 질병 이론Miasma Theory of Disease(전염병 같은 질병이 알 수 없는 기체로 퍼진다고 주장한 이론)에서 유래했을지도 모를 일이지만 깨끗한 공기가 중요하다는 생각은 역시 옳았다.

엄밀히 말하면 독기 이론은 오류가 있지만 훌륭한 건강 혁신을 이끌어냈다. 옴스테드와 복스는 물이 잘 빠지는 땅과 수로와 위생 시설, 즉 공중화장실을 강조했다. 뉴욕 대부분 지역에서는 화장실을 한 번 쓰려면 3달러짜리 에스프레소 한잔을 사야 한다. 내가 아는 어떤 사람들은 화장실을 편하게 가기 위해 비싼 헬스장을 등록하기도 했다. 한편, 센트럴 파크에는 공중화장실이 스물한 곳이나 있다.

이것이 비현실적으로 느껴지는 사회를 위한 미래상의 일부였다. 도시는 화장실뿐만 아니라 위생의 성지도 타일을 깔아 공들였다. 센트럴 파크에 있는 가장 큰 분수는 공원이 지어지기 16년 전에 주 북부에서 도시로 깨끗한 물을 처음으로 흘려보낸 수도관을 기념하며 만들어졌다. 우리는 한때 깨끗한 공기와 물, 자연, 그리고 공유 공간의 가치를 분명히 알고 있었다.

센트럴 파크는 2005년에 토지 가치가 5,000억 달러를 넘을 것으로 추정됐고 도시의 부동산 시장과 함께 계속 가치가 높아지고 있다. 그렇지만 다른 맨해튼 부동산처럼 뭔가가 건설되면 그 땅의 가치는 폭락할 것이다. 보건과 지역 공동체를 위한 건물은 하락폭이 훨씬 크다.

센트럴 파크 설계로 옴스테드는 뉴욕의 유니테리언교(예수 그리스도의 신성을 부인하고 하느님만을 유일신으로 인정하는 기독교 교파-옮긴이) 목사인 헨리 벨로스Henry Bellows의 주목을 받았다. 남북전쟁이 발발하자 벨로스는 북부군 진영의 건강 상태를 관리할 미국위생위원회 설립에 힘썼고 옴스테드를 추천해 이 조직을 이끌도록 했다. 옴스테드는 여러 학문 분야의 전문가를 모아 팀을 구성했고 의사뿐만 아니라 건축가, 기술자, 신학자, 자선가, 금융전문가를 포함했다.

북부군 장군들은 미국위생위원회가 진영을 다시 설계하려 나서자 처음에는 부정적으로 받아들였다. 극히 치명적인 천연두 바이러스나 황열병이 주기적으로 발병한다면 관심을 가졌겠지만 결핵, 말라리아, 폐렴, 설사병 같은 질병은 피할 수 없는 일상적 현실로 여겼다. 이 상황은 1861년 북부군이 불런 전투에서 대패하며 변화를 맞았다. 링컨은 전세를 뒤집기를 간절히 바랐다. 옴스테드가 이끄는 미위생위원회는 병사들의 생활 여건이 참패의 원인이라고 주장했다. 옴스테드는 대통령에게 올리는 보고서에 피로, 더위, 음식 부족으로 군대의 사기가 떨어졌다고 썼다. 군대라는 장소가 원래 쾌적한 편의 시설을 갖춘 곳이 아니라 해도, 진영은 특히 불결했다. 워싱턴에 있는 장군과 사령부는 병사들이 무장하고 걸을 수 있도록 유지하는 것 이상으로는 별 관심을 갖지 않았다. 그 이상이 무엇이든 낭비라고 여기거나 어처구니없는 소리라고 여겼고 전략의 문제가 아니라고 판단했다.

옴스테드는 전략 문제라고 주장했다. 그는 병사들이 잘 지낼 수 있도록, 즉 제대로 구실을 할 수 있도록 끊임없이 투자를 요구했다. 이를 큰 범주에서 보면 역사상 처음으로 직장 내 복지 프로그램을 지지한 사례로 요즘으로 치면 구글의 트레드밀 책상이나 〈허핑턴포스트Huffington Post(2005년 설립된 미국 자유주의 계열 인터넷 뉴스 사이트-옮긴이)〉의 수면 기계와 같다. 옴스테드는 병사들이 잘 싸우려면 예방 의학과 병사들의 건강을 최우선으로 두어야 한다고 강력히 촉구했다.

미국 정부는 마침내 위원회가 진영을 재구축할 수 있도록 승인했고, 옴스테드와 그의 동료들은 진영의 위치를 옮겨 음식과 물의 오염을 최대한 줄이고, 병사들이 생활하는 비좁은 공간을 환기하고, 음식을 안전하게 저장하고 조리하도록 했다. 이런 변화와 함께 병사의 사기와 성과가 급증했다. 당시 교훈은 후에 일어난 전투에도 영향을 줬다. 옴스테드의 위생위원회는 미국 적십자의 근간이 됐다. 이는 옴스테드 활약상의 초반부일 뿐, 이후로도 그는 공중보건에 지대한 영향을 끼쳤고 가장 분열된 시기에 나라를 하나로 모으면서 국가의 외형과 문화를 다듬는 역할을 계속했다.

◆ ◆ ◆

비슷한 시기 바다 건너 영국은 크림반도까지 확장해 내려오는 러시아에 맞서 싸우고 있었다. 낯선 기후에서 부상을 입고 병든 병사들은 전염병에 속수무책으로 사망했다. 소문에 따르면, 전사한 병사보다 전염병(발진티푸스, 장티푸스, 콜레라, 이질)으로 사망한 병사의 수가 열 배를 넘었다고 한다.

런던에서는 플로렌스 나이팅게일Florence Nightingale을 주축으로 간호사 자원봉사단을 소집했다. 군 병원에 도착한 간호사들은 병사들이 말도 안 되는 환경에서 죽어가고 있는 모습을 목격했다. 1800년대 병원은 사람들이 병을 치료하려고 가는 곳이 아니라 고통받고 죽기 위해 가는 곳이었다. 병원은 지옥으로 가는, 아니, 천국, 죄송합니다, 천국으로 가는 대기실 같았다. 어디든 머릿속에 떠오르는 곳으로.

나이팅게일은 실내가 기분 나쁠 정도로 축축하다고 느꼈다. 환자의 수염과 침대보에 이와 벼룩이 들끓고 배설물 찌꺼기가 묻어 있었으며 쥐가 곳곳에 돌아다니는 광경을 보고 있으면 세균 원인설을 이해할 필요도 없었다. 영국 정부는 위생위원회를 신설해 지원군으로 보냈고, 나이팅게일은 병실에 바람이 통하도록 그들에게 문과 창문을 만들도록 지시했다. 바로 환자들의 상태가 개선됐지만 누구도 정확히 이유를 알지 못했다.

〈런던타임스〉는 나이팅게일을 '구원의 천사'로 칭했다. 다들 그녀의 일을 사소하게 여겼지만 한 보고서에서 사망률이 40%에서 2%로 떨어졌다고 전하자 마침내 군 지도부와 여왕도 변화를 알게 된다.

나이팅게일은 병원에서 간호 방식과 환경을 개선해야 한다고 주장했다. 크림반도 이야기가 퍼지면서 많은 보호시설이 운영 방식을 바꿔나갔다. 그녀가 쓴 책 중《병원에 관한 노트Notes on Hospitals》에서는 더 나은 환기, 더 많은 창문, 배수 시설, 덜 비좁은 환경이 필수라고 주장하는데, 이는 다시 말해 현대 도시와 병원에서 생길 수 있는 모든 문제까지 예측한 해결책인 셈이기도 하다.

나이팅게일은 아마도 세상에서 가장 먼저 위생을 주장한 인플루언서였겠지만 19세기 말까지 세균 원인설은 여전히 굳건하게 뿌리 내리고 있었다. 바깥 공기와 자연을 접해야 한다는 나이팅게일의 주장은 모든 미생물을 박멸하려는 움직임에 길을 잃었다. 대중이 오염과 감염을 극도로 두려워하면서 청결은 무균 상태와 같은 뜻이 됐다. 현대식 병원은 새것처럼 깨끗한 환경을 제공하고 사생활을 보호하기 위해 서로 경쟁했다. 사람들은 환기가 제한된 작은 방으로 보내졌다. 창문은 작았는데 그마저도 난방비를 아끼고 바람으로 전염될 균을 차단하기 위해 닫혀 있었다.

최근에서야 이런 접근법에 결함이 있었다는 사실이 받아들여지기 시작했다. 기류 모형 기술을 통해 병원 내 발병이 단순히 창문을 열기만 해도 쉽게 예방될 수 있었다고 밝혀냈다. 그리고 마이크로바이옴을 이해하게 되면서 단지 병원균을 내보내는 것이 전부가 아니라 유익하고 무해한 미생물을 받아들이는 것까지 포함된다는 점이 분명해졌다. 미생물학자 잭 길버트는 2012년 한 회의에서 말했다.

"병원에도 좋은 세균 공동체가 살고 있는데 만약 누군가가 소독제와 항생제를 지나치게 사용해서 그 좋은 세균 공동체를 없애버린다면 사실상 푸른 들판과 피부라는 보호층을 파괴하는 것이며, 그 결과 나쁜 세균이 파괴된 공간에 올라타서 병원 내에서 직접 혹은 간접적으로 감염을 일으킬 수 있습니다."

미생물 세계에서는 건강이 곧 균형이며, 개인 건강과 공중보건 사이의 균형, 지나친 노출과 지나친 고립 사이의 균형을 의미한다. 부자들 사이에서, 고립주의 경향을 부추기는 마케팅은 대부분 성공한다. 2017년에 사업가 (이자 '책을 여든여섯 권 이상 쓴' 작가인) 디팩 초프라Deepak Chopra를 인터뷰했을 때 그는 '웰니스Wellness(신체적으로 건강한 상태를 넘어 정신적, 사회적으로도 안정된 상태를 일컬음-옮긴이) 부동산'을 판매하는 새로운 사업을 막 시작했다. 뉴욕과 마이애미에 있는 수백만 달러 호화 아파트는 최첨단 공기 정화 시스템과 살균 조리대를 갖추고 있었다. 웰니스 부동산 사업이 과학적 증거를 기반으로 했다면 아마 반대되는 접근법을 택했을 것이다. 아파트라면 사회 유대와 노출을 최대화했을 테고 주택이라면 공간 내부와 외부에 무해하고 유익한 미생물을 살게 하는 특별 서비스까지 제공했을 테다. 우리는 이제 세균 룸스프레이(구프는 현재 한 제품을 판매하고 있고 내가 이 책을 쓰기 시작했을 때부터 출시돼 있었다)와 세균을 공기 중에 뿌리는 가정용 '집 미생물' 기구도 살 수 있다. 하지만 제대로 입증됐고 가성비까지 좋은 방법은 창문을 여는 것이다. 물론, 대기오염지수가 괜찮을 때에 한해서다.

◆ ◆ ◆

아주 좁고 값비싼 아파트에서 음울하게 5개월을 보낸 뒤 처음으로 맞이한 포근한 주말에 프로스펙트 파크에 나가보니 모든 사람이 의욕적으로 되살아나고 있는 듯한 느낌이 든다. 비록 나는 23제곱미터 크기의 아파트에 살고 있지만, 526에이커의 땅이 내 집 마당처럼 펼쳐져 있다. 솔직히 마당보다 좋다. 이 넓은 곳을 혼자 거닐면 꽤 따분했을 테다. 공원에서 가장 인기 있는 장소는 평범한 내부 순환 코스인데, 차가 다니지 않는 포장된 길로 둘레는 5킬로미터 정도다. 자동차를 피하거나 도로를 횡단하지 않고 계속 달리거나 자전거를 탈 기회는 교외에서도 흔치 않다. 그렇게 달리다 보면 어느새 사색에 빠진다. 나는 거의 매일 공원을 달리는데 그때마다 이곳이 도시라는 생각이 사라진다. 이 책도 어느 부분은 공원 안에 있는 야외 테이블에서 썼다. 오솔길을 걷다가 연구원에게 걸려온 전화도 받았다. 화장실도 썼다.

지금 세계적으로 보건 분야에서 제일 절실한 요소는 깨끗한 공기와 물이다. 그 뒤를 바짝 쫓는 것이 화장실, 인간관계, 자연 접하기, 안전한 환경에서 활발하게 살아가기 등이다. 인류의 건강에 기여하고 싶다면 이 중 어느 것을 선택해도 좋다. 의학 학위나 학자금 대출도 필요 없다. 그리고 이런 요소는 피부를 관리하는 최선책과 함께 공원에서 답을 얻을 수 있다.

옴스테드는 유니언 스퀘어, 모닝사이드 파크, 리버사이드 파크 설계에도 참여했고 그의 작품은 뉴욕시의 중추로 남아 있다. 다른 도시에도 그의 미래상이 새겨져 있다. 도시화라는 장벽이 다가오자 옴스테드는 공원이라는 씨앗을 뿌릴 곳을 찾아 전국을 돌아다녔다. 나라가 급격히 성장하면 도시가 악화될 것이라 확신했고 각 계층이 어울리고 공기와 물이 순환하도록 공간을 보호했다. 그는 센트럴 파크가 언젠가 대도시의 핵심이 될 것이라 예견했고 자신의 작품이 다음 세대를 위해 보존되리라 예상했다.

그래서 그는 워싱턴 D.C.에 있는 국회의사당과 국립동물원 조경, 1893년 시카고 만국박람회 조경, 스탠퍼드대학 교정을 비롯해 루이빌, 애틀랜타, 버팔로 같은 도시에 있는 공원 등 우리에게 많은 작품을 남겼다. 그는 마침내 보스턴으로 거처를 옮겼고 그곳에서 대략 1,000에이커(4,04만 6,856제곱미터)에 이르는 녹지 공간 통로로 도시를 둘러쌌다. 아홉 개 공원이 하나로 엮여 도체스터Dorchester주택지부터 백 베이Back Bay와 보스턴 코먼Boston Common 공원까지 이어지고 길이는 11킬로미터에 달한다. 옴스테드는 이곳을 '보석 박힌 장식띠'라고 부르고 싶었다. 그러다가 다행히 '에메랄드 목걸이'라는 명칭으로 돌아섰다. 각 공원은 그가 '기쁨의 길'이라고 부르는 도로로 연결됐고, 이는 후에 '공원 도로'로 정착됐다.

이렇게 공중보건의 생생한 화신과 더불어 평균수명을 수십 년은 늘릴 공공 수도 시설과 위생 시설이 건설되면서 사기업도 질병을 통제하고 치료할 약을 개발하기 시작했다. 이로써 의료계와 공중보건 분야는 천연두, 소아마비, 디프테리아를 제압했다. 북아메리카에서 말라리아와 황열병은 사실상 근절됐다. 질병이 있는 개인을 치료하고 치유하는 능력을 갖추며 의료계의 미래는 밝아 보였다. 증상만 완화하고, 고통만 줄이고, 사지를 절단하던 과거의 관행을 멈추고 의사들은 진짜 치료를 했다. 병의 진행을 세포 수준에서 다루기 시작했고 보건 분야에 투입되는 자본이 개별 치료에 몰리면서 치료는 더욱 세분화되고 비용도 높아졌다. 우리는 지금 '개인 맞춤 의료' 시대에 접어들었다. 나는 2016년 정밀의료계획Precision Medicine Initiative을 논의하는 공개 토론회에서 사회를 맡게 됐는데, 이때 오바마 대통령과 미국 일류 연방 과학자들은 개인의 유전 정보, 생활 습관 등에 맞춘 치료에 투자하겠다고 발표했다.

당시 나는 약간 의심스러웠다. 이제는 이런 사고방식이 시급한 건강의 밑거름을 사회적으로 맞물리는 생활 방식으로 만들지 못한다는 사실을 깨달았다. 두 접근법이 서로 배척하는 관계는 아니지만 우리는 지금껏 자기 관리, 건강보조식품, 처방 약품, 피부 관리, 개인 트레이너, 척추지압사, 조언가, 개인별 DNA에 맞춰 제조된 의약품에 이르기까지 극단으로 치우쳐왔다. 곧 개인 마이크로바이옴에 맞춘 의약품도 등장할 것이다.

제약, 화장품, 보충제 등 수십억 달러 규모를 지닌 여러 업계 전반에서 개별 맞춤 접근법에 들이는 비용을 살펴볼 때 극소수 사람에게만 작용하는 치료에 투자를 늘리는 것이 과연 최우선인지 확신이 안 선다. 이런 건강 접근법은 증상과 질병이 나타나면 그때부터 계획에 따라 치료를 시작하기 때문에 질병을 예방하는 차원이 아니다. 시장 장려책은 제품 사용만 늘릴 뿐 최소화하지는 않는다.

오늘날 빠르게 성장하는 개발도상국에서는 수백만 명 인구가 남부 맨해튼의 공동주택 환경과 맞먹는 생활 환경을 견디고 있다. 결핍으로 발생하는 질병은 여전히 만연하며 이제는 풍요로 인한 질병과 반대쪽 짝을 이룬다. 세계 곳곳은 공중위생과 개인위생, 음식과 물이 간절히 필요한 반면 다른 지역에서는 오히려 해로울 정도로 자원을 비축하고 있다.

옴스테드가 공중보건을 위해 미래상을 품고 공원을 설계한 지 한 세기 반이 지난 뒤, 우리는 울타리와 벽을 지었고, 다수가 잔디밭이 딸린 주택에 살며 잔디 한 종 외에는 전부 죽이려고 만들어진 살충제와 제초제를 뿌린다. 화장실에는 외부 세계로부터 우리를 보호해준다고 홍보하는 로션, 크림, 미스트가 나란히 세워져 있고 이제는 우리가 씻어낸 생태계를 되찾아준다고 광고하는 제품들도 하나둘씩 자리를 잡아간다.

1950년 도시에 사는 인구는 7억 5,100명이었다. 현재 그 수는 42억이 됐다. 2050년이 되면 25억이 추가될 것으로 예상되며 도시 상황은 더 나빠져 사람들은 자연, 햇빛, 운동 공간을 접할 기회가 점점 줄어들 것이다. 우리는 세상을 바꾸면서 몸도 바꾸고 있다. 환경이 건강해야 사람도 건강하다는 오래된 공존의 원리는 이제 구식이 됐다.

이것이 내가 브라이언트 공원이 내려다보이는 건물 7층의 열리지 않는 창문 안쪽에서 피부에 바를 히알루론산과 고가 세럼을 기다리고 있는 상황이 어처구니없다고 느끼는 이유다. 나는 세상 사람 모두가 피부 관리나 샤워를 그만둬야 한다고 주장하는 것이 아니다. 무엇보다 여러 실험을 통해 피부 관리와 샤워의 가치를 이해하고 있다. 이런 습관은 완전히 사적인 영역이기에 스스로 판단해야 한다. 그러려면 정보가 필요하지만 제도는 소비자에게 유리하지 않고 오히려 업계 쪽으로 심히 치우쳐 있다. 나는 이 책을 통해 개인 관리 습관이 우리 몸과 피부 및 주위에 서식하는 공동체에 어떤 영향을 미치는지를 다루며 오로지 대안적 관점을 제시하려 했다. 공중보건을 증진하려면 우리가 무엇을 소비하고 어떻게 행동할지 기준을 정할 수 있도록 끊임없이 의문을 제기해야 한다. 우리가 이 일에 모두 동참한다는 것, 그리고 청결이라는 규정할 수 없는 상태를 추구하면서 우리를 살아가게 하는 노출에서 스스로 밀봉해버리면 어떤 문제도 해결되지 않는다는 사실을 이해하는 것이 중요하다.

심각한 감염병이 퍼진 상황에서 사람에게 가장 위험한 장소는 아마 병원일 것이다. 병원에서 가장 오염도가 높은 사람은 병실마다 다니면서 환자를 만지는 사람일 가능성이 크다. 의사에게 손을 씻도록 요구하는 법령이 있지만, 의사들이 입는 흰 가운은 웬만해서는 잘 세탁하지 않는다. 사람들은 왜 의사가 외출할 때 수술복을 입냐고, 그 의사들에게서 얼마나 멀리 떨어져야 하냐고 내게 묻는다. 나는 정확한 거리를 알려줄 수 없다. 거리를 두는 것이 이상적인 방법은 아니지만 수술복 입은 의사들이 병원미생물을 전파할 가능성은 분명 존재한다. 하지만 아마 더 시급한 것은 의사를 비롯해 의료종사자들이 병원 내부 곳곳에 전염병을 퍼트린다는 사실이다. 미국질병통제예방센터에 따르면 미국 병원에서 매일 환자 서른한 명 중 한 명이 병원에 있는 동안 어떤 병원균에 노출돼 감염병에 걸린다고 한다.

레지던트 시절, 나는 환자들이 의사의 어떤 복장을 선호하는지 알아보려고 연구를 했다. 나는 직접 다양한 복장을 입고 사진을 찍어 설문지를 만든 다음 환자들에게 나눠줬다. 수술복에 흰 가운 차림, 수술복 차림, 셔츠에 넥타이 차림, 셔츠만 입은 차림, 흰 가운 차림, 평상복 차림 등. 사람들은 선호하는 차림새가 각각 달랐다. 어떤 사람은 의사가 넥타이를 매고 그때그때 세탁하지 않는다는 사실을 알아도 정장을 입은 의사를 신뢰하는 경향이 높았다. 또 어떤 사람은 준비된 모습이라며 언제든 수술하러 들어갈 것 같은 수술복 입은 의사를 선호했다. 수술복은 가운이나 넥타이보다 더 자주 세탁한다는 장점도 있다.

내가 알게 된 사실 하나는 가운이나 수술복 같은 차림새가 다소 위압감을 줄 수 있지만 환자와 의사 사이에 상호작용이 잘 이뤄지도록 도와주기도 한다는 것이다. 어떤 사람은 차림새를 소통과 신뢰에 벽을 쌓는 지위의 상징으로 본다. 또 어떤 사람은 전문성과 자신감의 표시로 여긴다. 이는 방역통제관의 지시에 따라 의사들이 모든 병실에 들어갈 때 일회용 전신보호복과 마스크를 착용한다면 사라질 요소들이다.

이런 극단적인 보호장비를 목격하면 병원 안의 사람들은 (자신이 '환자'라는 사실을 새삼 깨닫게 되며) 인간다움을 잃었다고 받아들이게 된다. 환자를 진찰하기 전후에 손을 닦거나 소독하도록 하는 기본 방침은 환자들을 혐오스러운 표본처럼 인식하도록 만든다. 때로는 이런 예방책이 필수적이다. 하지만 다른 때에는 사람 간 관계를 끊어내고 멀어지게 하기도 한다.

이런 식으로 우리는 의사든 누구에게든 심리적 메시지를 주고받기 때문에 청결이라는 기본 규범을 지켜야 한다. 나는 완전히 전통적인 의미에서 '샤워'를 안 하지만 절대로 흰 가운을 빨지 않고 이틀 연달아 입지 않는다. 다른 옷처럼 자주 세탁하지 않는다면 병원에서 정장을 입고 넥타이를 매지 않을 것이다. 대부분 아침에는 물을 틀어 머리를 적시는데 안 그러면 자다 일어나 부스스한 머리가 오래가기 때문이다. 부스스한 머리를 보는 사람들은 나를 제대로 된 의사라고 생각하지 않을 것이다.

이 책을 쓰는 동안 나는 사람들이 피부 관리에 신경 쓰는 세태를 어느 정도 설명할 단어가 '겉치레'라는 것을 깨달았다. 그저 남을 불쾌하지 않게 하려는 것도 같은 맥락이다. 여러 상황에서 우리는 타인을 존중하는 마음에 자신을 청결하게 꾸민다. 장례식에 정장을 단정하게 차려입고 갈 때는 분명히 드러나지만 데이트나, 회의, 혹은 그냥 커피를 마시는 자리에서는 남 앞에 나설 수 있을 만큼 노력했다고 보여준다. 바로 이런 이유에서 헝클어지거나 냄새나는 머리로 밖에 나가면 가슴이 찔렸다. 남을 생각해서 자신을 꾸미느라 시간을 들인 모든 사람에게 무례해 보이는 것 같다는 기분이 들었다.

의료과실과 관련한 병원 감염과 병원 내 사망이 빈번하고 심각하다는 점을 고려할 때 내가 의사로서 잘하고 있는지도 궁금했다. 의료 업계가 얼마나 역할을 잘해왔는지 모르겠지만 미국만 봐도 의료 업계에 연간 3조 5,000억 달러 이상의 비용이 소비된다. 이 숫자는 미국 국내총생산의 20%에 달한다. 2018년 의료비는 인당 평균 1만 1,172달러였다.

약품에서 비누와 여러 개인 관리 용품에 이르기까지 미국인들은 더 건강해지려고 제품과 서비스에 과하게 비용을 지불하고 과하게 사용하고 있다. 이런 소비는 환경 파괴 없이는 지속할 수 없고 소비 대부분도 득보다 실이 많다. 가장 위대한 진전은 사람을 자연에 접하게 하려는 움직임이었고 그 덕분에 우리가 움직일 공간을, 들이마실 깨끗한 공기를, 어울리고 관계를 쌓을 사람을, 우리가 살아가는 데 필수가 된 미생물을 가져다주는 식물, 동물, 흙을 접할 수 있게 됐다.

지난 몇 년 동안 피부 마이크로바이옴을 새롭게 해석하려는 노력을 찾아다니며 배운 결과, 나는 마이크로바이옴이 수백 년에 걸친 진화의 훌륭한 산물이자 우리와 함께하기 전에도 잘 살았고 우리가 없어진 후에도 잘 지낼 여러 유기체 수조 마리가 모여 구성된 초유기체라는 사실을 재확인했다. 그들의 생태계는 정교한 방식으로 유지될 필요가 없다. 정작 우리가 깨닫지 못했던 방법으로도 충분하다. 잘 먹고 잘 자고 걱정을 줄이고 자연에서 시간 보내기가 비결이다.

자연에서 시간을 보내고, 반려동물을 기르고, 사람들과 어울리면 건강에 좋다는 사실을 확인하고 나는 안심했다. 인간의 본능은 거의 틀림이 없다. 등산이 트레드밀 위에서 걷기보다 낫고, 텃밭에서 길러 먹기가 마트에서 사 먹기보다 낫고 집에서 식물을 기르는 것이 식물을 안 죽이려고 온통 신경을 쓸 만한 가치가 있을 정도로 좋은 영향을 준다는 것을 우리는 무의식적으로 안다.

소비자들이 허위 광고에 속아 쓸모없는 제품을 구매하고 있는 실태는 너무도 안타깝지만 나는 더 나아질 수 있다는 희망을 버리지 않는다. 비누 마케팅이 시작되고 발달하면서 세균 원인설과 위생 개념(대중에게 비누를 알린 개념으로 비누 업계가 급성장한 계기가 됐다)에 끼친 영향까지 알고 나자 피부 프로바이오틱 개념이 앞으로 나갈 방향에 대해 기대감이 생겼다. 피부 프로바이오틱 제품만 놓고 보면 돈과 시간 낭비일 수 있고 어쩌면 부작용을 일으킬 수도 있다. 하지만 자신을 가꾸는 것이 인간의 본성이고 가꾸는 데 필요한 제품을 사는 것이 필연이라면, 전반적인 흐름은 더 건강한 방향으로 나아가고 있다.

청결은 정의 내리기가 불가능하지만 의미는 다양하다. 고립과 살균을 의미할 수도 있고, 다수와 다양성을 의미할 수도 있다. 어떤 의미로 받아들일지 정하는 기준은 사회에 따라 다르고 쉽게 변할 수 있으며 제멋대로일 가능성도 있다. 하지만 마이크로바이옴에 관심을 기울이다 보면 피부를 돌보는 방식이 결코 자신에게만 영향을 미치지 않는다는 사실을 더 많은 사람에게 알릴 수 있다. 말 그대로 공동체가 우리 몸 전체에, 그리고 우리 주위에 있다. 그들은 우리가 하는 모든 일에 영향을 끼치고, 우리가 하는 모든 일은 그들에게 영향을 끼친다.

이상적으로 말해 청결을 찾아 모험을 떠나려면 엄격하게 살균해야 한다는 걱정을 덜고 인간의 복잡성을 끌어안아야 한다. 이 모험은 세상을 우리의 연장선으로 이해하는 과정이다. 우리가 선별적 위생과 의미 있는 노출 사이에서 능동적으로 균형을 추구한다면 그 결과에 있는 일체감은 내가 지금까지 찾아낸 어떤 정의보다도 청결의 본질에 가까울 것이다.

1장

- Abuabara, Katrina, et al. "Prevalence of Atopic Eczema Among Patients Seen in Primary Care: Data from the Health Improvement Network." *Annals of Internal Medicine* 170, no. 5 (2019): 354-56. https://doi.org/10.7326/M18-2246.

- Armelagos, George, et al. "Disease in Human Evolution: The Re-emergence of Infectious Disease in the Third Epidemiological Transition." *AnthroNotes* 18 (1996): 1-7. https://doi.org/10.5479/10088/22354.

- "Base Price of Cigarettes in NYC Up to $13 a Pack." Spectrum News NY1, June 1, 2018. https://www.ny1.com/nyc/all-boroughs/health-and-medicine/2018/06/01/new-york-city-cigarettes-base-price.

- Bharath, A. K., and R. J. Turner. "Impact of Climate Change on Skin Cancer." *Journal of the Royal Society of Medicine* 102, no. 6 (2009): 215-18.

- Chauvin, Juan Pablo, et al. "What Is Different about Urbanization in Rich and Poor Countries? Cities in Brazil, China, India and the United States." *Journal of Urban Economics* 98 (2017): 17-49.

- Chitrakorn, Kati. "Why International Beauty Brands Are Piling into South Korea." Business of Fashion, December 19, 2018.

- Chung, Janice, and Eric L. Simpson. "The Socioeconomics of Atopic Dermatitis." *Annals of Allergy, Asthma and Immunology* 122 (2019): 360-66. https://www.ncbi.nlm.nih.gov/pubmed/30597208.

- Clausen, Maja-Lisa, et al. "Association of Disease Severity with Skin Microbiome and Filaggrin Gene Mutations in Adult Atopic Dermatitis." *JAMA Dermatology* 154, no. 3 (2018): 293-300.

- Dréno, B. "What Is New in the Pathophysiology of Acne, an Overview." *Journal of the European Academy of Dermatology and Venereology* 31, no. 55 (2017): 8-12. https://doi.org/10.1111/jdv.14374.

- Garcia, Ahiza. "The Skincare Industry Is Booming, Fueled by Informed Consumers and Social Media." CNN, May 10, 2019.

- Hajar, Tamar, and Eric L. Simpson. "The Rise in Atopic Dermatitis in Young Children: What Is the Explanation?" *JAMA Network Open* 1, no. 7 (2018): e184205.

- Hamblin, James. "I Quit Showering, and Life Continued." *The Atlantic*, June 9, 2016. https://www.theatlantic.com/health/archive/2016/06/i-stopped-showering-and-life-continued/486314/.

- Hou, Kathleen. "How I Used Korean Skin Care to Treat My Eczema." The Cut, August 15, 2019. https://www.thecut.com/2018/02/how-i-used-korean-skin-care-to-treat-my-eczema.html.

- Kusari, Ayan, et al. "Recent Advances in Understanding and Preventing Peanut and Tree Nut Hypersensitivity." F1000 Research 7 (2018). https://doi.org/10.12688/f1000research.14450.1.

- Laino, Charlene. "Eczema, Peanut Allergy May Be Linked." WebMD, March 1, 2010. https://www.webmd.com/skin-problems-and-treatments/eczema/news/20100301/eczema-peanut-allergy-may-be-linked#1.

- Mooney, Chris. "Your Shower Is Wasting Huge Amounts of Energy and Water. Here's What You Can Do About It." *Washington Post*, March 4, 2015.

- Nakatsuji, Teruaki, et al. "A Commensal Strain of *Staphylococcus epidermidis* Protects Against Skin Neoplasia." *Science Advances* 4, no. 2 (2018): eaao4502. http://advances.sciencemag.org/content/4/2/eaao4502.

- Paller, Amy S., et al. "The Atopic March and Atopic Multimorbidity: Many Trajectories, Many Pathways." *Journal of Allergy and Clinical Immunology* 143, no. 1 (2019): 46-55.

- Rocha, Marco A., and Ediléia Bagatin. "Adult- Onset Acne: Prevalence, Impact, and Management Challenges." *Clinical, Cosmetic and Investigational Dermatology* 11 (2018): 59-69. https://doi.org/10.2147/CCID.S137794.

- "Scientists Identify Unique Subtype of Eczema Linked to Food Allergy." National Institutes of Health, U.S. Department of Health and Human Services, February 20, 2019.

- Shute, Nancy. "Hey, You've Got Mites Living on Your Face. And I Do, Too." NPR, August 28, 2014.

- Skotnicki, Sandy. *Beyond Soap: The Real Truth about What You Are Doing to Your Skin and How to Fix It for a Beautiful, Healthy Glow*. Toronto: Penguin Canada, 2018.

- Spergel, Jonathan M., and Amy S. Paller. "Atopic Dermatitis and the Atopic March." *Journal of Allergy and Clinical Immunology* 112, no. 6 suppl.(2003): S118–27.

- Talib, Warnidh H., and Suhair Saleh. "*Propionibacterium acnes* Augments Antitumor, Anti-Angiogenesis and Immunomodulatory Effects of Melatonin on Breast Cancer Implanted in Mice." *PLoS ONE* 10, no. 4 (2015): e0124384.

- Thiagarajan, Kamala. "As Delhi Chokes on Smog, India's Health Minister Advises: Eat More Carrots." NPR, November 8, 2019.

2장

- Ashenburg, Katherine. *The Dirt on Clean: An Unsanitized History*. Toronto: Knopf Canada, 2007.

- Behringer, Donald C., et al. "Avoidance of Disease by Social Lobsters." *Nature* 441 (2006): 421.

- *Black Death, The*. Translated and edited by Rosemary Horrox. Manchester Medieval Sources series. Manchester, UK: Manchester University Press, 1994.

- Blackman, Aylward M. "Some Notes on the Ancient Egyptian Practice of Washing the Dead." *The Journal of Egyptian Archaeology* 5, no. 2 (1918): 117–24.

- Boccaccio, Giovanni. *The Decameron*. Translated by David Wallace. Landmarks of World Literature. Cambridge, UK: Cambridge University Press, 1991.

- Curtis, Valerie A. "Dirt, Disgust and Disease: A Natural History of Hygiene." *Journal of Epidemiology and Community Health* 61, no. 8 (2007): 660–64. https://doi.org/10.1136/jech.2007.062380.
  - "Hygiene." In *Berkshire Encyclopedia of World History*, 2nd ed., edited by William H. McNeill et al., 1283–87. Great Barrington, MA: Berkshire, 2010.
  - "Infection- Avoidance Behaviour in Humans and Other Animals." *Trends in Immunology* 35, no. 10 (2014): 457–64. http://dx.doi.org/10.1016/j.it.2014.08.006.
  - "Why Disgust Matters." *Philosophical Transactions of the Royal Society B* 366, no. 1583 (2011): 3478–90. https:doi.org/10.1098/rstb.2011.0165.

- Fagan, Garrett. *Bathing in Public in the Roman World*. Ann Arbor: University of Michigan Press, 2002.

-"Three Studies in Roman Public Bathing." PhD diss., McMaster University, 1993.

- Foster, Tom. "The Undiluted Genius of Dr. Bronner's." *Inc.*, April 3, 2012.

- Galka, Max. "From Jericho to Tokyo: The World's Largest Cities Through History–Mapped." *The Guardian*, December 6, 2016.

- Goffart, Walter. *Barbarian Tides: The Migration Age and the Later Roman Empire.* Philadelphia: University of Pennsylvania Press, 2006.

- Hennessy, Val. "Washing Our Dirty History in Public." *Daily Mail*, April 1, 2008. https://www.dailymail.co.uk/home/books/article-548111/Washing-dirty-history-public.html.

- Jackson, Peter. "Marco Polo and His 'Travels.'" *Bulletin of the School of Oriental and African Studies* (University of London) 61, no. 1 (1998): 82-101.

- Konrad, Matthias, et al. "Social Transfer of Pathogenic Fungus Promotes Active Immunisation in Ant Colonies." *PLoS Biology* 10, no. 4 (2012): e1001300.

- Morrison, Toni. "The Art of Fiction," no. 134. Interview by Elissa Schappell and Claudia Brodsky Lacour. *Paris Review* 128 (Fall 1993). https://www.theparisreview.org/interviews/1888/toni-morrison-the-art-of-fiction-no-134-toni-morrison.

- Poynter, Elizabeth. *Bedbugs and Chamberpots: A History of Human Hygiene.* CreateSpace, 2015.

- Prum, Richard O. *The Evolution of Beauty: How Darwin's Forgotten Theory of Mate Choice Shapes the Animal World - and Us.* New York: Doubleday, 2017.

- Roesdahl, Else, et al., eds. *The Vikings in England and in Their Danish Homeland.* London: The Anglo-Danish Viking Project, 1981.

- Schafer, Edward H. "The Development of Bathing Customs in Ancient and Medieval China and the History of the Floriate Clear Palace." *Journal of the American Oriental Society* 76, no. 2 (1956): 57-82.

- Schwartz, David A., ed. *Maternal Death and Pregnancy-Related Morbidity Among Indigenous Women of Mexico and Central America: An Anthropological, Epidemiological, and Biomedical Approach.* Cham, Switzerland: Springer International, 2018.

- Yegul, Fikret. *Bathing in the Roman World.* New York: Cambridge University Press, 2010.

3장

- Bollyky, Thomas J. *Plagues and the Paradox of Progress: Why the World Is Getting Healthier in Worrisome Ways*. Cambridge, MA: The MIT Press, 2018.

- Cox, Jim. *Historical Dictionary of American Radio Soap Operas*. Lanham, MD: Scarecrow Press / Rowman and Littlefield, 2005.

- "Donkey Milk." *World Heritage Encyclopedia*.

- "Dr. Bronner's 2019 All-One! Report." https://www.drbronner.com/allone-reports/A1R-2019/all-one-report-2019.html.

- Evans, Janet. *Soap Making Reloaded: How to Make a Soap from Scratch Quickly and Safely: A Simple Guide for Beginners and Beyond*. Newark, DE: Speedy Publishing, 2013.

- Gladstone, W. E. *The Financial Statements of 1853 and 1860, to 1865*. London: John Murray, 1865.

- Heyward, Anna. "David Bronner, Cannabis Activist of the Year." *The New Yorker*, February 29, 2016.

- McNeill, William H. *Plagues and Peoples*. New York: Doubleday, 1977.

- Mintel Press Office. "Slippery Slope for Bar Soap As Sales Decline 2% since 2014 in Favor of More Premium Options." Mintel, August 22, 2016.

- "Palm Oil: Global Brands Profiting from Child and Forced Labour." Amnesty International, November 30, 2016. https://www.amnesty.org/en/latest/news/2016/11/palm-oil-global-brands-profiting-from-child-and-forced-labour/.

- Port Sunlight Village Trust. "About Port Sunlight: History and Heritage."

- Prigge, Matthew. "The Story Behind This Bar of Palmolive Soap." *Milwaukee Magazine*, January 25, 2018.

- Savage, Woodson J. III. *Streetcar Advertising in America*. Stroud, Gloucestershire, UK: Fonthill Media, 2016.

- "Soap Ingredients." Handcrafted Soap & Cosmetic Guild.

- Spitz, Luis. *SODEOPEC: Soaps, Detergents, Oleochemicals, and Personal Care Products*. Champaign, IL: AOCS Press, 2004.

- Spitz, Luis, ed. *Soap Manufacturing Technology*. Urbana, IL: AOCS Press, 2009.

- Spitz, Luis, and Fortuna Spitz. *The Evolution of Clean: A Visual Journey Through the History of Soaps and Detergents.* Washington, DC: Soap and Detergent Association, 2006.

- "Who Invented Body Odor?" Roy Rosenzweig Center for History and New Media. https://rrchnm.org/sidelights/who-invented-body-odor/.

- Willingham, A. J. "Why Don't Young People Like Bar Soap? They Think It's Gross, Apparently." CNN, August 29, 2016.

- Wisetkomolmat, Jiratchaya, et al. "Detergent Plants of Northern Thailand: Potential Sources of Natural Saponins." *Resources* 8, no. 1 (2019). https://doi.org/10.3390/resources8010010.

- Zax, David. "Is Dr. Bronner's All-Natural Soap A $50 Million Company or an Activist Platform? Yes." *Fast Company*, May 2, 2013.

4장

- Baumann, Leslie. *Cosmeceuticals and Cosmetic Ingredients.* New York: McGraw- Hill Education/Medical, 2015.

- "Clean Beauty - and Why It's Important." *Goop.*

- "Emily Weiss." The Atlantic Festival, YouTube, October 8, 2018.

- Fine, Jenny B. "50 Beauty Execs Under 40 Driving Innovation." *Women's Wear Daily*, June 24, 2016.

- Jones, Geoffrey. *Beauty Imagined: A History of the Global Beauty Industry.* New York: Oxford University Press, 2010.

- Strzepa, Anna, et al. "Antibiotics and Autoimmune and Allergy Diseases: Causative Factor or Treatment?" *International Immunopharmacology* 65 (2018): 328–41.

- Surber, Christian, et al. "The Acid Mantle: A Myth or an Essential Part of Skin Health?" *Current Problems in Dermatology* 54 (2018): 1–10.

- Varagur, Krithika. "The Skincare Con." The Outline, January 30, 2018.

- Warfield, Nia. "Men Are a Multibillion Dollar Growth Opportunity for the Beauty Industry." CNBC, May 20, 2019.

- Wischhover, Cheryl. "Glossier, the Most-Hyped Makeup Company on the Planet, Explained." Vox, March 4, 2019. https://www.vox.com/thegoods/2019/3/4/18249886/glossier-play-emily-weiss-makeup.

- "The Glossier Machine Kicks into Action to Sell Its New Product." Racked, March 4, 2018. https://www.racked.com/2018/3/4/17079048/glossier-oscars.

5장

- Burisch, Johan, et al. "East-West Gradient in the Incidence of Inflammatory Bowel Disease in Europe: The ECCO-EpiCom Inception Cohort." *Gut* 63 (2014): 588-97. http://dx.doi.org/10.1136/gutjnl-2013-304636.

- Dunn, Robert R. "The Evolution of Human Skin and the Thousands of Species It Sustains, with Ten Hypothesis of Relevance to Doctors." In *Personalized, Evolutionary, and Ecological Dermatology*, edited by Robert A. Norman (Switzerland: Springer International Publishing, 2016).

- "FDA Authority Over Cosmetics: How Cosmetics Are Not FDA-Approved, but Are FDA-Regulated." U.S. Food and Drug Administration.

- Feinstein, Dianne, and Susan Collins. "The Personal Care Products Safety Act." *JAMA Internal Medicine* 178, no. 5 (2018): 201-2.

- "Fourth National Report on Human Exposure to Environmental Chemicals." U.S. Department of Health and Human Services Centers for Disease Control and Prevention, 2009.

- Graham, Jefferson. "Retailer Claire's Pulls Makeup from Its Shelves over Asbestos Concerns." *USA Today*, December 27, 2017.

- "Is It a Cosmetic, a Drug, or Both? (Or Is It Soap?)" U.S. Food and Drug Administration.

- "More Health Problems Reported with Hair and Skin Care Products," KCUR, June 26, 2017.

- Patterson, Christopher, et al. "Trends and Cyclical Variation in the Incidence of Childhood Type 1 Diabetes in 26 European Centres in the 25-Year Period 1989-2013: A Multicentre Prospective Registration Study." *Diabetologia* 62 (2019): 408-17. https://doi.org/10.1007/s00125-018-4763-3.

- "Worldwide Estimates of Incidence, Prevalence and Mortality of Type 1 Diabetes in Children and Adolescents: Results from the International Diabetes Federation

Diabetes Atlas, 9th edition." *Diabetes Research and Clinical Practice* 157 (2019). https://doi.org/10.1016/j.diabres.2019.107842.

- Prescott, Susan, et al. "A Global Survey of Changing Patterns of Food Allergy Burden in Children." *World Allergy Organization Journal* 6 (2013): 1-12. https://doi.org/10.1186/1939-4551-6-21.

- Pycke, Benny, et al. "Human Fetal Exposure to Triclosan and Triclocarban in an Urban Population from Brooklyn, New York." *Environmental Science & Technology* 48, no. 15 (2014): 8831-38. https://doi.org/10.1021/es501100w.

- Scudellari, Megan. "News Feature: Cleaning Up the Hygiene Hypothesis." *Proceedings of the National Academy of Sciences of the United States of America* 114, no. 7 (2017): 1433-36. https://doi.org/10.1073/pnas.1700688114.

- Silverberg, Jonathan I. " Public Health Burden and Epidemiology of Atopic Dermatitis." *Dermatologic Clinics* 35, no. 3 (2017): 283-89. https://doi.org/10.1016/j.det.2017.02.002.

- "Statement on FDA Investigation of WEN by Chaz Dean Cleansing Conditioners." U.S. Food and Drug Administration, November 15, 2017.

- Strachan, David. "Hay Fever, Hygiene, and Household Size." *British Medical Journal* 299 (1989): 1259-60. https://doi.org/10.1136/bmj.299.6710.1259.

- Vatanen, Tommi. "Variation in Microbiome LPS Immunogenicity Contributes to Autoimmunity in Humans." *Cell* 165, no. 4 (2016): 842-53. https://doi.org/10.1016/j.cell.2016.04.007.

- "Walmart Recalls Camp Axes Due to Injury Hazard." United States Consumer Product Safety Commission, October 3, 2018.

6장

- "Bacteria Therapy for Eczema Shows Promise in NIH Study." National Institutes of Health. U.S. Department of Health and Human Services, May 3, 2018. https://www.nih.gov/news-events/news-releases/bacteria-therapy-eczema-shows-promise-nih-study.

- Bennett, James. "Hexachlorophene." *Cosmetics and Skin*, October 3, 2019.

- Bloomfield, Sally F. "Time to Abandon the Hygiene Hypothesis: New Perspectives on Allergic Disease, the Human Microbiome, Infectious Disease Prevention and the Role of Targeted Hygiene." *Perspectives in Public Health* 136, no. 4 (2016): 213-24.

- Böbel, Till S., et al. "Less Immune Activation Following Social Stress in Rural vs. Urban Participants Raised with Regular or No Animal Contact, Respectively." *Proceedings of the National Academy of Sciences* 115, no. 20 (2018): 5259-64.

- Callard, Robin E., and John I. Harper. "The Skin Barrier, Atopic Dermatitis and Allergy: A Role for Langerhans Cells?" *Trends in Immunology* 28, no. 7 (2007): 294-98.

- "Gaspare Aselli (1581-1626). The Lacteals." *JAMA* 209, no. 5 (1969): 767. https://doi.org/10.1001/jama.1969.03160180113016.

- Gilbert, Jack, and Rob Knight. *Dirt Is Good: The Advantage of Germs for Your Child's Developing Immune System.* New York: St. Martin's Press, 2017.

- Hamblin, James. "The Ingredient to Avoid in Soap." *The Atlantic*, November 17, 2014.

- Holbreich, Mark, et al. "Amish Children Living in Northern Indiana Have a Very Low Prevalence of Allergic Sensitization." *Journal of Allergy and Clinical Immunology* 129, no. 6 (2012): 1671-73.

- Lee, Hye-Rim, et al. "Progression of Breast Cancer Cells Was Enhanced by Endocrine-Disrupting Chemicals, Triclosan and Octylphenol, via an Estrogen Receptor-Dependent Signaling Pathway in Cellular and Mouse Xenograft Models." *Chemical Research in Toxicology* 27, no. 5 (2014): 834-42.

- MacIsaac, Julia K., et al. "Health Care Worker Exposures to the Antibacterial Agent Triclosan." *Journal of Occupational and Environmental Medicine* 56, no. 8 (2014): 834-39. https://doi.org/10.1097/jom.0000000000000183.

- Rook, Graham, et al. "Evolution, Human-Microbe Interactions, and Life History Plasticity." *The Lancet* 390, no. 10093 (2017): 521-30. https://doi.org/10.1016/S0140-6736(17)30566-4.

- Scudellari, Megan. "News Feature: Cleaning Up the Hygiene Hypothesis." *Proceedings of the National Academy of Sciences* 114, no. 7 (2017): 1433-36.

- Shields, J. W. "Lymph, Lymphomania, Lymphotrophy, and HIV Lymphocytopathy: An Historical Perspective." *Lymphology* 27, no. 1 (1994): 21-40.

- Stacy, Shaina L., et al. "Patterns, Variability, and Predictors of Urinary Triclosan Concentrations During Pregnancy and Childhood." *Environmental Science and Technology* 51, no. 11 (2017): 6404-13.

- Stein, Michelle M., et al. "Innate Immunity and Asthma Risk in Amish and Hutterite Farm Children." *New England Journal of Medicine* 375, no. 5 (2016): 411-21.

- Velasquez-Manoff, Moises. *An Epidemic of Absence: A New Way of Understanding Allergies and Autoimmune Diseases.* New York: Scribner, 2012.

- Von Hertzen, Leena C., et al. "Scientific Rationale for the Finnish Allergy Programme 2008-2018: Emphasis on Prevention and Endorsing Tolerance." *Allergy* 64, no. 5 (2009): 678-701.

- Von Mutius, Erika. "Asthma and Allergies in Rural Areas of Europe." *Proceedings of the American Thoracic Society* 4 (2007): 212-16.

- Warfield, Nia. "Men Are a Multibillion Dollar Growth Opportunity for the Beauty Industry." CNBC, May 20, 2019. https://www.cnbc.com/2019/05/17/men-are-a-multibillion-dollar-growth-opportunity-for-the-beauty-industry.html/.

7장

- Baldwin, Ian T., and Jack C. Schultz. "Rapid Changes in Tree Leaf Chemistry Induced by Damage: Evidence for Communication Between Plants." *Science* 221, no. 4607 (1983): 277-79. https://science.sciencemag.org/content/221/4607/277.

- Costello, Benjamin Paul de Lacy, et al. "A Review of the Volatiles from the Healthy Human Body." *Journal of Breath Research* 8, no. 1 (2014): 014001.

- Emslie, Karen. "To Stop Mosquito Bites, Silence Your Skin's Bacteria." *Smithsonian*, June 30, 2015. https://www.smithsonianmag.com/science-nature/stop-mosquito-bites-silence-your-skins-bacteria-180955772/.

- Gols, Richard, et al. "Smelling the Wood from the Trees: Non-Linear Parasitoid Responses to Volatile Attractants Produced by Wild and Cultivated Cabbage." *Journal of Chemical Ecology* 37 (2011): 795.

- Guest, Claire. *Daisy's Gift: The Remarkable Cancer-Detecting Dog Who Saved My Life.* London: Virgin Books, 2016.

- Hamblin, James. "Emotions Seem to Be Detectable in Air." *The Atlantic*, May 23,

2016.

- Maiti, Kiran Sankar, et al. "Human Beings as Islands of Stability: Monitoring Body States Using Breath Profiles." *Scientific Reports* 9 (2019): 16167.

- Pearce, Richard F., et al. "Bumblebees Can Discriminate Between Scent-Marks Deposited by Conspecifics." *Scientific Reports* 7 (2017): 43872. https://doi.org/10.1038/srep43872.

- Rodríguez-Esquivel, Miriam, et al. "Volatolome of the Female Genitourinary Area: Toward the Metabolome of Cervical Cancer." *Archives of Medical Research* 49, no. 1 (2018): 27-35.

- Verhulst, Niels O., et al. "Composition of Human Skin Microbiota Affects Attractiveness to Malaria Mosquitoes." *PLoS ONE* 6, no. 12 (2011): e28991. https://doi.org/10.1371/journal.pone.0028991.

8장

- Benn, Christine Stabell, et al. "Maternal Vaginal Microflora During Pregnancy and the Risk of Asthma Hospitalization and Use of Antiasthma Medication in Early Childhood." *Allergy and Clinical Immunology* 110, no. 1 (2002): 72-77.

- Capone, Kimberly A., et al. "Diversity of the Human Skin Microbiome Early in Life." *Journal of Investigative Dermatology* 131, no. 10 (2011): 2026-32.

- Castanys-Muñoz, Esther, et al. "Building a Beneficial Microbiome from Birth." *Advances in Nutrition* 7, no. 2 (2016): 323-30.

- Clausen, Maja-Lisa, et al. "Association of Disease Severity with Skin Microbiome and Filaggrin Gene Mutations in Adult Atopic Dermatitis." *JAMA Dermatology* 154, no. 3 (2018): 293-300.

- Council, Sarah E., et al. "Diversity and Evolution of the Primate Skin Microbiome." *Proceedings of the Royal Society B* 283, no. 1822 (2016): 20152586. https://doi.org/10.1098/rspb.2015.2586.

- Dahl, Mark V. "*Staphylococcus aureus* and Atopic Dermatitis." *Archives of Dermatology* 119, no. 10 (1983): 840-46.

- Dotterud, Lars Kåre, et al. "The Effect of UVB Radiation on Skin Microbiota in Patients with Atopic Dermatitis and Healthy Controls." *International Journal of*

Circumpolar Health 67, no. 2-3 (2008): 254-60.

- Flandroy, Lucette, et al. "The Impact of Human Activities and Lifestyles on the Interlinked Microbiota and Health of Humans and of Ecosystems." *Science of the Total Environment* 627 (2018): 1018-38.

- Fyhrquist, Nanna, et al. "*Acinetobacter* Species in the Skin Microbiota Protect Against Allergic Sensitization and Inflammation." *Journal of Allergy and Clinical Immunology* 134, no. 6 (2014): 1301-9.e11.

- Grice, Elizabeth A., and Julie A. Segre. "The Skin Microbiome." *National Reviews in Microbiology* 9, no. 4 (2011): 244-53.

- Grice, Elazbeth A., et al. "Topographical and Temporal Diversity of the Human Skin Microbiome." *Science* 324, no. 5931 (2009): 1190-92.

- Hakanen, Emma, et al. "Urban Environment Predisposes Dogs and Their Owners to Allergic Symptoms." *Scientific Reports* 8 (2018): 1585.

- Jackson, Kelly M., and Andrea M. Nazar. "Breastfeeding, the Immune Response, and Long-term Health." *Journal of the American Osteopathic Association* 106, no. 4 (2006): 203-7.

- Karkman, Antti, et al. "The Ecology of Human Microbiota: Dynamics and Diversity in Health and Disease." *Annals of the New York Academy of Sciences* 1399, no. 1 (2017): 78-92.

- Kim, Jooho P., et al. "Persistence of Atopic Dermatitis (AD): A Systematic Review and Meta-Analysis." *Journal of the American Academy of Dermatology* 75, no. 4 (2016): 681-87. https://doi.org/10.1016/j.jaad.2016.05.028.

- Lehtimäki, Jenni, et al. "Patterns in the Skin Microbiota Differ in Children and Teenagers Between Rural and Urban Environments." *Scientific Reports* 7 (2017): 45651.

- Levy, Barry S., et al., eds. *Occupational and Environmental Health: Recognizing and Preventing Disease and Injury.* 6th ed. New York: Oxford University Press, 2011.

- Mueller, Noel T., et al. "The Infant Microbiome Development: Mom Matters." *Trends in Molecular Medicine* 21, no. 2 (2015): 109-17.

- Myles, Ian A., et al. "First- in- Human Topical Microbiome Transplantation with *Roseomonas mucosa* for Atopic Dermatitis." *JCI Insight* 3, no. 9 (2018). https://doi.

org/10.1172/jci.insight.120608.

- Picco, Federica, et al. "A Prospective Study on Canine Atopic Dermatitis and Food-Induced Allergic Dermatitis in Switzerland." *Veterinary Dermatology* 19, no. 3 (2008): 150-55.

- Richtel, Matt, and Andrew Jacobs. "A Mysterious Infection, Spanning the Globe in a Climate of Secrecy." *New York Times*, April 6, 2019.

- Ross, Ashley A., et al. "Comprehensive Skin Microbiome Analysis Reveals the Uniqueness of Human Skin and Evidence for Phylosymbiosis within the Class Mammalia." *Proceedings of the National Academy of Sciences* 115, no. 25 (2018): E5786-95.

- Scharschmidt, Tiffany C. "*S. aureus* Induces IL- 36 to Start the Itch." *Science Translational Medicine* 9, no. 418 (2017): eaar2445.

- Scott, Julia. "My No-Soap, No Shampoo, Bacteria-Rich Hygiene Experiment." *New York Times*, May 22, 2014.

- *Textbook of Military Medicine.* Washington, DC: Office of the Surgeon General at TMM Publications, 1994.

- Van Nood, Els, et al. "Duodenal Infusion of Donor Feces for Recurrent Clostridium Difficile." *New England Journal of Medicine* 368 (2013): 407-415. https://doi.org/10.1056/NEJMoa1205037.

- Wattanakrai, Penpun and James S. Taylor. "Occupational and Environmental Acne." In *Kanerva's Occupational Dermatology*, edited by Thomas Rustemeyer et al. (Berlin: Springer, 2012).

- Winter, Caroline. "Germ-Killing Brands Now Want to Sell You Germs." *Bloomberg Businessweek*, April 22, 2019.

9장

- Beveridge, Charles E. "Frederick Law Olmsted Sr." National Association for Olmsted Parks.

- Borchgrevink, Carl P., et al. "Handwashing Practices in a College Town Environment." *Journal of Environmental Health,* April 2013. https://msutoday.msu.edu/_/pdf/assets/2013/hand-washing-study.pdf.

- Fee, Elizabeth, and Mary E. Garofalo. "Florence Nightingale and the Crimean War." *American Journal of Public Health* 100, no. 9 (2010): 1591. https://doi.org/10.2105/AJPH.2009.188607.

- Fisher, Thomas. "Frederick Law Olmsted and the Campaign for Public Health." *Places*, November 2010.

- Koivisto, Aino. "Finnish Children Spend the Entire Day Outside." Turku.fi, November 16, 2017. http://www.turku.fi/en/news/2017-11-16_finnish-children-spend-entire-day-outside.

- Martin, Justin. *Genius of Place: The Life of Frederick Law Olmsted.* Boston: Da Capo Press, 2011.

- National Archives. "Florence Nightingale." https://www.nationalarchives.gov.uk/education/resources/florence-nightingale/.

- Olmsted, Frederick Law, and Jane Turner Censer. *The Papers of Frederick Law Olmsted, Volume IV: Defending the Union: The Civil War and the U.S. Sanitary Commission 1861-1863.* Baltimore: Johns Hopkins University Press, 1986.

- Rich, Nathaniel. "When Parks Were Radical." *The Atlantic*, September 2016.

- Ruokolainen, Lasse, et al. "Green Areas Around Homes Reduce Atopic Sensitization in Children." *Allergy* 70, no. 2 (2015): 195-202.

- "Sanitation." UNICEF, June 2019. https://data.unicef.org/topic/water-and-sanitation/sanitation/.

- "Sanitation." World Health Organization, June 14, 2019. https://www.who.int/news-room/fact-sheets/detail/sanitation.

- "Trachoma." World Health Organization, June 27, 2019. https://www.who.int/news-room/fact-sheets/detail/trachoma. https://eportfolios.macaulay.cuny.edu/munshisouth10/group-projects/prospect-park/history/.

- "WASH Situation in Mozambique." UNICEF. https://www.unicef.org/mozambique/en/water-sanitation-and-hygiene-wash.

거품의 배신

1판 1쇄 인쇄 2022년 9월 14일
1판 1쇄 발행 2022년 10월 5일

지은이 제임스 햄블린
옮긴이 이현숙
펴낸이 고병욱

기획편집실장 윤현주 **책임편집** 이새봄 **기획편집** 김지수
마케팅 이일권, 김도연, 김재욱, 이애주, 오정민
디자인 공희, 진미나, 백은주 **외서기획** 김혜은
제작 김기창 **관리** 주동은 **총무** 노재경, 송민진

교정교열 김민영

펴낸곳 청림출판(주)
등록 제1989-000026호

본사 06048 서울시 강남구 도산대로 38길 11 청림출판(주)
제2사옥 10881 경기도 파주시 회동길 173 청림아트스페이스
전화 02-546-4341 **팩스** 02-546-8053

홈페이지 www.chungrim.com
이메일 life@chungrim.com
블로그 blog.naver.com/chungrimlife

ISBN 979-11-5540-208-5 (03330)